国际金融危机对亚洲新兴经济体

GUOJI JINRONG WEIJI DUI YAZHOU XINXING JINGJITI

经济发展模式的冲击研究

JINGJI FAZHAN MOSHI DE CHONGJI YANJIU

杜晓蓉　著

四川大学出版社

SICHUAN UNIVERSITY PRESS

图书在版编目（CIP）数据

国际金融危机对亚洲新兴经济体经济发展模式的冲击
研究 / 杜晓蓉著 . — 2 版 . — 成都：四川大学出版社，
2024.4

ISBN 978-7-5690-6601-2

Ⅰ．①国… Ⅱ．①杜… Ⅲ．①国际金融－金融危机－
影响－经济发展模式－研究－亚洲 Ⅳ．① F130.4

中国国家版本馆 CIP 数据核字（2024）第 054055 号

书　　名：国际金融危机对亚洲新兴经济体经济发展模式的冲击研究
　　　　　Guoji Jinrong Weiji dui Yazhou Xinxing Jingjiti Jingji
　　　　　Fazhan Moshi de Chongji Yanjiu
著　　者：杜晓蓉

选题策划：梁　平
责任编辑：梁　平
责任校对：李　梅
装帧设计：裴菊红
责任印制：王　炜

出版发行：四川大学出版社有限责任公司
　　　　　地址：成都市一环路南一段 24 号（610065）
　　　　　电话：（028）85408311（发行部）、85400276（总编室）
　　　　　电子邮箱：scupress@vip.163.com
　　　　　网址：https://press.scu.edu.cn
印前制作：四川胜翔数码印务设计有限公司
印刷装订：四川五洲彩印有限责任公司

成品尺寸：148mm×210mm
印　　张：11
字　　数：310 千字

版　　次：2019 年 10 月 第 1 版
　　　　　2024 年 5 月 第 2 版
印　　次：2024 年 5 月 第 1 次印刷
定　　价：68.00 元

本社图书如有印装质量问题，请联系发行部调换

扫码获取数字资源

四川大学出版社
微信公众号

前　　言

在 2008 年全球金融危机后，亚洲新兴经济体率先走出经济衰退的阴霾。但是当人们还在争论政府的危机刺激政策如何退出时，亚洲新兴经济体的经济却走向疲软乏力，连中国也从常年的两位数高速增长转向中高速增长的新常态和追求经济高质量发展阶段。因此，深入剖析国际金融危机冲击背景下亚洲新兴经济体经济发展模式的内在特征、缺陷和发展前景等问题，具有重要理论和现实意义。一方面，亚洲经济发展模式天然存在相当大的脆弱性，国际金融危机频繁爆发加深了其脆弱性。1997—1998 年亚洲金融危机和 2008 年全球金融危机暴露了亚洲经济发展模式中长期存在的矛盾和弊端，亚洲经济发展模式的可持续性受到了前所未有的挑战。建立统一理论和实证框架，多方位探讨亚洲经济发展模式的内在特征、国际金融危机的冲击渠道、亚洲经济发展模式的可持续性和发展模式的转型等问题，具有重要的学术价值。另一方面，在 2008 年全球金融危机后，亚洲经济发展模式重新成为国内外讨论的热点问题之一。今后，不论亚洲新兴经济体的经济发展模式转向哪一种，必须记住的重要一点是经济模型的运用需要考虑其适用的环境。党的二十大提出"推动共建'一带一路'高质量发展"，为亚洲新兴经济体经济发展模式转变提供了新思路。在这个思路的指导下，寻求新的经济增长点，推动本国乃至区域经济共同发展和繁荣，具有较大的社会效益和国际影响。

本书以国际金融危机的冲击为切入点和主线，用逻辑上相互联系的八部分来分析国际金融危机对亚洲新兴经济体经济发展模式的冲击。第一部分总结亚洲模式的具体情况，分析了亚洲模式形成的原因、运作机制及利弊。第二部分比较两次重大国际金融危机（1997—1998年亚洲金融危机和2008年全球金融危机）对亚洲新兴经济体经济发展模式冲击的特征。第三部分基于国际金融危机冲击的两个主要溢出渠道——贸易渠道和金融渠道，构建国际金融危机冲击亚洲新兴经济体经济发展模式的溢出渠道模型，并分国别进行了实证分析。第四部分以博弈论为主要工具，从理论上挖掘亚洲新兴经济体经济发展模式对国际金融危机呈现出脆弱性的机理——金融恐怖均衡。第五部分比较两次重大国际金融危机爆发后亚洲新兴经济体经济发展模式的可持续性发生了何种变化，并用经济周期衡量方法探讨了各经济体的经济实际变动和相互联动性。第六部分从效率、增长基础和外部环境等三个方面，分析了后国际金融危机时期亚洲新兴经济体经济发展模式可持续性面临的挑战。第七部分探讨了后国际金融危机时期中国经济发展模式变动对周边新兴经济体的溢出效应。第八部分提出亚洲新兴经济体改革经济发展模式应对国际金融危机冲击的对策，基于内需－外需相平衡的经济发展模式设想，从不同层面上分别给出了相应对策。

目　　录

0　导　论 ……………………………………………… （ 1 ）

0.1　研究背景及意义 …………………………………… （ 2 ）

0.2　文献综述 …………………………………………… （ 6 ）

0.3　研究思路、研究方法与结构安排 ………………… （ 25 ）

0.4　研究的创新点和难点 ……………………………… （ 29 ）

1　亚洲新兴经济体经济发展模式及其绩效评估 ………… （ 32 ）

1.1　亚洲新兴经济体经济发展模式形成的原因 ……… （ 33 ）

1.2　亚洲新兴经济体经济发展模式的优势 …………… （ 38 ）

1.3　亚洲新兴经济体经济发展模式的潜在缺陷 ……… （ 48 ）

1.4　亚洲新兴经济体经济发展模式的绩效分析 ……… （ 53 ）

2　主要国际金融危机对亚洲新兴经济体经济发展模式的冲击

………………………………………………………… （ 65 ）

2.1　亚洲金融危机席卷亚洲地区 ……………………… （ 65 ）

2.2　2008 年全球金融海啸蔓延亚洲 ………………… （ 72 ）

2.3　两次重大国际金融危机对亚洲新兴经济体经济发展

模式冲击的比较 …………………………………… （ 79 ）

3 国际金融危机冲击亚洲新兴经济体经济发展模式的主要溢出渠道 ……………………………………………（82）

3.1 国际金融危机冲击亚洲新兴经济体的贸易溢出渠道
……………………………………………………（82）

3.2 国际金融危机冲击亚洲新兴经济体的金融溢出渠道
……………………………………………………（88）

3.3 国际金融危机对亚洲经济发展模式溢出渠道的实证
……………………………………………………（93）

**4 亚洲经济发展模式对国际金融危机冲击的脆弱性机理
——金融恐怖均衡** ……………………………………（111）

4.1 金融恐怖均衡的形成 ………………………………（112）

4.2 美国－亚洲新兴经济体间金融恐怖均衡形成的基本
原理 ……………………………………………………（117）

4.3 金融恐怖均衡内含的非均衡因素 …………………（126）

**5 两次国际金融危机后亚洲新兴经济体经济发展模式的
可持续性比较** …………………………………………（131）

5.1 亚洲金融危机为亚洲新兴经济体出口导向型扩张
做好准备 ………………………………………………（131）

5.2 2008 年全球金融危机导致亚洲新兴经济体"脱钩"
……………………………………………………（147）

5.3 国际金融危机后亚洲新兴经济体经济周期性变动分析
……………………………………………………（167）

**6 后国际金融危机时期亚洲新兴经济体经济发展模式面临
的挑战** …………………………………………………（185）

6.1 经济增长质量面临的挑战——基于单要素贸易条件
的度量 …………………………………………………（185）

6.2　经济增长平稳性面临的挑战——基丁以山口为支柱的
　　　增长模式衡量 ……………………………………（202）
6.3　国际环境改变的挑战 ………………………………（229）

**7　全球金融危机后中国经济发展模式转变对亚洲新兴
　经济体的影响** ………………………………………（241）
7.1　中国式现代化新发展格局与亚洲经济发展模式的
　　　关系 …………………………………………………（242）
7.2　中国成为亚洲地区重要的经济增长中心 …………（253）
7.3　全球金融危机后中国经济增长存在的问题及其原因
　　　分析 …………………………………………………（268）
7.4　中国经济模式转型对其他亚洲新兴经济体的经济溢
　　　出效应 ………………………………………………（284）

8　国际金融危机冲击背景下改革亚洲经济发展模式的对策
　………………………………………………………………（299）
8.1　内需－外需相平衡的新经济发展模式构想 ………（300）
8.2　形成内部和外部经济的良性循环措施 ……………（312）
8.3　充分发挥政府职能，营造良好的经济发展环境 …（315）
8.4　基于"高质量对外开放，合作共赢"理论，进一步
　　　加强区域合作 ………………………………………（320）

参考文献 ……………………………………………………（335）

0 导 论

亚洲地区一直是世界上最有活力和最受人关注的地区之一，主要有两个原因：史无前例的高增长率和路径独特的增长模式[①]。20 世纪 80—90 年代，亚洲新兴经济体经济飞速发展，获得"亚洲奇迹"的赞誉。直到 2011 年，世界银行所谓"高经济绩效"的 9 个亚洲新兴经济体——中国大陆、中国香港、中国台湾，以及印度尼西亚（下文简称印尼）、韩国、马来西亚、菲律宾、新加坡和泰国，几乎保持了 1/4 个世纪甚至近 30 年的高速增长，人均 GDP 增长率长期均在 4％以上，几乎是全球平均增长率的两倍[②]。这些高经济绩效的亚洲新兴经济体利用短短的数十年，完成了从技术落后和相对贫穷到富裕和现代经济的转型。但是由于亚洲新兴经济体经济发展模式高度融入全球化的特点，因此特别容易受到国际金融危机的冲击，高速的经济增长间或被打断。仅仅在 10 年间，亚洲新兴经济体就连续两次遭到了大型国际金融危机的冲击，特别是 2008 年全球金融危机以后经济增长逐渐降速。这不得不令人思索亚洲新兴经济体经济走向腾飞的路径——亚洲经济发展模式本身是否天然存在对外源性冲击特别脆弱的缺陷，并且这种发展模式到底有多大的可持续性。

---

① Jene Kwon and Jung Mo Kang，2011．The East Asian Model of Economic Development．Asian-pacific Economic Literature，25（2）：116-131．

② 德怀特·珀金斯著，颜超凡译：《东亚发展基础和战略》，中信出版社，2015 年。

基于以上思考，本书研究了在国际金融危机冲击背景下，亚洲新兴经济体经济发展模式的特征、脆弱性、弹性，以期为亚洲新兴经济体保持可持续增长找到更为合适的路径。

为了简便起见，本书将亚洲新兴经济体的经济发展模式简称为亚洲模式。亚洲模式的代表性经济体主要为上述 9 个东亚和东南亚新兴经济体。学术界认为这些亚洲新兴经济体的经济发展模式的起源和发展过程具有大量的共同特征，因此将它们视为一个经济区域而不是分开的单个个体进行研究更有意义[①]。事实上，这些经济体的 GDP 约占亚洲新兴经济体 GDP 总和的 64%，其人口占亚洲新兴经济体总人口的 51%，代表了亚洲新兴经济体发展的主要趋势[②]。因此，本书的研究对象是这 9 个亚洲新兴经济体所采取的经济发展模式。

0.1　研究背景及意义

在 2008 年全球金融危机后，亚洲新兴经济体率先走出经济衰退的阴霾。当人们还在争论政府的危机刺激政策如何退出市场时，亚洲新兴经济体的经济却发生逆转，走向疲软乏力，连中国也从常年两位数高速增长转向中高速增长的"新常态"。正如林毅夫（2012）[③] 所言，国际金融危机以巨大的经济成本，为经济增长研究提供了绝好的反思机会。作为经济增长的重要研究部分——经济发展模式，特别是亚洲经济发展模式，在本场国际金融危机后重新成为人们探讨的重点。因为亚洲经济发展模式的选

---

①　Sundaram Jomo，2001. Growth after the Asian Crisis：What Remains of the East Asian Model? http://unctad. org/en/Docs/pogdsmdpbg24d10. en. pdf.

②　资料来源：根据 IMF 国际金融统计数据库的相关数据计算。

③　林毅夫著，张建华译：《繁荣的求索——发展中经济如何崛起》，北京大学出版社，2012 年。

择对于促进整个亚洲甚至整个世界的经济增长都有着重要的影响[①]。因此深入剖析国际金融危机冲击背景下亚洲新兴经济体经济发展模式的内在特征、缺陷和发展前景等问题，具有重要的理论和现实意义。

（1）亚洲经济发展模式天然存在相当大的脆弱性，容易遭受国际金融危机冲击。亚洲新兴经济体的经济发展模式具有对出口和外商直接投资（FDI）高度依赖、高储蓄率和高投资率等特点。而这种模式跟 20 世纪末亚洲新兴经济体集体加入国际分工链条有关。该模式所依赖的基础是所谓后布雷顿森林体系或布雷顿森林体系Ⅱ。在这种体系下，美国与亚洲形成了"金融恐怖均衡"下的资本流动相互依赖关系：赤字国美国通过发行美国政府债券来为其外部赤字融资，亚洲盈余国购买美国政府债券而增加了外汇储备。一旦国际资本流动由于国际金融危机爆发而发生逆转，不论危机发端于中心国家还是发端于边缘国家，亚洲新兴经济体就首当其冲地遭受危机冲击。亚洲金融危机表明，亚洲经济发展模式易导致金融危机在区域内部蔓延。然而，最近一次的源于美国次贷危机的全球性金融危机爆发则表明，这种发展模式对外源性国际金融危机依然没有较好的防御能力，因为外部市场需求已然成为亚洲新兴经济体经济增长的主动力。

（2）在国际金融危机频繁爆发的背景下，亚洲经济发展模式的可持续性受到挑战。1997—1998 年亚洲金融危机和 2008 年全球金融危机暴露了亚洲经济发展模式中长期存在的矛盾和弊端。到目前为止，全球仍尚未完全走出 2008 年金融海啸的余波，欧洲主权债务危机又一波接一波袭来，全球需求前景黯淡。当前，亚洲新兴经济体与发达经济体之间的依存关系受到严重威胁。美

---

① The Association of Academies of Sciences in Asia，2011. Asia's Economic Development and Rethinking on Its Development Model. Springer：Berlin Heidelberg.

国正积极寻求由依赖外部制成品进口转向重振国内工业的内部供给，在技术创新、能源开采（如页岩气）方面一度大放异彩。但是，自 2008 年全球金融危机以来，欧洲和日本这两个重要发达集团/国家的经济一直举步维艰。总的来说，从长期看全球宽松的货币政策边际效果下降，追赶红利逐渐消失，全球面临结构性矛盾。对外高度开放的亚洲新兴经济体，其经济前进的步伐显然更多地受到国际事件的影响。亚洲股市特别是中国股市无端大起大落，更多的是因为外部因素发生了变动，这体现了该地区对外部市场的严重依赖。亚洲经济发展受到国际事件和全球经济走势的严重影响，其可持续性自然遭到怀疑。

（3）2008 年全球金融危机后，对亚洲经济发展模式的讨论重新成为国内外热点问题之一，这一议题将对新兴经济体乃至发展中国家提供经济发展方面的洞识。亚洲金融危机后，亚洲新兴经济体重振经济发展战略，强化出口导向型增长。强劲的经济发展势头使得有学者在当时宣布亚洲新兴经济体与发达经济体脱钩指日可待。但是，2008 年全球金融危机打破了人们过于乐观的预测，它导致的全球性衰退重新点燃了人们对亚洲新兴经济体经济发展模式的思考。大量的报告比较分析了新兴经济体发展模式的所谓华盛顿共识和北京共识[1]。今后，不论亚洲新兴经济体经济发展模式仍遵循 20 世纪 90 年代西方倡导的华盛顿共识，还是踏上 Joshua Cooper Ramo[2] 在 2004 年提出的北京共识道路，必须记住的重要一点是经济模型的运用需要考虑其适用的环境

---

[1] 对于新兴经济体的华盛顿共识模式和北京共识模式观点之争，参见：丁学良：《辩论"中国模式"》，社会科学文献出版社，2011 年，第 1~11 页。

[2] Joshua Cooper Ramo, 2004. The Beijing Consensus. The Foreign Policy Center.

(Yang and Heng，2012)①。

（4）亚洲经济发展模式的转变和中国经济发展模式变革是相辅相成的。最近几次全球金融危机无一例外地冲击了采用亚洲模式的亚洲新兴经济体。从宽泛意义上来看，中国经济发展模式与所谓亚洲模式基本一致（余永定，2007）②。因此，研究亚洲经济发展模式在很大程度上也就是研究全球金融危机后中国经济发展模式的转变，这有助于中国克服全球经济环境变动带来的不利影响③。反过来，中国在亚洲区域的影响力逐渐增强，其经济发展模式的未来走向也必然带动亚洲经济发展模式转型。

（5）中国政府提出的"一带一路"倡议为亚洲新兴经济体经济发展模式转变提供了新思路。经济发展不仅是经济学家始终没有放弃探讨的重大理论问题，也是各国政策制定者必须面临的重大实践问题。当前外部经济环境不利于亚洲发展模式继续实施，亚洲新兴经济体的政府更需要积极寻找新的增长途径。中国共产党十八届三中全会明确提出，中国要适应经济全球化新趋势，加快培育参与和引领国际合作竞争的新优势，与合作伙伴形成高标准的全球性自由贸易区网络。2013 年，中国国家主席习近平利用出访机会，提出与周边国家共建"丝绸之路经济带"和"21 世纪海上丝绸之路"的"一带一路"倡议构想。2015 年，中国政府正式推动"一带一路"倡议的实施。"一带一路"倡议和随后建立的"亚投行"带动亚洲经济发展模式由过度依赖外部需求转向在亚洲区域内外同时寻求新的经济增长点，这必将带动亚洲

---

① Mu Yang and Michael S. H. Heng，2012. Global Crisis and Challenges for China. Singapore：World Scientific Publishing Company.

② 余永定：《亚洲金融危机 10 周年和中国经济》，《国际金融研究》，2007 年第 8 期，第 15～23 页。

③ 王永钦：《发展的政治经济学：一个东亚模式的理论框架》，《学术月刊》，2015 年第 4 期，第 57～71 页。

经济发展模式进一步完善，推动亚洲经济的动态、可持续和包容性增长。

0.2 文献综述

发展中国家和新兴经济体的经济发展模式是发展经济学研究的重点。该议题在第二次世界大战结束后很长一段时期内都是重点研究的问题。但随着发展中国家特别是拉美国家在 20 世纪 80 年代频繁遭受到金融危机冲击，一些国家陷入中等收入陷阱，导致经济徘徊不前，这个议题的研究热度一度冷却。直到 20 世纪 90 年代，亚洲新兴经济体异军突起，以瞩目的经济发展速度引发了经济学家对亚洲新兴经济体经济发展模式的研究兴趣。90 年代末亚洲金融危机突然爆发，给了学术界全面评估亚洲新兴经济体经济发展模式的机会。但 2007 年美国次贷危机爆发和随之而来的全球金融海啸使人们的注意力更多地放在发达国家身上，较少学者关注国际金融危机对新兴经济体和发展中国家经济发展模式的影响等问题。具体来说，目前对亚洲新兴经济体经济发展模式的主要研究成果集中在以下三个方面。

0.2.1 发展中国家经济发展模式的研究

长期以来，发展中国家经济发展模式是发展经济学和其他经济学科的关注对象之一。对于落后国家采取什么样的经济发展模式来追赶并超越发达国家，最早可以追溯到 18 世纪亚当·斯密（Adam Smith，1771）的古典经济学理论。Mansour 和

Hosinpour（2011）[①] 在 2011 年的一篇文献综述中完整地回顾了发展中国家的经济增长和发展模式。中国著名学者林毅夫（2012）[②] 在他的《新结构经济学》中也对经济增长和发展理论进行了详细的梳理。下面以这两篇文献综述的思路为主要参考对象，简单地梳理发展中国家的经济发展理论。

吸收了早期的古典经济学精华，以 Ramsey（1928）为代表，现代增长理论沿着经济增长和经济发展两条相互独立又交织的路径发展。所谓经济增长，是指经济总量的增加，一般用 GDP 衡量。所谓经济发展，既包括经济增长，还包括经济结构变化、收入分配变化、社会结构变化以及环境治理和改善等一国经济社会综合性改善（李非、胡少东，2009）[③]。现代增长理论道路上第一个重要的系统性模型是 Solow（1956，1957）和 Swan（1956）提出的 Solow－Swan 新古典增长模型。Solow－Swan 模型是基于总量生产函数的模型，它有一个预测的关键点，即条件收敛。条件收敛以资本的边际报酬递减为假设前提，在专业分工下，初始人均 GDP 水平越低的国家，相比人均 GDP 水平已经达到长期稳定状态的国家，倾向于有更高的回报率和增长率。这个假设一直被认为是对跨国和跨地区经济增长的强有力解释。该模型虽然强调资本特别是人力资本在经济增长中的核心地位，但将技术改善这一核心要素作为模型之外的因素来处理，这导致了 20 世纪 50 年代末期和 60 年代新古典增长这一理论分支的出现。新古典增长理论假设技术进步以外生的方式出现，因

---

① Zarra－Nezhad Mansour and Fatimah Hosinpour, 2011. Review of Growth Models in Less Developed Countries. The International Journal of Applied Economics and Finance, 5 (1): 1－17.

② 林毅夫著，苏剑译：《新结构经济学》，北京大学出版社，2012 年。

③ 李非，胡少东：《台湾经济发展规律探析》，《厦门大学学报（哲学社会科学版）》，2009 年第 4 期，第 65～72 页。

此被称为外生增长模型。

作为回应，Kuznets、Schultz 和 North 等理论家则花费了大量精力在内生技术变化上，强调质量改善和劳动力及物质资本数量之间的协同性。在 20 世纪 80 年代中期，人们将注意力转到新经济增长理论上，该理论的研究由于 Romer（1986）和 Lucas（1988）的工作而欣欣向荣。在这一时期，由于增长理论变得过度技术化并且缺乏实证支持，它和经济发展理论相分离并且完全独立。随后的研究放弃了新古典增长模型将技术进步作为外生变量的重要假设，而将技术作为与资本同样重要的生产要素引入到增长模型中，由此形成了内生增长模型（Romer，1987，1990；Aghion and Howiit，1992）。内生增长模型可以处理不完全竞争，认为技术进步将随着时间而增加。

20 世纪 90 年代末和 21 世纪初，Aghion 和 Howitt（1994，1998）、Peretto（1998）、Young（1998）、Dinopoulos 和 Thompson（1999）、Howitt（1999）、Peretto 和 Smulders（2002）等人引入熊彼特（Schumpeter，1934）的"创造性破坏"思想，将内生增长理论推进到熊彼特主义增长理论阶段。他们认为，在研发知识存量回报不变的假设下，研发的有效性下降是因为随着经济增长而导致的产品更加丰富。同时，一种以跨国回归为基础的主流研究方法出现了，以甄别一国经济增长的各种决定因素。Radelet 等（1997）在新古典增长模型中考虑了东亚国家一揽子激励方案，认为这些政策组合导致了东亚国家比南亚国家更加引人注目的经济增长。Senhadji（2000）估计了 88 个国家在 1960—1994 年间包括公共消费、外汇储备、寿命等因素的扩展的生产函数，证明了 Solow 模型的有效性并支持了条件收敛存在的假设。

Lin 和 Zhang（2007）、林毅夫（2012）基于 Rosenstein 和

Rodan（1943）的开创性工作，将经济结构①纳入内生增长模型，形成了新结构经济学。Kuznets（1966，1971）指出，经济增长要求经济结构的相应变化。早期的"经济发展的结构主义方法"认为，自由市场理论有着难以克服的内在缺陷，而政府在加速经济发展方面是一个强有力的补充手段（Rosenstein and Rodan，1943；Nurkse，1953；Hirschman，1958）。但是，发展中国家在 20 世纪 60—70 年代的实践证明政府干预往往是失败的，结构主义渐渐退出，自由市场理论在 90 年代末重新回归。2007 年以来，林毅夫（2012）等发展了结构主义的经济发展模型，构建了新结构经济学。新结构经济学强调，要素禀赋内生地决定了不同发展水平上产业结构的差异，导致发展中国家存在最优的产业结构；同时强调，要消除经济中的各种扭曲，必须同时重视市场和政府。

0.2.2　亚洲新兴经济体经济发展模式的研究

经济增长理论为落后国家赶超提供了理论基础，而将这个理论成功地运用于实践的却是亚洲新兴经济体。亚洲新兴经济体在增长理论的基础上结合亚洲的历史和文化背景，形成了具有显著区域性特征的独特模式，即亚洲经济发展模式或者亚洲模式。特别是东亚、东南亚新兴经济体的经济发展模式呈现出了诸多共同特征，具有鲜明的代表性，因此下面言及的亚洲经济发展模式均以东亚及东南亚新兴经济体的发展模式作为代表。亚洲经济发展模式的研究主要集中在亚洲经济发展模式的定义及特征、增长理论在亚洲新兴经济体的运用等方面。

---

①　经济结构被定义为投入品或产出在一个经济体主要部门间的分布。

1. 亚洲经济发展模式的含义及特征

学术界普遍认为亚洲经济发展模式属于经济学范畴，是从经济学的角度考察亚洲新兴经济体基于共同的历史、文化背景而在经济上采取的一些带有共同性质的发展战略和政策措施。亚洲经济发展模式的研究对象是亚洲新兴经济体经济增长的一般性规律及促进增长的要素来源。其本质内涵是分析亚洲新兴经济体的经济增长和经济发展，包括经济增长总量的一般趋势、经济结构的基本变化、国际收支的平衡能力、收入分配关系、经济管理体制和经济环境等（沈红芳，2003）[1]。但是对于亚洲经济发展模式的内涵，则存在一些异议。刘连银和谢岚（2000）[2] 总结了常见的关于亚洲经济发展模式的研究观点：第一种观点认为亚洲经济发展模式是一种以出口导向型为特征的宏观经济发展战略，第二种观点认为该模式本质上是一种亚洲新兴经济体政府主导的、关于经济增长的体制模式，第三种观点将其归结为共同儒教文化背景下的亚洲价值观模式。实际上，大多数学者都将上述三种观点综合起来，认为该模式是一种综合了经济发展战略与文化背景的一套现代化战略模式。外交学院课题组（2011）[3] 强调亚洲经济发展模式是亚洲新兴经济体建立在共同的儒家文化及类似历史背景基础上，以政府主导经济和出口导向型战略等为本质特征，具有浓郁亚洲文化特色的经济赶超模式。刘连银和谢岚（2000）还强调亚洲经济发展模式不是固化的，而是具有动态性和适应性的。

---

① 沈红芳：《东亚经济发展模式多样性研究》，《亚太经济》，2003 年第 5 期，第 29~35 页。

② 刘连银，谢岚：《东亚发展中国家和地区经济发展模式刍议》，《中南民族学院学报（人文社科科学版）》，2000 年第 1 期，第 28~32 页。

③ 外交学院课题组：《"雁行模式"：东亚模式的形成与发展》，《当代世界与社会主义》，2011 年第 2 期，第 6~8 页。

亚洲经济发展模式具有强烈的特征，不同学者强调的重点不同。但大致可以归纳为以下几点：第一，赶超的巨大潜力 (Radelet 等，2001)[①]。在增长方式上强调提高劳动力生产率和资本累积，以不断上升的高储蓄－高投资率带动经济的高增长 (Kwon and Kang，2011)[②]。第二，强大的政府。Stiglitz 和 Uy (1996)[③] 指出亚洲新兴经济体成功的 3 个必要条件是可信的政策环境、竞争性经济和集中于公共部门。这 3 个条件实际上都指向了亚洲政府在经济发展中积极干预，使得经济政策能有效传递到经济运行这一事实上。第三，积极倡导出口扩张的外向经济发展战略 (Yusuf，2001)[④]。出口导向型增长是亚洲经济发展模式最重要的特征，主要表现为利用外国的资金和技术将劳动力、资本等生产要素向现代部门转移，推动工业化。第四，参与国际分工，与其他亚洲经济体形成区域性分工合作网络（赵春明，2000)[⑤]。

2. 增长理论在亚洲新兴经济体的运用

新古典增长理论在亚洲新兴经济体中的运用是有争议的。但是没有人可以否认，新古典增长理论所强调的要素禀赋积累是亚洲新兴经济体追赶的关键变量。不过，内生增长模型所产生的真

---

① Steven Radelet，Jeffrey Sachs and Lee Jong-Wha，2001. Determinants and Prospects of Economic Growth in Asia. International Economic Journal，15（3）：1－29.

② Jene Kwon and Jung Mo Kang，2011. The East Asian Model of Economic Development. Asian-pacific Economic Literature，25（2）：116－131.

③ Joseph Stiglitz and Mailou Uy，1996. Financial Markets，Public Policy，and the East Asian Miracle. World Bank Observer，11（2）：249－276.

④ Shabid Yusuf，2001. The East Asian Miracle at the Millennium. In Joseph Stiglitz and Shahid Yusuf，ed. Rethinking the East Asian Miracle. New York：Oxford University Press.

⑤ 赵春明：《东亚经济发展模式的历史命运与发展前景》，《世界经济与政治》，2000 年第 12 期，第 61～66 页。

实投资持续效应，实际上通常来自外部效应——更高的资本积累可能引发更多的技术进步，获得更高的生产率。新古典学派在政策上的基本方针是面向出口导向型的工业化策略，因此大多数关于出口对经济推动作用的理论起源于增长理论（Weber，2009）[1]。对于亚洲新兴经济体而言，新古典增长理论在该地区的实践确实体现在外向型增长战略（特别依赖出口）和相互协调分工的雁行模式上。

1946 年完成的 Harrod−Domar 增长模型认为，如果有来自富裕国家的巨额资本注入，穷国会实现经济的快速增长。这为亚洲新兴经济体采取外向型增长模式提供了直接的理论基础。到了20 世纪 60 年代，理论界普遍认为，落后国家将原材料和劳动密集型产品出口给发达国家，同时进口发达国家的资本和引入发达国家的先进管理知识和技术，是一种正确的落后者追赶先进者的追赶战略。此时，日本向亚洲极力推广所谓的"雁行模式"。Radelet 和 Sachs（1997）[2] 将雁行模式与"大推进"（big push）策略和"进口替代"（import substitution）策略视为后进国家追赶战略的三大策略。60—70 年代，首先是韩国、中国香港、新加坡和中国台湾加入日本领头的雁行模式，确定了通过关注国外市场促进经济增长的制造品出口导向型发展战略，并且取得了巨大成功。在其成功经验激励下，80—90 年代，泰国、马来西亚、印尼和菲律宾（亚州"四小虎"）加入该模式的第二层；90 年代，中国大陆及其他东南亚经济体加入雁阵的第三层。"雁行模式"的本质在于以出口导向战略来推动日本和亚洲新兴经济体的经济增长。在过去 20 多年中，亚洲新兴经济体显著地增加了出

---

① Enzo Weber，2009. Common and Uncommon Sources of Growth in Asia Pacific. Journal of the Japanese and International Economies，23（2009）：20−36.

② Steven Radelet and Jeffery Sachs，1997. Asia's Re − emergence. Foreign Affairs，76（6）：44−59.

口中制造品的出口倾向和比例，这种日益依赖制造品的出口导向增长战略取得了令人惊讶的成功（Blecker and Razmi，2009）[1]，"雁行模式"已经被证明是一种向所有参与方提供双赢机会的经济模式（Heng，2010）[2]。而且亚洲新兴经济体在运用出口导向型增长模式时并没有墨守成规地一味模仿处于雁阵前面的经济体，而是不断演进以适应单个经济体的具体条件变化和全球环境的变化（Palley，2011）[3]。实际上，1986—1990年，经济增长理论学家将精力放到了研究欧洲和美国在1950—1980年的发展上。直到所谓"亚洲奇迹"初露头角时，人们才在90年代上半期将注意力逐渐向亚洲转移（Fogel，2009）[4]。

关于亚洲新兴经济体经济史无前例的高增长路径分析，多数文献主要集中在亚洲金融危机爆发前后对亚洲奇迹之谜的解释上，2008年全球金融危机爆发后经济学家们才试图再次对此问题追根溯源。这些解释可以分为以下几派：第一，一些经济学家认为可以用包括人力资本和技术赶超在内的新古典增长模型的扩展版本即积累理论[5]来解释。该模型预言人均收入（产出）的条件收敛：一国人均初始收入相对其长期（或稳态）人均潜在收入水平很低，则该国比人均产出已经接近其长期潜在水平的国家要

① Robert Blecker and Arslan Razmi，2009. Expor－led Growth，Real Exchange Rates and the Fallacy of Composition. http://www. elgaronline. com/view/9781847204028. 00030. xml.

② Siam－Heng Heng，2010. The 2008 Financial Crisis and the Flying Geese Model. East Asia，27（4）：381－394.

③ I. Thomas Palley，2011. The Rise and Fall of Export－led Growth. Levy Economics Institute of Bard College Working Paper No. 675.

④ Robert Fogel，2009. The Impact of the Asian Miracle on the Theory of Economic Growth. NBER Working Paper No. 14967.

⑤ Robert Barro，Xavier Sala－i－Martin，2003. Economic Growth. The MIT Press，Massachusetss.

增长得更快。Lee 和 Hong（2012）[1] 的实证检验结果表明，物质资本积累直到 2007 年解释了绝大部分亚洲新兴经济体的 GDP 增长。第二，认为贸易开放提升了国际竞争力并促进了国内产业升级，其中，吸收或消化日益增加的现代化技术和改善的工业结构是东亚快速增长的关键来源，此即"干中学"理论（Nelson and Pack，1999）[2]。第三，制度或政府干预理论。Radelet 等（1997）[3] 强调亚洲的快速增长可以归因于鼓励对外开放的一系列国家政策组合和经济制度。Magnus（2012）[4] 认为，当前亚洲新兴经济体特别是中国一旦达到了物质资本流动性的极限和现有技术爆发的限制点时，它们的增长前景将越来越依赖于长期技术能力和强健的制度安排。Kwon 和 Kang（2012）[5] 则直接指出政府在亚洲增长模式的成功中起到了关键作用。

0.2.3　国际金融危机对新兴经济体经济发展模式的影响研究

虽然亚洲经济发展模式因为亚洲经济持续了数十年卓越的经济增长而受到很多人的追捧，但在亚洲金融危机后，学术界对亚洲经济发展模式从不同角度进行了反思。随着亚洲金融危机的影响逐渐消失和亚洲新兴经济体重整旗鼓，在 2008 年全球金融危

---

① Jong－Wha Lee，Kiseok Hong，2012. Economic Growth in Asia：Determinants and Prospects. Japan and the World Economy，24（2）：101－113.

② Richard Nelson and Howard Pack，1999. The Asian Miracle and Modern Growth Theory. The Economic Journal，109（457）：416－436.

③ Steven Radelet，Jeffrey Sachs and Lee Jong－Wha，1997. Economic Growth in Asia. http://pdf. usaid. gov/pdf_docs/PCAAA746. pdf.

④ George Magnus，2012. Asia：Is the Miracle over? Economic Insights，9（2012）：1－27.

⑤ K. Jene Kwon and Jung Mo Kang，2011. The East Asian Model of Economic Development. Asian－pacific Economic Literature，25（2）：116－131.

机爆发前，批评亚洲经济发展模式的声浪渐低。2008 年全球金融危机爆发之初，人们更关注发达国家如何应对这场源于发达国家的金融危机。许多发展中国家一开始庆幸这场全球金融危机可能绕过本国。事实上，直到 2009 年秋天，国际上大部分报告对中国等亚洲新兴经济体、巴西等拉美和加勒比海岸国家和地区的经济前景预期是乐观的。但是随着美国次贷危机深化为全球性金融海啸，它对发展中国家的影响逐渐变得明朗起来。IMF（2009）[①] 在 2009 年 4 月份的《世界经济展望》中终于承认，发展中国家增长下挫程度比工业化国家更深，它们遭受到更为严重的全球金融和经济危机。佩蒂斯（2009）[②] 甚至宣称亚洲金融危机和 2008 年全球金融危机已经在很大程度上破坏了亚洲经济发展模式，并认为 2008 年是亚洲经济发展模式破产的标志性年份。如今，新兴经济体在全球危机后经济复苏势头昙花一现，经济增长或者乏力或者进入"新常态"。在这样的情况下，学术界终于将注意力的一部分转向了发展中国家。目前关于这方面的主要研究成果如下。

1. 新兴经济体经济发展模式面对国际金融危机时的脆弱性

亚洲金融危机和 2008 年全球金融危机之后，大量的文献综合评价了亚洲经济发展模式面对国际金融危机时的脆弱性。亚洲金融危机爆发首次暴露了亚洲经济发展模式的弊端。拉詹（2011）[③] 分析亚洲金融危机的影响时指出，亚洲新兴经济体走上外向型经济增长道路导致外国资本大量流入，引起房地产和制

① IMF，2009. World Economic Outlook，April.

② 迈克尔·佩蒂斯：《亚洲发展模式破产了》，英国《金融时报》中文网，http://www.ftchinese.com/story/001026555/ce，2009-05-21.

③ 拉古拉迈·拉詹著，刘念等译：《断层线：全球经济潜在的危机》，中信出版社，2011 年。

造业过度投资和风险社会化。在亚洲金融危机爆发 10 年之际，谢世清（2009）[①] 从投机冲击、全球化、政治危机和经济结构不平衡这 4 个角度对危机国进行了多层次、全方位的回顾和评估，得出的结论是投机冲击是造成亚洲经济发展模式受创伤的必要条件。

2008 年全球金融海啸为学者们研究发展中国家经济发展模式提供了更多素材。一些学者以综合研究为主。TeVelde（2010）[②] 全面总结了 2008 年全球金融海啸对低收入国家、新兴经济体和转型国家等不同类型的发展中国家的经济增长、投资、就业等经济影响，以及对财政、社会稳定等社会发展的影响。他得出的结论是，这场危机没有等同地影响所有国家或地区，危机在每一个国家的演绎方式不一样。贾清显和王岳龙（2010）[③] 构造了关于金融深化、政府对金融中介的支配等指标来分别衡量发达国家和新兴市场经济体在国际金融危机频发背景下的金融发展和经济增长。另一些学者则具体到地区或国别研究。Ltaifa 等（2009）[④] 分析了次撒哈拉非洲国家的汇率在全球金融危机下的变动，认为该地区的汇率波动既受到外部因素的影响，又受到不同政府国内政策选择的影响。

2. 国际金融危机冲击新兴经济体经济发展模式的途径

所有文献都认同国际金融危机外溢的渠道为国际贸易和国际

---

① 谢世清：《东亚金融危机的根源与启示》，中国金融出版社，2009 年。

② Willem TeVelde, 2008. The Global Financial Crisis and Developing Countries. http://www.odi.org.uk/.

③ 贾清显，王岳龙：《金融危机背景下再论金融发展与经济增长》，《世界经济研究》，2010 年第 6 期，第 15～21 页。

④ Nabil Ben Ltaifa, Stella Kaendera and S. V. S. Dixit, 2009. Impact of the Global Financial Crisis on Exchange Rates and Policies in Sub‐Saharan Africa. http://www.imf.org/external/pubs/cat/longres.aspx?sk=23445.0.

资本流动，这些文献的区别仅在于检验工具的差异。亚洲金融危机期间，这两种国际危机传染渠道和羊群效应等所谓的"纯粹传染"渠道都起了作用。Chan（2002）以国家间出口品的替代性作为贸易相似性衡量方法，估计了亚洲金融危机期间危机国的贸易相似性。其研究支持了亚洲金融危机在经济结构类似和贸易联系密切的经济体之间传播。Jeanneau 和 Micu（2002）[①] 认为金融自由化和金融传染导致了亚洲金融危机的传染。当新兴经济体的资本流入由外部因素决定时，资本流入高度不稳定，容易遭受发达国家的宏观经济及金融条件变化和投资者情绪变化的影响，从而转化为脆弱性的一个来源。就亚洲金融危机而言，流入亚洲新兴经济体的国际资本出现了严重的货币错配和风险转化的不对称性，因此一旦国际资本流动逆转，就会出现金融危机通过资本渠道冲击亚洲新兴经济体的现象（陈志昂和王义中，2005）[②]。Radelet 和 Sachs（1998）[③] 直接将亚洲金融危机归因于国内外投资者的恐慌情绪。同一时期，Masson（1999）[④]、Forbes 和 Rigobon（2002）[⑤] 等对国际金融危机传染渠道类别的研究取得了巨大成功。他们的研究成果表明，普通传染（国际贸易、国际

① Serge Jeanneau and Marian Micu, 2002. International Bank Lending to Emerging Market Countries: Explaining the 1990s Roller Coaster. BIS Quarterly Review, March: 52−64.

② 陈志昂，王义中：《基于金融脆弱性的发展中国家新重商主义》，《浙江学刊》，2005 年第 1 期，第 181～189 页。

③ Steven Radelet and Jeffrey Sachs, 1998. The East Asian Financial Crisis: Diagnosis, Remedies, Prospects. Brookings Papers on Economic Activity, 1 (1): 1−90.

④ Paul Masson, 1999. Contagion: Macroeconomic Models with Multiple Equilibria. Journal of International Money and Finance, 18 (4): 587 - 602.

⑤ Kristin Forbes and Roberto Rigobon, 2002. No Contagion, only Interdependence: Measuring Stock Market Co−movements. Journal of Finance, 57 (5): 2223−2261.

资本流动等）、共同冲击（美国利率变动、石油价格变动等）、纯粹传染（投资者行为、情绪等变化）这三类主要金融危机传染渠道对于金融危机在新兴经济体间的传播同等重要。

2008 年全球金融危机传播到发展中国家的渠道主要是贸易渠道和国际资本流动这两种普通冲击渠道。Dees 和 Vansteenkiste（2007）[①] 估计了美国经济增速减缓通过直接和间接贸易效应（通过第三方市场）对亚洲新兴经济体的影响。IMF（2008）[②] 发现亚洲新兴经济体同美国的贸易和金融联系仍然很密切，并且这种相关性在经济下行时变得更强烈。因而在金融危机期间，如果一个新兴经济体有着较大的经常项目赤字、政府净负债、货币贬值和较大负产出缺口，则会更多地受到美国经济衰退的影响。Felices 等（2009）[③] 利用 VAR 模型检验了美国和新兴经济体债券市场从亚洲金融危机爆发前到 2008 年全球金融危机期间的共同运动，其结论是扩大新兴市场主权债务利差的冲击在短期内对美国利率有负影响，抬高美国利率的冲击则在更长时期内增加了新兴市场的主权债务利差。Sun 和 Zhang（2009）[④] 用 GARCH 模型调查了美国次贷危机期间美国股票市场对中国大陆和中国香港地区股票市场的溢出效应，得出的结论是中国大陆和中国香港地区的股票市场同时受到美国股票市场价格和波动

---

① Stephane Dees and Isabel Vansteenkiste，2007. The Transission of US Cyclical Developments to the Rest of the World. European Central Bank Working Paper No. 798.

② IMF，2008. Regional Economic Outlook：Asia and Pacific，April.

③ Guillermo Felices，Christian Grisse and Jing Yang，2009. International Financial Transmission：Emerging and Mature Markets. Bank of England Working Paper No. 373.

④ Tao Sun and Xiaojing Zhang，2009. Spillovers of the U. S. Subprime Financial Turmoil to Mainland China and Hong Kong SAR：Evidence from Stock Markets. IMF Working Paper No. 09/166.

溢出的影响。不可否认，在 2008 年全球金融海啸中，由于金融全球化和资本流动自由化，投资者情绪、观点和行为的变化也是导致新兴经济体受到外部冲击不可忽视的因素（Brana and Lahet，2010）[①]。

3. 新兴经济体经济发展模式面对国际金融危机时呈脆弱性的原因

Lewis（1979）[②] 早在 1979 年的诺贝尔经济学奖获奖发言中就指出发展中国家经济增长过度依赖发达国家的弊端："过去，发展中世界的产出增长率一直依赖于发达世界产出增长率。当发达国家快速增长时，发展中国家快速增长；当发达国家增长放缓时，发展中国家增长放缓。这个联系是不可避免的吗？"当国际金融危机爆发时，这一弊端更加凸显。

近年来，人们尤其关注国际金融危机对亚洲新兴经济体经济发展模式的冲击。前期研究主要是亚洲金融危机后对亚洲发展模式的反思。亚洲发展模式最有名的反对者之一就是美国著名经济学家 Krugman。Krugman（1994）[③] 在《外交事务》杂志上曾预言，"东亚奇迹"是一个虚构的神话，就像一只纸老虎，因为亚洲新兴经济体的发展在很大程度上依赖"高储蓄－高投资"的要素投入增加——庞大的劳动力大军和大规模的资本投入，而不是

---

① Sophie Brana and Delphine Lahet，2010. Determinants of Capital Inflows into Asia：The Relevance of Contagion Effects as Push Factors. Emerging Markets Review，11（2010）：273－284.

② Arthur Lewis，1979. The Slowing Down of the Engine of Growth. Nobel Prize Lecture，Economics，8 December，1979.

③ Paul Krugman，1994. The Myth of Asia's Miracle. Foreign Affairs，73（6）：62－78.

提高单位生产率。Yusuf（2001）[1] 的研究表明，亚洲新兴经济体采取的出口导向经济政策并不像理论上推断的那样有效，出口对亚洲动态性增长和工业生产率改善的作用比以往所预期的要小。Ertuk（2002）[2] 认为，亚洲金融危机有着基于真实经济的潜在原因——亚洲发展模式导致的过度投资和生产能力过剩，而不仅仅是金融投机的结果。Jomo（2003）[3] 研究了遭受亚洲金融危机冲击最大的危机国在危机后的经济发展模式，认为随着时间的变迁，东亚各国的需求发生了变化，因而没有一套统一的制度改革可广泛地适用于所有经济体。与 Jomo 的观点相反，Dittmer（2007）[4] 指出亚洲经济发展模式有别于"华盛顿共识"，尽管它在亚洲危机中遭到冲击；特别是中国，它是一种社会主义特征的亚洲发展模式。Blecker（2003）[5] 的研究视角跳出了亚洲新兴经济体本身，他认为亚洲经济增长模式的基本缺陷是，在给定全球需求的条件下，新兴经济体的制造品出口市场受制于工业化国家的吸收能力。一旦某些国家在激烈的竞争下出口表现令人失望，则很容易陷入本币崩溃或金融危机。中国学者刘连银和谢岚（2000）[6] 对亚洲经济发展模式的看法较为客观。他们首先承认

[1]　Shabid Yusuf，2001. The East Asian Miracle at the Millennium. In Joseph Stiglitz and Shahid Yusuf，edt. Rethinking the East Asian Miracle. New York：Oxford University Press.

[2]　Korkut Ertuk，2002. Overcapacity and the East Asian Crisis. Journal of Post Keynesian Economics，24（2）：253-275.

[3]　Sundaram K. Jomo，2003. Southeast Asian Paper Tigers：From Miracle to Debacle and Beyond. Routledge，35（1）：130-132.

[4]　Lowell Dittmer，2007. The Asian Financial Crisis and the Asian Developmental State：Ten Years After. Asian Survey，47（6）：829-833.

[5]　Robert Blecker，2003. The Diminishing Returns to Export-led Growth. In Walter Mead and Sherte Schwernninger，ed.，The Bridge to a Global Middle Class：Development，Trade and International Finance. Publisher：Kluwer Academic.

[6]　刘连银，谢岚：《东亚发展中国家和地区经济发展模式刍议》，《中南民族学院学报（人文社科科学版）》，2000 年第 1 期，第 28~32 页。

亚洲经济发展模式存在弊端，国际金融危机与这种弊端确实有关。但是亚洲经济发展模式同时是一个动态的综合模型，具有一定的灵活性和适应性特色。亚洲金融危机冲击亚洲新兴经济体的最内在根源在于出口结构相似性和产业结构的先天不足。

后期对这个议题的研究集中在 2008 年全球金融危机后发展中国家经济发展模式的改革上，几乎所有观点都认为当前的亚洲经济发展模式不可持续。2008 年全球金融危机对亚洲的经济发展提出了挑战，在短期内西方国家萎缩的市场不太可能很快恢复，亚洲对西方传统市场的出口已经全面下降，导致全亚洲生产能力过剩和商业融资困难（Klein and Cukier，2009）[1]。因此，Heng（2010）[2] 认为以出口导向为主导的亚洲区域合作模式——雁行模式是不可持续的，中国可能是成功加入飞行队伍的最后一个成员。Palley（2011）[3] 预测新兴经济体的经济在出口导向型增长战略下依然能够有所增长，但是这种情况很可能是暂时的。新兴经济体出口导向型增长现在面临着一系列结构性障碍，因此全球经济需要重大调整：出口导向型增长已经衰竭，需要新模式——内需导向型增长来代替它。Magnus（2012）[4] 认为，亚洲和发达经济体间的关系在 2000 年以来变得复杂了，这也是西方国家金融危机的后果。如果亚洲新兴经济体在未来转向新增长源的话，则将不得不强调结构性和政治议题，而这样做会降低全要素生产率，因此会拉低潜在增长。在这个过程中，最大

---

① Brian Klein and Kenneth Neil Cukier，2009. Tamed Tigers，Distressed Dragon. Foreign Affairst，88（4）：8—16.

② Siam—Heng Heng，2010. The 2008 Financial Crisis and the Flying Geese Model. East Asia，27（4）：381—394

③ Thomas I. Palley，2011. The Rise and Fall of Export—led Growth. Levy Economics Institute of Bard College Working Paper No. 675.

④ George Magnus，2012. Asia：Is the Miracle over? Economic Insights，9（2012）：1—27.

的输家可能是那些已经融入复杂的全球供应链的国家。也有一些学者如倪建伟和何冬妮（2010）[①] 总结了专家们关于新兴经济体在当前国际经济衰退背景下发展模式改革的必要性和未来发展趋势的各种观点。

此外，还有少量文献具体研究了亚洲金融危机后亚洲新兴经济体国别经济发展模式的变化。陈汉林（2003）[②] 对比了亚洲金融危机前后韩国经济发展模式，提出韩国进行经济结构改革是避免类似危机冲击的必要条件。Baek（2005）[③] 比较了中国与东南亚国家在亚洲金融危机前后经济发展模式的异同，认为尽管中国与其他东亚国家在经济发展模式方面拥有类似的特征，并且也同样具有高度的经济脆弱性，但中国发展模式仍显示出其基于历史背景的独特性。AASA（2011）[④] 特别强调了2008年全球金融危机后对亚洲经济发展模式的成就和经验进行总结的必要性。

4. 新兴经济体应对经济发展模式脆弱性的对策和建议

几乎所有文献都认为，新兴经济体特别是亚洲新兴经济体应对国际金融危机的根本途径是放弃以出口为主的外向型模式，转向内需导向型发展模式。Palley（2002）[⑤] 自亚洲金融危机后就一直坚决反对出口导向型增长模式。他认为亚洲经济发展模式天

---

① 倪建伟，何冬妮：《新兴经济体发展模式转变的基本趋势与战略选择》，《亚太经济》，2010 年第 1 期，第 145～148 页。

② 陈汉林：《对韩国经济发展模式的重审与反思》，《经济纵横》，2003 年第 1 期，第 34～38 页。

③ Seung—Wook Baek，2005. Does China Follow "the East Asian Development Model"? Journal of Contemporary Asia, 35 (4)：485－498.

④ The Association of Academies of Sciences in Asia，2011. Asia's Economic Development and Rethinking on Its Development Model. Springer：Berlin Heidelberg.

⑤ Thoms Palley，2002. A New Development Paradigm：Domestic Demand—led Growth. http：//www. thomaspalley. com/docs/articles/economic _ development/new _ development _ paradigm. pdf.

然遭受到"合成谬误"、普雷维什－辛格假说的贸易条件恶化等问题的威胁。考虑到出口导向型增长有上述病症，发展中国家需要寻求基于内部市场发展的新增长模式。2011 年，新一场全球金融危机结束之后，在全球需求的结构性短缺和新兴经济体间激烈竞争之际，Palley（2011）[1] 再次指出，在当前的环境下，出口导向型增长无法对作为一个整体的新兴市场经济体起到作用。他呼吁发展国家建立基于内需的经济增长，放弃旨在吸引出口和 FDI 的战略。Hamdani（2009）[2] 认为，中国、印度等几个有适度储备头寸的发展中国家有能力主动转向内需维持的增长，而经济规模相对较小的东南亚经济体则可以通过经济同盟的方式与周边国家建立共同增长的新引擎。这样，这些新兴经济体都能够摆脱发达国家的桎梏，独立维持高速增长。然而少数经济学家，如美国学者拉詹（2011）[3] 和中国青年学者张明（2013）[4] 则认为，对于长期实施外向型增长战略的亚洲新兴经济体而言，转向内需增长模式不是那么容易的。

　　一些学者强调依靠政策改革来维持亚洲新兴经济体的高增长。Lee 和 Hong（2012）[5] 认为条件收敛理论和其他各种内生增长模型都预言，政策可能对一个经济体的增长率有着永久性影响。因而通过改善教育的质量和数量以及改善投资环境等政策改

　　① Thomas I. Palley，2011. The End of Export—led Growth：Implications for Emerging Markets and the Global Economy. http：//library. fes. de/pdf－files/bueros/china/11402. pdf.

　　② Khalil Hamdani，2009. Can Developing Countries be a New Engine or Growth? The India Economic Reriew，（1）：204－208.

　　③ 拉古拉迈·拉詹著，刘念等译：《断层线：全球经济潜在的危机》，中信出版社，2011 年。

　　④ 张明：《全球危机下的中国变局》，中国金融出版社，2013 年。

　　⑤ Jong－Wha Lee and Kiseok Hong，2012. Economic Growth in Asia：Determinants and Prospects. Japan and the World Economy，24（2）：101－113.

革，亚洲新兴经济体可以延长当前的增长路径。

纵观当前关于国际金融危机对亚洲新兴经济体经济发展模式冲击的国内外研究现状，以下几个问题需要进一步深入研究：

（1）在当前国际金融危机频繁爆发背景下对亚洲新兴经济体经济发展模式的全面评估。亚洲金融危机爆发前后，学术界对亚洲发展模式进行了充分论证。2008年全球金融海啸爆发以来，大部分研究依据亚洲新兴经济体对国际金融危机冲击非常脆弱的表象批评亚洲经济发展模式，但很少有人从表面触及本质。为了更好地改革经济发展模式，甚至转型到新的发展模式上，必须在新的经济背景下评估当前的经济发展模式。

（2）亚洲新兴经济体的经济发展模式可持续问题。最近10多年，亚洲连续两次遭到国际金融危机冲击。在第一次冲击（即亚洲金融危机）后，亚洲发展模式得到了进一步强化。那么在最近一次冲击后，亚洲经济发展模式是否能够再次平安渡过危机，亚洲经济具有多大的自我调节能力和弹性，这是一个值得研究的问题。

（3）包括亚洲新兴经济体在内的新兴经济体，其未来的最优经济发展模式是什么。现有文献发现，亚洲经济发展模式的内在缺陷意味着亚洲新兴经济体不可避免地遭受到国际金融危机的冲击。但是出于各种因素的考虑，亚洲新兴经济体不会也不可能在短期内完全转向内需导向型发展模式，因此找到一个适合亚洲新兴经济体的最优经济发展模式是亚洲目前面临的迫切课题。

本课题的研究目标就是试图找出上述问题的恰当解决办法。

0.3　研究思路、研究方法与结构安排

0.3.1　研究思路

本研究以国际金融危机的冲击为切入点和主线，从逻辑上相互联系的五大板块来分析国际金融危机对亚洲经济发展模式的影响，将国际金融危机背景下该模式的脆弱性和可持续性作为主要研究目标。

第一个板块首先从亚洲新兴经济体经济发展模式的历史根源和现状入手，客观评价了亚洲经济发展模式的经济绩效；接着详细分析了亚洲新兴经济体遭受到的主要国际金融危机冲击。这些研究为后面的深入分析打下了基础。

第二个板块量化了国际金融危机对亚洲经济发展模式的各种冲击渠道和冲击成本，寻找亚洲发展模式脆弱性的深层根源。

第三个板块基于前面的脆弱性分析和传染渠道分析，评估受到外部冲击后的亚洲经济发展模式弹性，即面临外部冲击后具有多大的自我调节能力和可持续性。

第四个板块延伸到后金融危机时期，主要研究了两个领域：第一，后金融危机时期全球经济环境的变化对亚洲经济发展模式的挑战；第二，后金融危机时期中国经济发展模式的变动对现有的亚洲发展模式有何影响。

第五个板块对前面的研究结果进行归纳总结，并提出亚洲新兴经济体为了维持增长和完善经济发展模式可以采取的应对措施。

以上研究思路可用图0-1所示的技术路径来表示。

国际金融危机对亚洲新兴经济体经济发展模式的冲击研究

↓

亚洲经济发展模式演变历史及绩效评估

↓

国际金融危机爆发 → 国际金融危机冲击亚洲经济发展模式

亚洲经济发展模式受国际金融危机冲击的渠道评估及根源

贸易渠道　金融渠道

亚洲经济发展模式的脆弱性根源

亚洲经济发展模式对国际金融危机的弹性

亚洲金融危机后出口导向型模式强化　2008年全球金融危机后脱钩

亚洲经济周期与发达国家经济周期的关系

后金融危机时期 → 各种因素变动对亚洲经济发展模式的挑战

中国调整经济发展模式的亚洲影响 ⟷ 预防国际金融危机，改善亚洲经济发展模式的对策

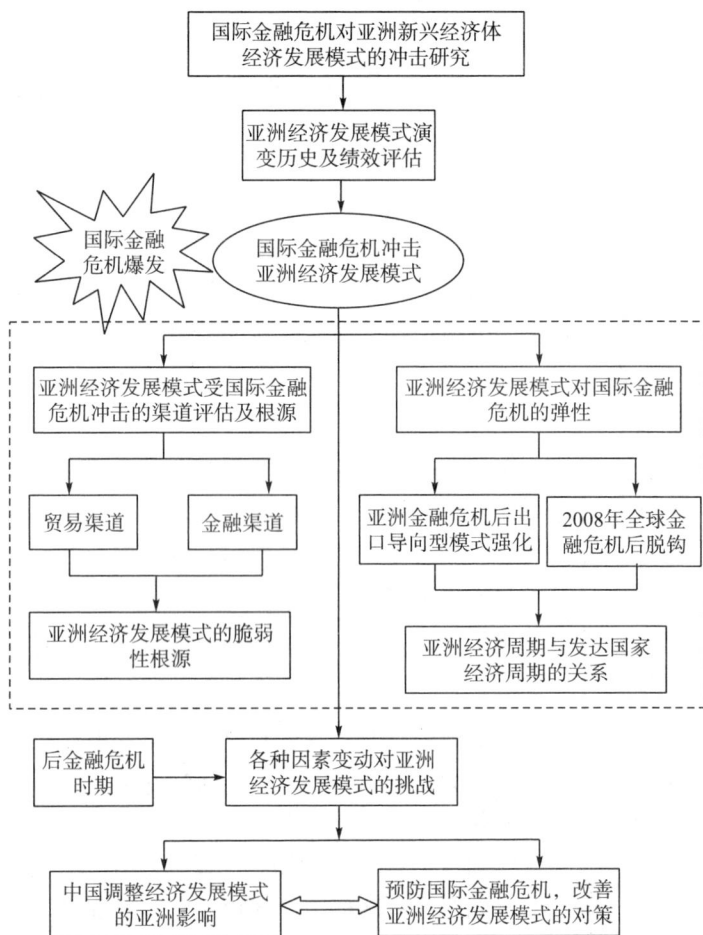

图 0—1　研究技术路径

0.3.2　研究方法

　　本研究将采用以下研究方法对国际金融危机对亚洲经济发展模式的冲击进行全方位、多层次、多视角的研究，综合运用逻辑

分析、数理分析、实证分析、比较分析等方法。

第一，规范研究与实证分析相结合的方法。对亚洲经济发展模式、国际金融危机对亚洲经济发展模式冲击的一般现象进行理论上的整理和概括，综合运用内生增长模型、生产函数模型等数理模型，结合计量模型进行分析，力图找到现象背后的本质。

第二，定性与定量相结合的研究方法。在对国际金融危机影响下的亚洲经济发展模式的演变途径研究中，借鉴前沿的理论和经验，同时使用图、表进行辅助说明。

第三，大量使用比较研究的方法。比较 1997—1998 年亚洲金融危机和 2008 年全球金融危机对亚洲经济发展模式的影响以及传染渠道。构建囊括多种因素的综合模型，在此框架下比较国际金融危机对各亚洲新兴经济体经济发展模式的冲击和亚洲经济发展模式的弹性。

第四，采用由点及面、由面及点的研究方法。在对亚洲经济发展模式进行多角度分析时，根据研究需要既分析了单个经济体在国际金融危机背景下经济发展模式的特点，又研究了亚洲新兴经济体的整体经济发展模式特点。

0.3.3　研究内容及结构安排

根据上述研究思路，本研究除导论外，一共有八部分。

第一部分总结亚洲新兴经济体代表性经济发展模式——亚洲模式的具体情况。本部分首先从历史的角度分析了亚洲模式产生的原因，接着剖析了亚洲模式的运作机制、运行结构及特点，然后总结了亚洲模式的利弊，最后选取了三个代表性的亚洲新兴经济体，利用 VAR 方法对这些经济体的经济发展模式进行了实证研究。

第二部分回顾主要国际金融危机对亚洲新兴经济体经济发展

模式的冲击。本部分首先梳理了 1997—1998 年亚洲金融危机对亚洲新兴经济体经济发展冲击的主要特征，然后分析了 2008 年全球金融危机造成亚洲新兴经济体经济发展模式的异动，最后在前面的分析基础上比较了两次主要国际金融危机冲击对亚洲新兴经济体经济发展模式冲击的异同。

第三部分构建国际金融危机冲击亚洲新兴经济体经济发展模式的溢出渠道模型。本部分首先区分了国际金融危机冲击的两个主要溢出渠道——贸易渠道和金融渠道；接着计算了亚洲新兴经济体受到国际金融危机传染的溢出效应指标；最后构建了一个国际金融危机溢出渠道的统一框架，在这个框架下实证了不同溢出渠道对不同亚洲新兴经济体的实际影响。

第四部分挖掘亚洲新兴经济体经济发展模式对国际金融危机脆弱性的根源。首先介绍了产生脆弱性的根源在于亚洲新兴经济体与发达国家相互依赖机制——金融恐怖均衡，接着用博弈论方法分析了金融恐怖均衡在理论上成立的原因，最后引入了破坏这种均衡机制的非均衡因素。

第五部分比较两次重大国际金融危机后亚洲新兴经济体经济发展模式的可持续性。本部分首先总结了亚洲金融危机后亚洲新兴经济体强化亚洲模式的举措，然后分析 2008 年全球金融危机后亚洲模式的变化特征——是否"脱钩"，最后运用经济周期的分析方法比较了亚洲金融危机以来亚洲新兴经济体在不同时期的经济发展特征。

第六部分分析后国际金融危机时期亚洲新兴经济体经济发展模式可持续性所面临的挑战。本部分主要从三个方面提出了亚洲经济发展模式在新形势下面临的挑战：第一，亚洲经济发展模式本身是否具有提高劳动生产率的效用；第二，亚洲经济发展模式的突出特征——出口导向型战略是否可以真正实现出口推动经济增长；第三，当前国际环境的变化——发达国家紧缩策略和转向内需策略、国际资本流动逆转等带来的挑战。

第七部分探讨中国经济发展模式对国际金融危机的弹性及中国经济发展模式变动在亚洲的溢出效应。本部分回归到中国问题上，着重研究后金融危机时期中国经济发展模式的变动对周边国家的影响。首先比较了中国经济发展模式与亚洲邻国的异同，然后分析了中国近些年来在亚洲经济地位的变化和全球金融危机以来中国经济增长模式的主要变化，最后评估了中国在后金融危机时期经济发展模式的变化对其他经济体的溢出效应。

第八部分提出亚洲新兴经济体改革经济发展模式应对国际金融危机冲击的对策。本部分首先提出了亚洲新兴经济体从传统的亚洲经济发展模式转向内需-外需相平衡发展模式的设想，再围绕着这个设想从民族国家层面和区域合作层面分别提出了相应对策。

0.4　研究的创新点和难点

0.4.1　主要的创新点

总体而言，本研究试图在以下方面有所创新和突破：

第一，在国际金融危机频繁爆发背景下，客观公正地看待亚洲新兴经济体的经济发展模式。国际金融危机暴露了亚洲经济发展模式的许多内在弊端，但是该模式在过去较长的一段时期内相对成功并且至今仍具有一定弹性，即具有一定的自我修复能力。因此，如果及时修正亚洲经济发展模式内在的缺陷，那么改进的亚洲经济发展模式是可以持续的。

第二，鉴别几次重大国际金融危机冲击不同亚洲新兴经济体经济发展模式的溢出渠道，将国际金融危机冲击的各个溢出渠道纳入一个统一的框架，实证分析重大国际金融危机对不同经济体的冲击程度。由于亚洲各经济体受到国际金融危机冲击的程度不同，危机冲击的溢出渠道也不尽相同，因此统一的亚洲经济发展模式并不适合所有的新兴经济体。

第三，运用修正的贸易条件波动和增广的柯布－道格拉斯生产函数等更为精确的测算方法，验证国际金融危机对亚洲经济发展模式的影响。实证结果表明，基于全要素生产率的单要素贸易条件与亚洲新兴经济体经济增长呈同步运动态势。这说明到目前为止，以出口导向型战略为主要特征的亚洲经济发展模式并没有导致亚洲新兴经济体陷入"贫困化增长"。实际上，2008 年全球金融危机是周期性金融危机，从中长期看对全球分工格局没有造成实质性改变。另外，用增广的柯布－道格拉斯生产函数对亚洲新兴经济体进行验证表明，亚洲新兴经济体制成品出口促进了技术传播，具有提高劳动生产率的积极作用，是亚洲新兴经济体近些年来高速增长的重要原因。但是 2008 年全球金融危机结束后，制成品出口的技术溢出效应显著下降，对该地区的经济增长推动作用较为乏力。

第四，提出亚洲经济发展模式应该由依赖外需的出口导向型增长战略转向内需－外需相平衡的增长模式。亚洲新兴经济体已经处于经济全球化时代，并且大部分经济体是小型经济体，因此坚持更高级阶段的出口导向型战略和充分发掘国内市场需求的内需推动战略有机结合，是未来亚洲经济发展模式更好应对国际金融危机的重要策略。在"一带一路"倡议引领下，亚洲新兴经济体可以通过寻找内部经济的新增长点，构建不同圈层的区域合作，减少对发达国家需求的过度依赖。

0.4.2 难点和不足

当然，本研究存在一定的缺陷和不足，这是本研究在未来试图进一步解决的主要问题，具体包括：

（1）本书原本打算构建一整套指标体系来评估国际金融危机对亚洲新兴经济体冲击的经济成本和社会成本，但最终因为强调经济发展模式而没有构建全面的评估指标体系。本研究的重点为促进亚洲新兴经济体发展的经济因素。至于地理、社会制度、文化等因素，虽然有所涉及但不是本研究的重点，因此有可能忽略了影响亚洲经济发展模式的某些非经济重要因素，这是未来研究要努力的方向。

（2）出于前后逻辑性和避免内容过于庞杂的考虑，本书仅仅研究了东亚和东南亚新兴经济体采取的、具有显著共同特征的代表性经济发展模式，省略了对印度经济发展模式的研究。实际上，印度同样是重要的亚洲新兴经济体，并且它的经济发展模式与其他代表性亚洲新兴经济体有重大区别[①]。如果能够将中国等新兴经济体采取的外向型经济发展模式与印度偏重内向型经济发展模式进行比较，这对亚洲新兴经济体下一步的发展更具有指导意义。

（3）本书设计的亚洲新兴经济体内需-外需相平衡发展模式构想仍处于初步阶段，尚有许多细节和运行机制需要进一步明确和深入探究。

（4）由于本书涉及众多亚洲新兴经济体，在数据收集、采集和处理方面，往往出现某些经济体某个时间段样本数据缺失现象，因此一些关键样本时期会出现某些经济体之间不可比现象或者某些地方研究不够深入的情况。

---

① 有学者认为印度目前并未形成独成一体的经济发展模式，参见：Alan L. Winters and Shahid Yusuf，2007. Dancing with Giants：China，India，and the Global Economy. World Bank Publications.

1 亚洲新兴经济体经济发展模式及其绩效评估

　　大部分亚洲新兴经济体特别是东亚和东南亚新兴经济体在过去几十年采取的经济发展模式可以总体上归结为所谓的"亚洲模式"。它与拉美模式、印度模式并称为发展中国家或新兴经济体走向现代化的三种主要经济发展模式[①]。亚洲模式相比其他两种经济发展模式而言，已经取得了极大的成功。学术界在十多年前曾经试图挖掘亚洲模式的本质。相关领域的学者从发展经济学、政治经济学、历史和文化等角度出发，将亚洲模式分别解读为经济发展模式、体制或制度模式、文化模式和现代综合模式等[②]。本书所研究亚洲模式的概念从属于经济学的范畴，与上述的经济发展模式观点一致，从经济学的角度考察亚洲新兴经济体经济发展的基本特点以及基本状况。其本质内涵是分析亚洲新兴经济体建立在经济增长和出口导向基础上的经济发展，包括研究人均国民收入或 GDP 的发展趋势、经济结构的基本变化和经济的外部平衡能力等。

　　[①] 王宏斌：《比较与借鉴：发展中国家现代化模式探析》，《管理现代化》，2005年增刊，第 61～64 页。
　　[②] 对亚洲模式的详细解释参见姜广东：《关于"东亚模式"的制度性再思考》，《宏观经济研究》，2003 年第 12 期，第 42 页。

1.1 亚洲新兴经济体经济发展模式形成的原因

根据前面的分析，亚洲经济发展模式实际上是指第二次世界大战后由日本引领，韩国、新加坡、中国香港、中国台湾、马来西亚、泰国和中国大陆等亚洲新兴经济体相继加入的一种独特经济发展模式。这些经济体的发展战略有许多共同的特点，都取得了引人注目的经济成就并长期维持了社会稳定，其高度相似的发展模式引起了世界的关注。亚洲经济发展模式在短短数十年内成绩斐然：日本在第二次世界大战之后上升为世界第二大经济体；继日本之后，韩国、中国香港、新加坡和中国台湾的人均GDP也接近发达国家水平。后来，泰国、马来西亚等亚洲新兴经济体加入亚洲模式，其经济也得到了迅速发展，平均增长速度甚至超过了韩国、中国香港、新加坡和中国台湾。

1.1.1 亚洲新兴经济体对经济赶超的强烈愿望

亚洲模式形成的首要原因是第二次世界大战结束后全球政治环境和世界经济结构变化导致亚洲新兴经济体对于发展经济有迫切的需要。第二次世界大战结束后，亚洲前殖民地、半殖民地国家纷纷取得独立，但由于列强长期的殖民统治和战争破坏，其经济极端落后，民众生活困苦。因此，振兴民族经济是独立后各国政府实现政治合法性的唯一选择[①]。表1-1是世界主要新兴地区在1820—1990年间，按购买力平价计算的人均GDP占同期西方发达国家人均GDP的百分比。可见，在19世纪初，亚洲新兴经

---

① 王永钦：《发展的政治经济学：一个东亚模式的理论框架》，《学术月刊》，2015年第4期，第57~70页。

济体的经济发展水平与其他地区大多数新兴经济体相比差异不大（非洲除外），人均 GDP 大致占西方发达国家的一半以上。但在 19 世纪末—20 世纪初，各地区的经济发展水平开始分化。1913 年，亚洲地区增长出现逆转，东亚 8 个经济体人均 GDP 占西方国家人均 GDP 的 16.9%，显著落后于东欧（42.5%）和拉美（37.1%）。这种情况一直持续到 20 世纪 50—60 年代，饱受第二次世界大战苦难的亚洲新兴经济体百废待兴，经济发展停滞不前，总体人均 GDP 占西方国家人均 GDP 的百分比徘徊在 11% 的水平上下，仍远远落后于东欧和拉美。因此，亚洲新兴经济体要维持国家独立和政治稳定，必须大力发展经济，使国民脱离贫困并改善国民生活水平。

另外，当时全球经济结构调整也有助于实现亚洲新兴经济体发展经济的愿望。第二次世界大战后，发达国家在美国《马歇尔计划》的援助下，经济逐渐复苏并且日益繁荣。到了 20 世纪 60 年代，发达国家发起第三次科技革命，相应地进行产业结构调整，通过设立跨国公司等形式把夕阳产业和劳动密集型产业转移到新兴经济体。亚洲新兴经济体利用这一时机，承接了发达国家的产业转移，大力发展劳动密集型产业。亚洲新兴经济体的这一行为被一些学者理解为该地区恢复经济重要性的一个过程。此外，20 世纪 50 年代以来，国际贸易自由化趋势日益强化，为亚洲新兴经济体的制造品出口创造了良好的国际环境。因此，正如表 1-1 所示的，从 20 世纪 80 年代开始，亚洲新兴经济体开始赶超东欧和拉美；90 年代，大部分亚洲新兴经济体人均收入超过东欧和拉美，相反东欧和拉美在最近 20 多年来的经济发展水平则逐年下降。

表 1-1　不同地区（经济体）人均 GDP 占西方国家人均 GDP 百分比（%）

各地区 （经济体）	1820 年	1870 年	1913 年	1950 年	1960 年	1970 年	1980 年	1990 年
东亚（8 个经济体）	50.3	27.2	16.9	10.8	12.8	14.7	16.1	19.7
中国大陆	49.9	25.8	13.8	7.0	7.9	6.5	7.0	9.9
印尼	50.8	31.9	22.7	13.3	12.0	10.0	12.3	13.4
日本	55.6	36.0	34.8	30.5	46.9	81.1	88.0	100.0
韩国	49.9	29.5	20.5	12.2	13.0	16.3	27.0	46.3
泰国	53.7	34.7	21.1	13.0	12.7	14.1	16.7	24.6
中国台湾	41.5	26.8	18.7	14.7	17.6	24.9	38.5	52.6
马来西亚	50.1	32.3	22.6	24.8	18.0	17.4	24.0	27.3
新加坡	51.1	33.3	32.1	35.2	27.2	37.1	59.4	76.5
其他亚洲地区 （49 个经济体）	44.9	27.2	18.3	12.0	11.3	10.5	10.3	9.7
印度	44.3	26.0	16.9	9.8	8.9	7.2	6.2	7.0
土耳其	53.4	40.2	30.4	25.8	26.5	25.7	26.3	29.0
非洲（57 国）	34.9	24.4	16.0	14.2	12.5	11.3	10.1	7.7
拉美（47 国）	57.5	33.2	37.1	39.8	36.9	33.3	35.5	26.9
东欧（7 国）	56.8	45.7	42.5	33.5	36.1	36.0	37.9	29.0
除了东亚外的所有地区（161 个经济体）	48.3	29.8	22.0	17.9	18.2	18.0	17.8	16.8
西方国家人均 GDP（美元）	1204	2051	3989	6298	8495	11974	15257	18780

注：1. 西方国家包括西欧各国、澳大利亚、加拿大、新西兰和美国。

2. 人均 GDP 以 1990 年不变价美元计值。

资料来源：Servaas Storm and C. W. M. Naastepad，2005. Strategic Factors in Economic Development：East Asian Industrialization 1950－2003. Development & Change，36（6）：1059－1094，1061.

1.1.2 经济发展阶段的多样性

亚洲模式形成的基础是亚洲经济体振兴民族经济的起步时间不一致和经济发展程度不同。20 世纪 60 年代是第一批亚洲新兴经济体发展经济的起步阶段，各经济体的经济发展水平存在较大差异，经济体制呈多元化特征。此时日本已经试图在经济上追赶发达经济体，但大部分亚洲新兴经济体的产业结构重心仍偏向于第一产业。当时，亚洲新兴经济体在经济发展上的共同特征是：农村人口众多，农业部门结构单一；工业基础薄弱，制造业十分落后。从表 1-1 可以发现，亚洲主要经济体经济发展严重不平衡。在 20 世纪 60 年代，日本人均 GDP 已达 3984 美元，占当时西方国家人均 GDP 的 46.9%，属于中高收入国家。而在一众亚洲新兴经济体中，新加坡人均 GDP 相对最高，为 2311 美元；其他亚洲新兴经济体当时的人均 GDP 均不到 1100 美元，中国大陆的人均 GDP 则仅有 671 美元。因此，大部分亚洲新兴经济体在当时都属于低收入国家或中低收入国家。再加上亚洲各经济体的自然资源禀赋和人口分布上也存在较大的差别，亚洲经济体发展经济的差异性表现为较强的区域互补优势，有利于培育多层次的地区性劳动分工。

为了扩张在东亚和东南亚地区的影响力和经济利益，日本和美国在 20 世纪 60 年代展开了激烈竞争。日本最终通过 FDI 的方式将某些产业转移到相对落后的亚洲新兴经济体，以绕过美国设置的贸易限制和贸易壁垒。第一批亚洲新兴经济体在日本"雁行模式"的带领下，参与亚洲生产的区域分工，实施对外开放政策和出口导向型发展战略。第一批亚洲新兴经济体工业化进展成功，激励了其他更为落后的亚洲新兴经济体如东盟国家和中国大陆相继加入层层传递的垂直产业链分工，积极发挥各经济体的比较优势。发展阶段不同的亚洲新兴经济体建立起了次第阶梯化的产业链，最终实现了亚洲奇迹。

1.1.3 共同的文化价值观和地理上的临近

亚洲经济发展模式的形成还有其他重要的背景。一些学者转而从文化上寻求根源，即在亚洲历史上影响深远的儒家文化，由此形成了所谓的"后儒家主义理论"。该理论认为，亚洲新兴经济体特别是东亚地区的新兴经济体拥有共同的文化价值观，即儒家思想下形成的主张勤俭节约、勤奋工作、重视教育、尊重权威和推崇仁君等价值观，这有助于亚洲模式取得集体成功（Kwon，2007）[1]。受到儒家思想约束的泛利主义政府[2]和儒家文化在发展经济中的创新运用，构成了亚洲模式的文化背景。

同时，亚洲新兴经济体集体兴起跟各经济体所处的有利地理环境也有一定联系。亚洲新兴经济体独一无二的地理位置为这些经济体提供了参与战后全球一体化和国际分工的有利机会。事实上，大多数亚洲新兴经济体的国内市场狭小，但幸运的是都临近海洋，有利于发展海洋运输和对外贸易。亚洲新兴经济体的地理位置也便于与亚洲模式的"领头雁"——日本发展贸易和其他经济联系。中国香港和新加坡在东亚和东南亚有着更加核心和优越的地缘战略优势，有助于二者成为亚洲的金融中心和商业中心。可以说，亚洲新兴经济体的特殊地理位置使得它们可以吸引西方国家地缘战略关注和参与日本领头的区域劳动分工，从而最终推

---

① Keedon Kwon，2007. Economic Development in East Asia and a Critique of the Post-Confucian Thesis. Theory and Society，36（1）：55-83.

② 关于儒家文化对亚洲政府在发展经济中的作用，参见姚洋：《泛利性政府——东亚模式的一个贡献》，《制度经济学研究》，2004年第4期，第1~10页。

动亚洲经济发展模式形成[1]。

1.2 亚洲新兴经济体经济发展模式的优势

亚洲经济发展模式强调国家对经济的适度干预与市场自发调节有机结合，以国家制定适当的产业政策和"贸易立国"战略推动经济高速增长。学术界对亚洲发展模式的研究成果比较多，国内外学者对亚洲经济发展模式特点的陈述不尽相同，但都认为亚洲模式是完全不同于西方经济模式的独特经济复兴之路。

1.2.1 实施外向型经济发展战略

大多数亚洲新兴经济体采取以出口推动工业化或者"面向出口型工业化"[2] 的外向型经济发展战略，因为大部分亚洲新兴经济体国内市场狭小。更为重要的是，对外开放引发"干中学"的学习效应，增强了国际竞争力，提高了国内经济参与者的经济激励、生产效率和资源配置效率。外向型经济发展战略正是亚洲新兴经济体发展模式的最重要特征。Lee 和 Hong（2012）[3] 认为亚洲新兴经济体政府制定的经济政策，特别是那些与开放有关的外向型经济发展战略，在该地区的可持续增长中起到了非常重要的作用。亚洲依靠大力发展出口贸易、低消费和高积累的分配结构，创造了持续的长期高速增长，颠覆了西方工业国家经济增长

---

① John Brohman, 1996. Postwar Development in the Asian NICs: Does the Neoliberal Model Fit Reality? Economic Geography, 72 (2): 107-130.

② 西口清胜著，刘小民译：《现代东亚经济论：奇迹、危机、地区合作》，厦门大学出版社，2011 年。

③ Jong - Wha Lee and Kiseok Hong, 2012. Economic Growth in Asia: Determinants and Prospects. Japan and the World Economy, 24 (2): 101-113.

的"渐进性"和"微增长"规律。

亚洲新兴经济体重视出口对国民经济发展的作用，在 20 世纪 60 年代以后，先后提出"出口（贸易）立国"的战略，将出口作为经济增长的发动机和实现工业化的战略手段（全毅，2008）[①]。具体地，韩国提出以企业财阀为导向的、以出口为基础的工业化战略，马来西亚实施以 FDI 和出口为导向的工业化战略，中国台湾进行中小企业导向的、以出口为基础的工业化战略[②]。

图 1-1 所示为 1980—2013 年主要亚洲新兴经济体出口增长率。可见，在 20 世纪 90 年代末以前，除中国大陆外，其他亚洲新兴经济体出口波动同步性很强；并且在 30 多年中，除了受国际金融危机等突发事件的影响外，大多数时期各经济体的出口都保持了相当高的增长率。90 年代末以后，中国大陆加入了亚洲对外贸易大国行列，且其出口增长波动周期日益与其他亚洲新兴经济体同步。从出口产品的结构来看，亚洲新兴经济体的出口产品从最初以初级产品出口为主，逐渐过渡到当前以劳动密集型甚至资本密集型产品出口为主。亚洲新兴经济体为了实现后发现代化，围绕扩大出口，积极采取了多种配套措施：①采取本币贬值政策，有意识地压低本币汇率，增强本国（或地区）出口商品的国际竞争力，推动本国（或地区）制造业现代化。②实行多角度、全方位的对外开放政策，鼓励外国资金和先进技术参与本国（或地区）工业化进程；建立出口加工区、保税区等经济特区，作为对外开放桥头堡，充分发挥亚洲地区劳动力丰富的优势，参

---

① 全毅：《论东亚发展模式的内涵与基本特征》，《亚太经济》，2008 年第 9 期，第 13~18 页。

② Yong Ahn Choong，2001．A Search for Robust East Asian Development Models after the Financial Crisis．Journal of Asian Economics，（12）：419-443．

与国际分工^①。这种战略被看作是亚洲发展模式的本质特征，也是推动亚洲发展模式形成的直接原因。

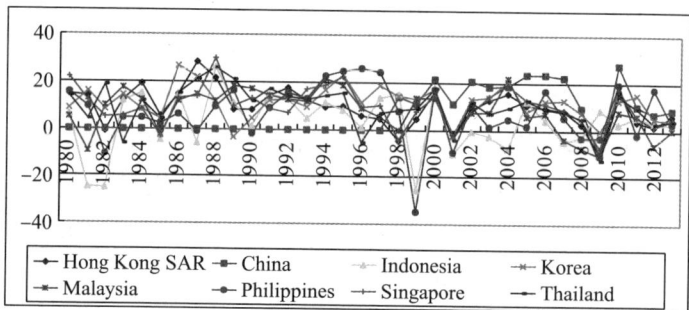

图1-1　1980—2013年亚洲新兴经济体出口增长率

注：Hong Kong SAR 为中国香港，China 为中国大陆，Indonesia 为印尼，Korea 为韩国，Malaysia 为马来西亚，Philippines 为菲律宾，Singapore 为新加坡，Thailand 为泰国。

资料来源：根据 Wind 数据库相关数据计算。

图1-2所示为亚洲开发银行统计的亚洲和发达经济体出口贸易占比 GDP 的情况。该图表明，2000 年亚洲总贸易（进口加出口）占 GDP 的比重为 21.5％，而欧盟 15 国和北美自由贸易区这两个地区的贸易总和占其 GDP 的比重仅为 13.9％。此后，亚洲贸易占 GDP 的比重快速上升，除了 2009 年受到全球金融危机的影响外，一直维持在 30％以上。相反，欧盟 15 国和北美自由贸易区的贸易占 GDP 比重严重下滑。到了 2011 年，前者这一指标上升到 31.8％；而后者这一指标基本保持不变，轻微下降到 13.1％。可见，亚洲经济体对外贸易占 GDP 的比重远高于发达国家和地区。

---

① 曾康霖：《东亚经济模式还灵不灵》，《经济学家》，1998 年第 6 期，第 59～61 页。

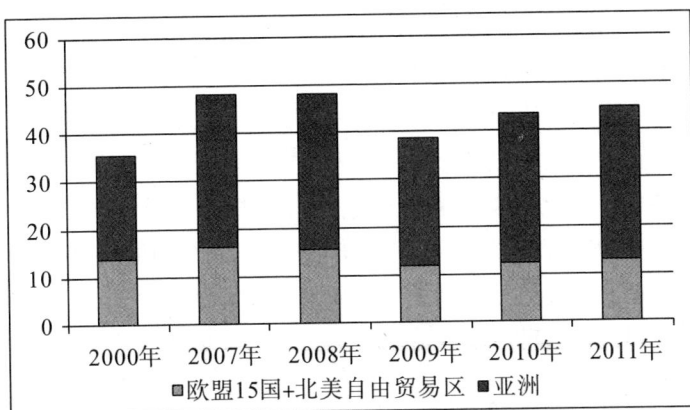

图 1-2 发达经济体和亚洲出口占 GDP 的比重

资料来源：Asian Development Bank，2012. Asian Economic Integration Monitor，July：15.

1.2.2 "雁行模式"推动经济集体腾飞

由于亚洲主要新兴经济体和亚洲最大的发达国家日本之间在经济上呈现出强烈的互补性，区域经济合作机会自发地形成。"雁行模式"就是在上述差异的基础上形成的，即以区域协同、阶梯次第发展的方式，实现"从低级技术到高级技术、从低附加值到高附加值"①的经济增长和工业化过程。亚洲的"雁行模式"取得了巨大成功："世界上没有其他任何一个地区的国际生产网络活动如此发达和深化，这个市场网络以日益相互依赖的方式将东亚的贸易和投资关系捆绑在一起。"②

———————————

① Siam-Heng Heng，2010. The 2008 Financial Crisis and the Flying Geese Model. East Asia，27（4）：381-394.

② Christopher Dent，2008. The Asian Development Bank and Developmental Regionalism in East Asia. Third World Quarterly，29（4）：767-786，772.

  "雁行模式"建立在一定的理论基础之上。这一理论由日本经济学家 Akamatsu 在 20 世纪 30 年代首次提出，第二次世界大战后 Akamatsu 的学生 Kojima 根据日本产业发展情况进一步完善和修正了"雁行模式"理论。20 世纪 60 年代，以雁行发展理论为指导，东亚和东南亚地区践行了该理论。

  亚洲地区雁行发展的经济基础是亚洲各经济体所处的经济发展阶段和比较优势差异性。它本质上是一种结构性升级、非对称的追赶理论，这种经济发展方式通过紧密一体化的垂直分工链条得以实现（Ozawa，2011）[①]。当作为"领头雁"的发达经济体转向高技术产业以后，其会将已经丧失优势的劣势产业或夕阳产业转移到处于工业化起步阶段的、拥有丰富劳动力的新兴经济体。跟随者从领导者那里消化吸收了先进技术和管理经验，随着本国（或地区）劳动密集型产业日益成熟，又将劳动密集型产业转移到其他更为落后的国家。这一过程仿佛呈 V 字形飞行的大雁群，故被形象地称为"雁行模式"。Ozawa（2011）甚至测算出，新兴经济体参加"雁行模式"比"独自飞翔"节约了 70% 的能量，因此能够完成追赶并且实现更快的经济增长。事实上，作为世界上最为先进的工业化经济体之一，日本在亚洲地区的"雁行模式"中长期扮演着领头者的角色，后面的跟随者依次是韩国、中国香港、新加坡、中国台湾、东南亚新兴经济体和中国大陆。这一模式在亚洲地区取得了巨大成功，使得亚洲新兴经济体迅速实现了经济的腾飞。

  需要注意的是，"雁行模式"并不是僵化不变的，而是一个动态变化的追赶模式。随着中国大陆等其他亚洲新兴经济体加速前进和追赶领头国家，亚洲的"雁行模式"也在发生变化，逐渐

[①] Terutomo Ozawa，2011. The（Japan－Born）"Flying－Geese" Theory of Economic Development Revisited. Global Policy，2（3）：272－285.

呈现出多头并进的多元化局面。

1.2.3 以高储蓄－高投资率实现经济跨越式增长

亚洲新兴经济体在实施工业化战略之初缺乏实现经济现代化所依赖的初始条件，在原始资本积累、市场条件和经济制度等方面显然处于劣势地位，而且当时国际分工格局以水平分工为主。面对上述劣势，亚洲新兴经济体不可能照搬西方发达国家已走过的结构性演变历程来实现现代化[①]。因此，该地区创造性地构建了自己的发展模式——"亚洲模式"，跨越了市场经济的"古典体制"，采用了跨越式发展的形式。

亚洲新兴经济体的跨越式增长首先建立在投资快速增长的基础之上。20世纪90年代，亚洲地区曾经长期维持着9%甚至更高的年均增长率，创造了全球经济增长历史上的奇迹。亚洲地区的高增长主要依靠高储蓄率和高投资率，同时，主要亚洲新兴经济体的储蓄率居全球首位，为物质资本积累和更高的投资率打下了坚实基础。当时，韩国、中国香港、新加坡、中国台湾、东盟和中国大陆等亚洲新兴经济体的平均国内总储蓄率占GDP的30.6%，比拉美国家的平均储蓄率高20%以上[②]。虽然亚洲金融危机曾一度打断了亚洲的高速增长，但是亚洲新兴经济体快速复苏并进入了新一轮高速增长。

表1-2选取了中国大陆等4个亚洲新兴经济体，考察了它们各自的名义GDP增长率同固定投资形成增长率和居民储蓄增长率的关系。可见，1997—2013年间，中国大陆经济增长与固

---

① 杨先明：《东亚经济奇迹论析》，《南开学报（哲学社会科学版）》，1997年第1期，第16~25页。

② 全毅：《论东亚发展模式的内涵与基本特征》，《亚太经济》，2008年第5期，第13~18页。

定投资和储蓄的高增长密切相关。在大多数年份，中国大陆的固定投资增长率和居民银行存款率远高于 GDP 增长率，进入 2002 年以来这种趋势特别明显。2008 全球金融危机前后，连续几年高达 24％及以上的固定投资增长率对中国大陆经济增长的拉动作用尤为显著。韩国、马来西亚和泰国的 GDP 增长与投资和储蓄增长的关系有较大波动，但总的看来，经济增长率较高的年份，固定投资和居民储蓄增长率相应较高；而经济出现负增长的年份，固定投资和居民储蓄增长率往往为负，并且这种负增长的幅度超过了经济增长率。从总体上看，除了韩国，其他三个国家在大多数年份的固定投资率高于储蓄率。总的来说，高储蓄-高投资率是亚洲发展模式的第三个重要特征。

表 1-2　亚洲新兴经济体 GDP、投资和居民储蓄增幅（％）

| 年份 | 中国大陆 | | | 韩国 | | | 马来西亚 | | | 泰国 | | |
	GDP	固定投资	居民银行存款	GDP	固定投资	居民银行存款	GDP	固定投资	居民银行存款	GDP	固定投资	居民银行存款
1997	11.0	8.8	20.1	9.8	4.0	9.1	7.3	12.7	−11.2	2.6	−15.6	15.4
1998	6.9	13.9	15.4	−1.0	−16.0	27.0	−7.4	−37.5	4.1	−2.2	−36.1	10.4
1999	6.2	5.1	11.6	9.6	7.0	28.4	6.1	−13.3	27.6	0.2	−6.1	−0.50
2000	10.6	13.1	7.90	15.7	14.9	25.1	8.8	36.9	15.8	6.2	11.9	6.0
2001	10.5	13.1	14.7	8.3	3.7	12.6	−1.1	−1.7	9.5	4.3	9.9	4.1
2002	9.7	16.9	17.8	10.7	9.9	12.5	8.7	1.6	10.9	6.2	5.2	1.9
2003	12.9	27.7	19.2	6.4	9.2	7.0	9.3	4.3	9.9	8.6	15.1	5.4
2004	17.9	26.8	15.4	8.0	7.3	−1.3	13.2	5.8	2.8	9.7	18.8	3.1
2005	15.7	26.0	18.0	5.0	3.4	3.9	14.7	22.0	2.8	9.3	22.0	7.8
2006	17.1	23.9	14.6	5.1	4.4	5.5	9.8	8.1	7.4	10.6	6.9	6.5
2007	23.1	24.8	6.8	8.0	6.7	0.1	11.5	13.8	11.5	8.7	2.4	−1.1
2008	18.2	25.9	26.3	5.9	8.1	13.8	15.7	6.3	9.2	6.5	11.1	8.6
2009	9.1	30.0	19.6	4.3	3.0	11.3	−7.4	−1.1	10.9	−0.4	−13.1	−1.2
2010	18.3	23.8	16.3	9.9	7.1	16.6	11.5	17.6	2.6	11.8	16.2	5.0
2011	18.4	12.0	13.3	5.3	2.5	8.5	10.8	9.7	10.2	4.3	12.7	6.9

年份	中国大陆			韩国			马来西亚			泰国		
	GDP	固定投资	居民银行存款	GDP	固定投资	居民银行存款	GDP	固定投资	居民银行存款	GDP	固定投资	居民银行存款
2012	10.3	20.3	16.3	3.4	－0.1	4.5	6.9	21.8	7.0	7.9	13.7	29.0
2013	10.1	19.1	12.0	3.8	／	2.0	4.8	9.5	6.5	4.6	－1.5	9.4

数据来源：Wind 数据库和 IMF 数据库。

1.2.4　强调政府干预和市场竞争的兼容性

亚洲新兴经济体经济发展的另一个共同特征是，在其经济快速增长的过程中，政府通过一切可利用的手段增加供给、鼓励经济增长和改善收入分配，对经济增长起到了关键作用[①]。但是亚洲模式并不盲目排斥市场竞争的作用。亚洲新兴经济体的市场机制大多不完善，在发展市场经济初期，无论是基础设施还是国民的市场经济意识等市场经济发展的基本要素都普遍落后。为了实现快速赶超，需要借助政府的力量和权威来培育和扶植市场。在这种情况下，亚洲地区在实践中成功地将新古典学派和凯恩斯主义融合起来，形成了政府干预和市场调节紧密结合的市场经济体制，对亚洲新兴经济体的经济发展起到了很好的促进作用。

在亚洲，市场经济具有显性或隐性地受政府支配的特征（丁学良，2011）[②]。亚洲政府拥有经济、法律等广泛的政策工具和各种行政手段，在遵循市场规律的前提条件下，这些政策为培育市场经济创造了稳定的宏观环境。同时，政府与私人企业在人力

---

① Servaas Storm and C. W. M. Naastepad，2005. Strategic Factors in Economic Development：East Asian Industrialization 1950－2003. Development & Change，36（6）：1059－1094.

② 丁学良：《辩论"中国模式"》，社会科学文献出版社，2011 年。

资源、风险分担等多重市场上相互作用、相互协调①，向私人企业提供多种激励机制，甚至直接提供显性或者隐性的财政补贴。反过来，企业以良好业绩来交换政府当局的政策优惠。政府通过主办银行制度来实施信贷政策并且广泛动员和集中社会资金，通过限制进口和支持出口等出口导向政策增大国内企业的市场份额来实施产业政策，通过显性或隐性担保为出口型企业提供保险政策。但是，亚洲政府在干预市场的同时，也鼓励国内企业培养市场竞争能力，它们认为竞争性的市场经济是推动经济快速增长的关键。尽管民族企业通常受到保护，以免于同外国企业竞争和受到国民经济放缓的影响，但是亚洲政府要求民族企业能正视国内市场上的竞争和在世界市场上有足够竞争力来保卫自己②。

当然，除了以上特征以外，亚洲模式还有其他的优点，包括："把教育看作是战略性的生产力"③，鼓励能推动物质资本投资积累的人力资本投资，支持初级和中级教育的普及；实施恰当的宏观经济政策，通常旨在预算平衡；寻求审慎的货币政策和财政政策，防止高通胀，维持适度的本币汇率贬值；等等。

根据以上亚洲经济发展模式特征，可作出如图 1-3 所示的亚洲经济发展模式基本结构图。

---

① Yongqin Wang，2011. Understanding Economic Development and Institutional Change：East Asian Development Model Reconsidered with Implication for China. Journal of Chinese Political Science，16（1）：47~67.

② Andrea Boltho and Maria Weber，2009. Did China Follow the East Asian Development Model? The European Journal of Comparative Economics，6（2）：267-286.

③ 高成兴：《"东亚奇迹"并非"神话"，也没有终结》，《世界经济与政治》，1998 年第 5 期，第 28~30 页。

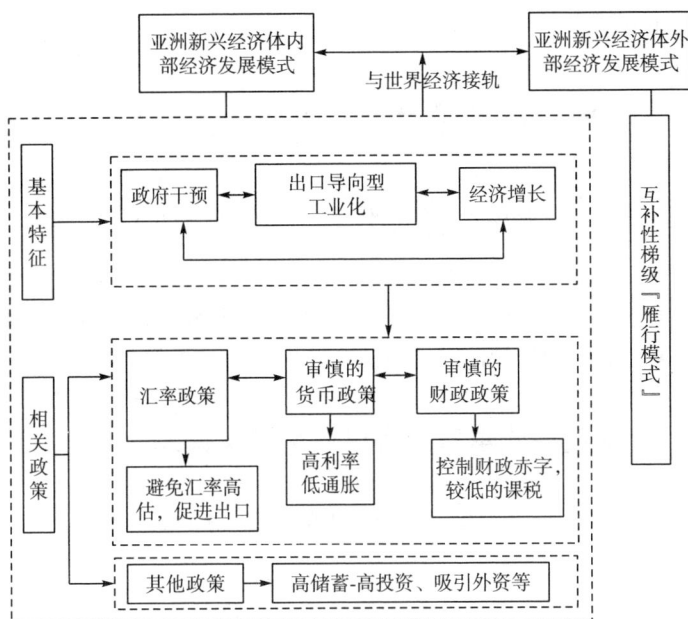

图 1-3 亚洲经济发展模式基本结构图

可以看出，亚洲奇迹的特点主要是以出口为主导的增长[①]。具体来说，围绕着出口导向战略，亚洲新兴经济体通过政府的宏观调控，全面对外开放，采用出口导向的工业化政策，全面推动宏观经济的快速发展。其主要的宏观经济政策支持包括：避免汇率高估以促进出口的汇率政策，鼓励储蓄的高利率货币政策，以及控制财政赤字、保持较低课税的审慎财政政策。此外，政府还创造良好的投资氛围，在战略上介入市场经济等其他吸引外资和促进工业化的政策措施。而亚洲各个经济体则基于各自的比较优势，积极参与国际分工，形成了紧密关联的经济发展关系，即

① Sundaram Jomo，2001. Growth after the Asian Crisis：What Remains of the East Asian Model? http://unctad. org/en/Docs/pogdsmdpbg24d10. en. pdf.

"雁行模式"。

1.3 亚洲新兴经济体经济发展模式的潜在缺陷

亚洲模式在亚洲新兴经济体起飞阶段是一种与各国基本情况相匹配的经济发展模式，极大地促成了"亚洲奇迹"的出现。但是，随着亚洲新兴经济体的经济发展和全球经济环境的变化，亚洲模式自身内含的缺陷日益暴露。

1.3.1 亚洲模式本质上为粗放型增长模式

亚洲模式本质上是一种粗放型的赶超模式，体现在三个方面。

第一，生产要素投入推动增长，经济增长质量低。亚洲高速经济增长的推动力主要是劳动力和资本投入等物质资本，而全要素生产率即技术推动的作用比较弱。总的来说，迄今为止，虽然亚洲新兴经济体的经济增长伴随着全要素生产率向上的趋势，但技术进步对全要素生产率的贡献仍然很小[①]。表1-3比较了主要亚洲新兴经济体经济腾飞阶段即1960—1994年，以及日本和欧洲主要国家在第二次世界大战后经济全面复苏阶段即1950—1973年各要素对经济增长的贡献。该表显示，发达经济体的全要素生产率贡献度对经济增长的贡献度远远超过资本和劳动力。在第二次世界大战后的经济复苏阶段，日本全要素生产率贡献度在所列发达经济体中最低，为39.1%，但仍比亚洲新兴经济体

[①] Shahid Yusuf, 2001. The East Asian Miracle at the Millennium. In Joseph Stigilitz and Shahid Yusuf, eds, Rethinking the East Asia Miracle. New York: Oxford University Press.

腾飞阶段全要素生产率贡献度最高的中国香港高近 6 个百分点。

第二，追求物质利益增长，忽略了可持续发展。为了实现赶超目标，不少亚洲新兴经济体以社会环境恶化和过度消耗资源为代价，片面追求经济增长，忽视了经济、社会和资源的全面协调发展和可持续发展。

第三，正是因为全要素生产率贡献度较低，亚洲本土企业的技术创新能力不强，长期以来集中于劳动密集型产品的生产。过度依赖以引进技术的方式提高工业生产能力和科技潜力，导致高质量的企业并不是本土的企业，相反本土企业的工业和技术能力都不太成功[1]。据统计，韩国在 1995 年对美国和日本等发达国家的技术依赖程度高达 85％[2]。直到今天，亚洲新兴经济体的技术创新能力仍然是大家所关注的问题。在反思 2008 年全球金融危机以来亚洲经济增长动力乏力的原因时，复旦大学经济学教授华民（2016）指出，当前创新不足仍是亚洲经济体的常态[3]。

表 1-3 亚洲新兴经济体、欧洲国家和日本要素投入对经济的贡献度（％）

时期及经济体	资本	劳动力	全要素生产率
1950—1973 年			
法国	32.0	6.0	62.0
意大利	32.0	4.0	64.0
英国	53.3	6.7	40.0
德国	36.7	8.3	55.0

[1] Sundaram Jomo，2001. Growth after the Asian Crisis：What Remains of the East Asian Model? http：//unctad. org/en/Docs/pogdsmdpbg24d10. en. pdf.

[2] 刘秀莲：《东亚模式调整若干问题评析》，《世界经济》，2000 年第 10 期，第 73～76 页。

[3] 华民：《亚洲经济增长的瓶颈究竟在哪》，《人民论坛》，2016 年第 5 期，第 60～63 页。

时期及经济体	资本	劳动力	全要素生产率
日本	33.7	27.2	39.1
1960—1994 年			
中国大陆	41.3	36.0	22.7
中国香港	38.4	28.8	32.9
印尼	51.8	33.9	14.3
韩国	51.8	33.9	14.3
马来西亚	50.0	36.8	13.2
菲律宾	55.3	55.3	−10.5
新加坡	54.3	27.2	18.5
中国台湾	48.2	28.2	23.5
泰国	49.3	26.7	24.0

资料来源：Nicholas Crafts，1999. East Asia Growth before and after the Crisis. http://www. imf. org/external/pubs/ft/wp/wp98137. pdf.

1.3.2 对系统性的外部冲击高度脆弱

亚洲模式的第二大缺陷就是"快速不平衡发展"，表现为内需不足，高度依赖外部市场，导致内外经济严重失衡，严重暴露于外部冲击。亚洲新兴经济体的经济发展模式以出口导向和吸引外资为主要发展战略。其经济发展既由国内因素决定，也由国外因素决定，但国外因素的作用日益重要。

一方面，出口快速扩张和引致的投资高度集中于出口部门，在国内需求和国内消费不足的情况下，导致这些经济体一旦面临着本币被迫升值（或者外国竞争者货币贬值）、外部需求萎缩或者外资流入急剧下降等外部冲击时，便失去了刺激需求的来源

(Blecker，2003)①。

另一方面，从国内需求来看，出口导向发展模式以扩大投资与出口来驱动经济增长，刻意压低国内消费，存在严重的"消费需求漏出"现象。尽管在发展出口的同时，亚洲新兴经济体进口增加，但是本币实际升值导致了进口增长相对出口增长不足以弥补国内需求。相反，由于投资脱离消费而急剧膨胀，国内产能过剩，经济、金融泡沫大量积累，增大了爆发金融危机和经济危机的风险。

1.3.3 政府对经济过度干预

从前面的分析中可以看出，适度的政府干预可以促进经济增长和长期的商业繁荣，但政府"干预不当"或者"干预过度"等行为将阻碍市场机制充分发挥作用。

亚洲新兴经济体经济发展模式的特征之一——高储蓄率，实际上大部分是由企业储蓄贡献的，而不是由家庭储蓄贡献的②。企业储蓄率高，意味着政府可以通过干预措施影响企业的决策活动。而这种政府与企业间的协商共生关系极易导致如下弊端：第一，政府工业政策的实施前提是高密度投资，这样的大规模投资可能扭曲了资源配置、偏离了市场经济规律和该经济体给定的国际比较优势③，同时造成经济发展不平衡。第二，投资流向市场要通过政府部门的严格监管，结果这种政策性融资增加了政府官

---

① Robert Blecker，2003. The Diminishing Returns to Export−led Growth. In Walter Mead and Sherte Schwernninger，ed. ，The Bridge to a Global Middle Class：Development，Trade and International Finance. Publisher：Kluwer Academic.

② 除了马来西亚和新加坡基于历史原因，家庭储蓄率异常高，其他亚洲新兴经济体的家庭储蓄率比世界其他国家高不了多少。

③ Dic Lo，2003. China，the "East Asian Model" and Late Development. http：//www. soas. ac. uk/departments/departmentinfo. cfm?navid=11.

员和银行从业人员寻租的机会，极易产生腐败，也限制了企业投资和经营自主权，遏制了金融市场的发展和市场公平竞争。第三，政府控制的银行廉价贷款常常流向容易产生泡沫的部门——通常是房地产和股票市场，从而出现严重的资产错误配置和不良贷款的累积[①]。正因为政府干预过多，亚洲模式常常被扣上"密友资本主义""裙带资本主义"的帽子。

1.3.4　与其他国家的经济摩擦日益增加

首先，亚洲模式容易导致采取该模式的诸多新兴经济体之间的经济摩擦时有发生。如果大量的新兴经济体都实行出口导向型增长战略，由于全球需求有限，最终会构成所谓的"合成谬误"。这样将导致新兴经济体之间爆发出口商品价格大战，使得贸易保护主义思潮蔓延。一旦发生金融危机，在经济复苏过程中，新兴经济体可能同时试图通过本币贬值来推动出口，从而又陷入汇率大战。

其次，亚洲模式长期被发达国家诟病为全球经济失衡的元凶。在出口导向型发展战略指导下，亚洲新兴经济体相对于经济发达的贸易伙伴国维持了巨大的贸易顺差，而国内需求能力有限和外汇投资渠道狭窄，导致亚洲新兴经济体累积了大量的外汇储备。为了给巨额外汇储备寻找出路，亚洲新兴经济体大量投资于美国国债和其他发达国家的国债，其目的仍然在于维持发达国家对亚洲制造品的进口能力。这种"贸易－资金双重循环体系"被美国等国家指责为全球经济失衡的根本原因，造成亚洲新兴经济体和发达国家间的激烈贸易冲突。特别是 2008 年全球金融危机

---

① 　Joseph Stigilitz and Shahid Yusuf，2001．Rethinking the East Asia Miracle．New York：Oxford University Press．

爆发后，美国等发达国家再次对亚洲新兴经济体施加压力，试图减少对后者的巨额贸易赤字。短期内亚洲不可能建立完善的亚洲债券市场，若近期全球无其他"市场提供者"出现，目前这种双循环体制将长期存在并加剧全球经济失衡局面。

1.4　亚洲新兴经济体经济发展模式的绩效分析

本小节构建亚洲主要新兴经济体经济增长与出口贸易等特征变量间的 VAR 模型和误差纠正模型 VEC，实证检验出口贸易等变量是否对经济增长有推动作用。此处选取了 3 个代表性亚洲新兴经济体——马来西亚、菲律宾和中国香港在 1980—2013 年间的实际 GDP 增长指数、贸易差额和外汇储备等变量数据，并对其进行了预处理。数据来源为中经网、Wind 数据库和 IMF 数据库等。

1.4.1　马来西亚

首先检验马来西亚的经济增长绩效。图 1-4 为 1980—2013 年马来西亚的实际 GDP 增长指数（用 GDPINDEX 表示）、贸易差额（用 TRADE 表示）和外汇储备（用 FOREIGNRESERVE 表示）走势图。可见，1998 年以来，马来西亚贸易盈余大幅度上升，并且远超过实际 GDP 增长指数。与贸易盈余相对应，该经济体的外汇储备也有所增长，并且在 2003 年左右与实际 GDP 增长指数曲线相交并超过后者。这表明，20 世纪 90 年代中后期以来，出口大幅度增长是马来西亚经济增长的重要推动因素。

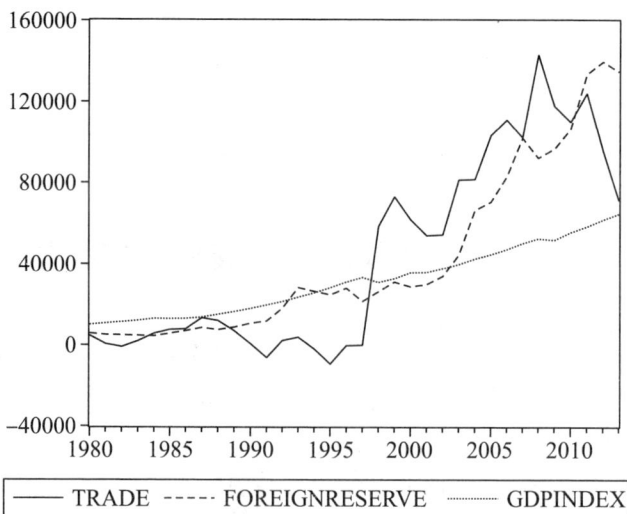

图1-4 1980—2013年马来西亚的实际GDP增长指数等指标走势图

注：GDPINDEX表示实际GDP增长指数，TRADE表示贸易差额，FOREIGNRESERVE表示外汇储备。图1-5至图1-9中的字母代表一样的意思。

马来西亚的VAR模型参数估计值、各方程检验结果与VAR模型整体检验结果见表1-4。各变量后括号里的数字表示滞后阶数。后面对其他两个经济体进行检验时，所有字母含义均一致。可以看出，马来西亚经济增长除了受到前一期GDP增长的影响以外，主要受到滞后一期和滞后两期的外汇储备影响，这两个变量的系数显著性均在1%以上。而马来西亚外汇储备和贸易差额增长则分别与各自滞后一期的变量显著相关。

表1-4 马来西亚VAR模型估计结果

	GDPINDEX	FOREIGNRESERVE	TRADE
GDPINDEX（-1）	0.828*** (4.575)	0.758 (0.599)	0.413 (0.148)

	GDPINDEX	FOREIGNRESERVE	TRADE
GDPINDEX（－2）	0.214 (1.118)	－0.482 (－0.359)	1.346 (0.456)
FOREIGNRESERVE（－1）	0.093∗∗∗ (3.134)	0.938∗∗∗ (4.514)	0.079 (0.173)
FOREIGNRESERVE（－2）	－0.096∗∗∗ (－3.037)	－0.112 (－0.509)	－0.668 (－1.376)
TRADE（－1）	－0.019 (－1.359)	0.113 (1.176)	0.732∗∗∗ (3.455)
TRADE（－2）	0.014 (1.014)	－0.015 (－0.157)	0.080 (0.374)
C	660.171 (0.916)	－3022.780 (－0.600)	－20435.680∗∗ (－1.843)
R²	0.996	0.975	0.905
Adj. R²	0.996	0.969	0.883
F－statistic	1183.318	163.142	39.806
Log likelihood	－264.991	－327.236	－352.475
Akaike AIC	16.999	20.900	22.468
Schwarz SC	17.320	21.210	22.788
Mean dependent	32789.49	44979.89	46466.40
S. D. dependent	16385.21	43019.77	48532.92

注：1. 括号里的数字是 t 统计量。

2. ∗∗∗、∗∗和∗分别表示显著性水平为1%、5%和10%。

表1－5和表1－6同理。

接下来考察马来西亚 GDP 增长对贸易差额和外汇储备冲击的回应情况，具体如图1－5所示。从该图可见，马来西亚的 GDP 对其自身的一个标准差新息立刻有较强反映，产出增加比较明显，且影响时间较长。该经济体的 GDP 对贸易差额的一个标准差新息在第一期没有反映，到第二期有负向影响，从第四期开始有正向影响，然后缓慢回落，慢慢消失。其 GDP 对外汇储备的一个标准差新息在第一期也没有反应，到第二期有非常明显的正向影响，然后渐渐减少，到第十一期后就比较平稳了。可见，马来西亚的对外贸易差额对马来西亚经济有滞后影响，第一期并没有影响，第二期对经济还有负向影响。而马来西亚的经济增长对外汇储备的影响在第一期立刻就显现出来，而对贸易的影响前五期都是负的，到第六期才是正向的。

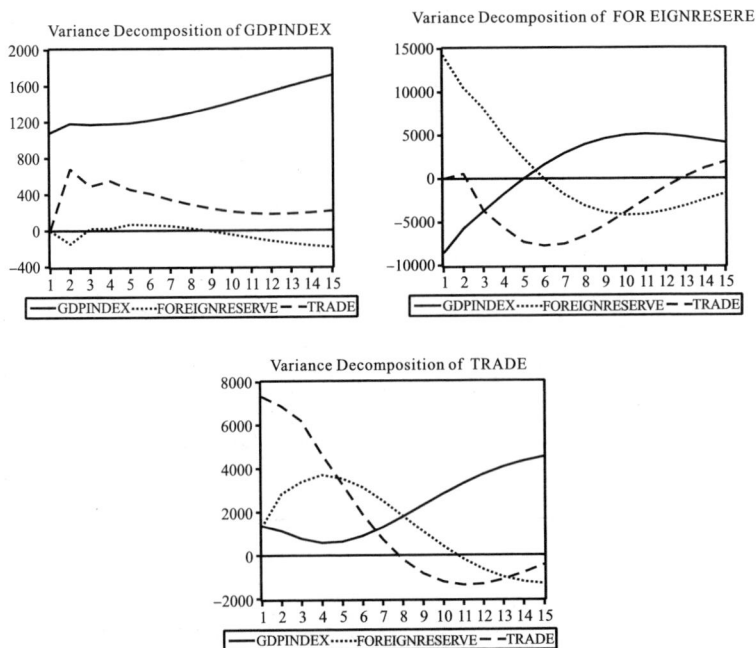

图 1-5　马来西亚脉冲响应分析结果图

最后考察变量间的长期关系——方差分解。方差分解结果见图 1-6。该图显示，马来西亚外汇储备（第二个方程新息）的影响对 GDP 指数预测误差的贡献度从第二期开始比较稳定，达到 10％以上；而贸易差额（第三个方程新息）的影响对 GDP 指数预测误差的贡献比较小，第二期最大，达到 2.27％。而 GDP（第一个方程新息）对贸易差额预测误差的贡献从第一期达到26.3％开始，逐渐减小，到第十期基本一直稳定在 20％左右。

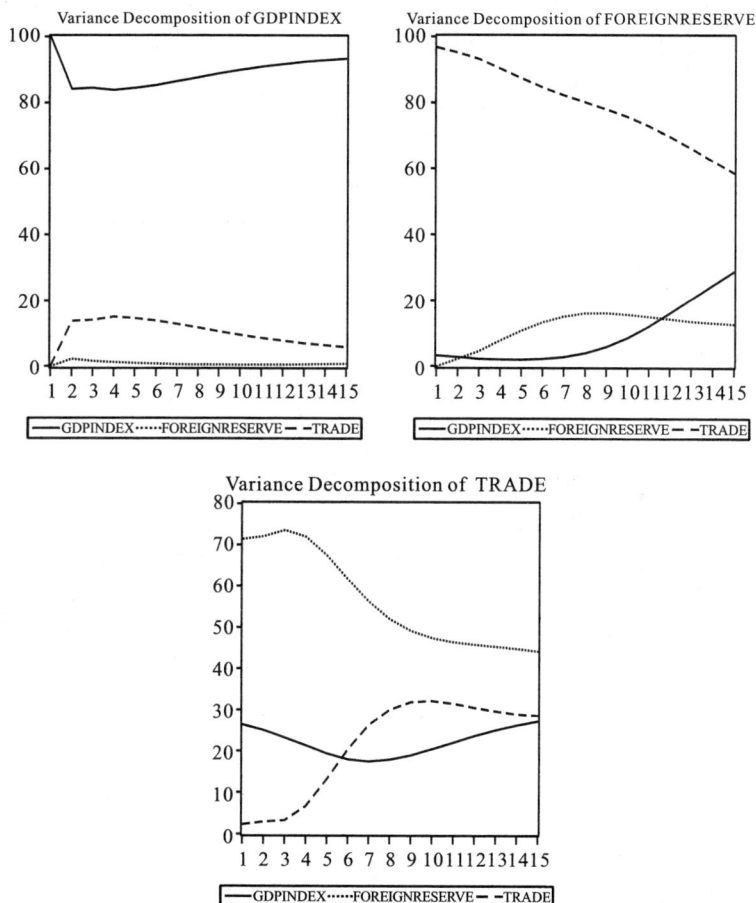

图 1-6　马来西亚方差分解结果图

1.4.2 菲律宾

同理,对菲律宾做同样的 VAR 模型拟合,实证结果如表 1-5 所示。可见,菲律宾经济增长主要受到前一期 GDP 增长的影响。而外汇储备增长却受到滞后一期和二期的 GDP 增长和储备增长的同时作用。影响菲律宾贸易差额增长的因素很多,前两期 GDP 增长、外汇储备增长和贸易差额增长本身都对本期贸易差额有统计意义上的显著影响。

表 1-5　菲律宾 VAR 模型实证结果

	FOREIGNRESERVE	GDPINDEX	TRADE
FOREIGNRESERVE（-1）	1.3750*** (6.909)	-0.0002 (-0.070)	-0.0530*** (-3.936)
FOREIGNRESERVE（-2）	-0.566*** (-2.420)	0.001 (0.412)	0.064*** (4.023)
GDPINDEX（-1）	-27.949** (-2.003)	1.230*** (6.071)	-1.784* (-1.886)
GDPINDEX（-2）	39.741** (2.636)	-0.196 (-0.895)	1.830* (1.790)
TRADE（-1）	0.3730 (0.176)	0.0007 (0.023)	0.9530*** (6.637)
TRADE（-2）	-1.2190 (-0.595)	0.0008 (0.026)	-0.4390*** (-3.158)
C	-120083.100*** (-3.271)	-205.747 (-0.386)	-1947.550 (-0.7824)
R^2	0.987	0.996	0.774
Adj. R^2	0.984	0.994	0.720
F-statistic	312.079	838.785	14.272
Log likelihood	-372.470	-237.054	-286.364
Akaike AIC	23.717	15.253	18.335
Schwarz SC	24.038	15.574	18.656

续表1-5

	FOREIGNRESERVE	GDPINDEX	TRADE
Mean dependent	198382.700	16116.680	−4186.035
S. D. dependent	243120.600	5766.201	3981.710

　　菲律宾的脉冲响应结果见图1-7。可见，菲律宾的 GDP 对其自身的一个标准差新息立刻有较强反应，产出增加比较明显，且影响时间较长。其 GDP 对贸易差额的一个标准差新息的影响不明显；GDP 对外汇储备的一个标准差新息在第一期就有反应，然后逐渐增大。

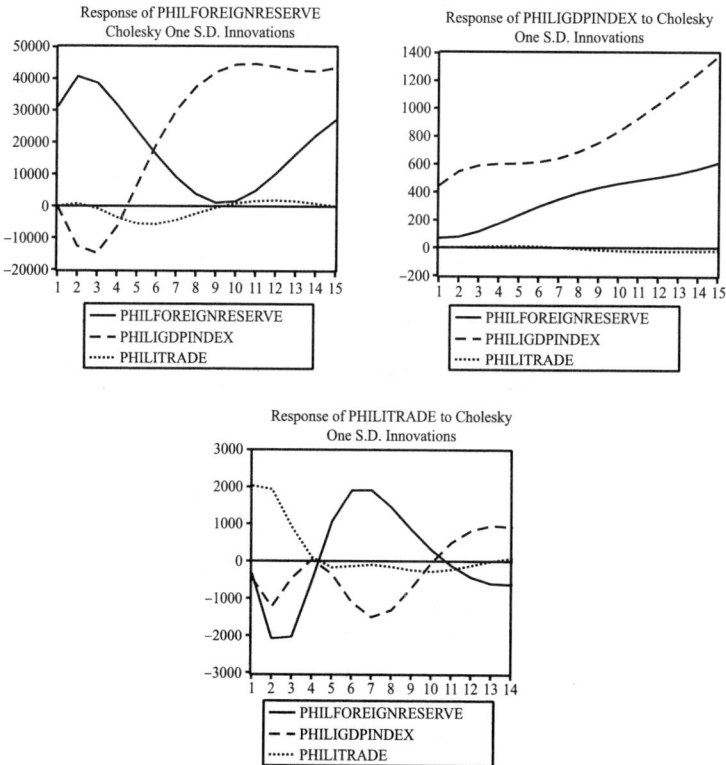

图1-7　菲律宾脉冲响应分析结果图

  方差分解结果见图 1－8。可见，菲律宾的外汇储备（第一个方程新息）对其 GDP 指数预测误差的贡献度从第七期开始稳定维持在 10％以上，而贸易差额（第三个方程新息）的影响对 GDP 指数预测误差的贡献几乎为零。而菲律宾的 GDP（第二个方程新息）对贸易差额预测误差的贡献从第八期开始逐渐增加，一直稳定在 20％以上。菲律宾外汇储备（第一个方程新息）对贸易差额预测误差的贡献度也很大，从第六期开始达到 50％以上。

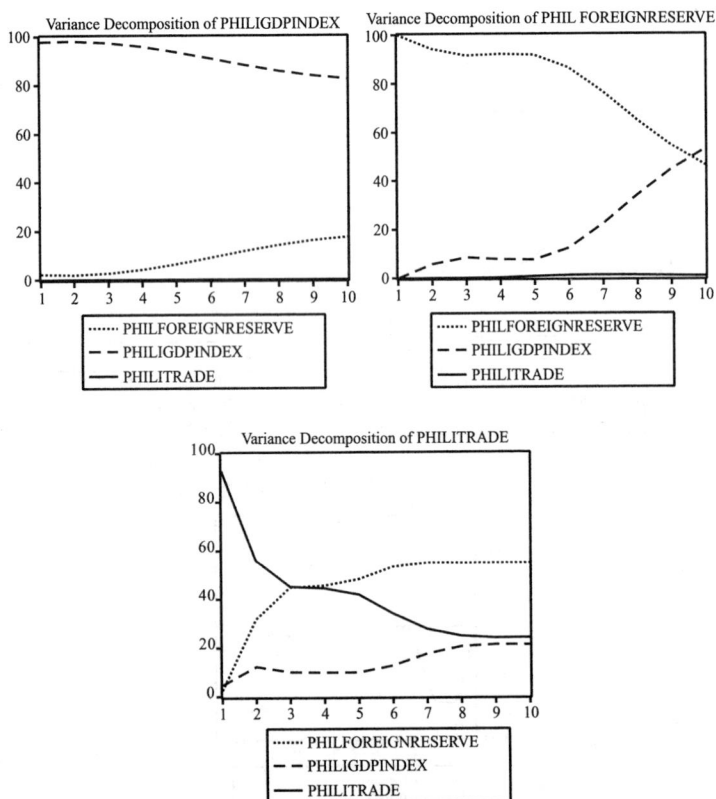

图 1－8 菲律宾方差分解结果图

1.4.3 中国香港

对中国香港的变量做类似处理，首先得到 VAR 模型估计值，如表 1-6。中国香港 VAR 模型实证结果非常有趣，即所有的变量仅仅跟自己的前一期变量显著相关，跟其他变量的相关性并不明显。

表 1-6　中国香港 VAR 模型估计结果

	FOREIGNRESERVE	GDPINDEX	TRADE
GDPINDEX（−1）	−1.101 （−0.121）	1.040*** （2.944）	−1.791 （−0.072）
GDPINDEX（−2）	10.038 （0.975）	−0.099 （−0.246）	3.207 （0.114）
FOREIGNRESERVE （−1）	0.666** （2.149）	0.004 （0.344）	−0.921 （−1.087）
FOREIGNRESERVE （−2）	−0.078 （−0.275）	0.007 （0.649）	0.334 （0.430）
TRADE（−1）	−0.061 （−0.509）	0.003 （0.685）	1.067*** （3.225）
TRADE（−2）	0.028 （0.194）	0.003 （0.429）	−0.396 （−1.008）
C	−80018.040*** （−2.830）	903.900 （0.822）	−1994.758 （−0.026）
R−squared	0.980	0.986	0.942
Adj. R−squared	0.9720	0.9801	0.9180
F−statistic	122.0640	174.8131	40.3530
Log likelihood	−238.389	−166.951	−260.556
Akaike AIC	22.308	15.814	24.323

	FOREIGNRESERVE	GDPINDEX	TRADE
Schwarz SC	22.655	16.161	24.670
Mean dependent	142246.30	16944.01	−166184.40
S. D. dependent	88828.970	4120.901	142700.00

图1-9是中国香港有关变量的脉冲响应分析结果。可见，中国香港GDP对其自身的一个标准差新息立刻有较强反应，产出增加比较明显，且影响时间较长，从第一期往后逐渐下降，到第四期就基本平稳。其GDP对贸易差额的一个标准差新息的影响在第一期没有反应，随后增加，到第八期后逐渐平稳；而GDP对外汇储备的一个标准差新息的影响在第一、二、三期都没有反应，然后慢慢下降为负向影响，逐渐平稳。

中国香港方差分解结果见图1-10。可见，中国香港外汇储备（第二个方程新息）的影响对GDP指数预测误差的贡献度从第九期开始到达10%以上。而中国香港贸易差额（第三个方程新息）的影响对GDP指数预测误差的贡献在第一期为零，逐渐增加，到第十期已经达到50%以上。其GDP（第一个方程新息）对贸易差额预测误差的贡献一直稳定在20%左右，中国香港外汇储备（第二个方程新息）对贸易差额预测误差的贡献度也很大，从第三期开始一直稳定在40%以上。

Response of HKGDPINDEX to
Cholesky One S.D. Innovations

Response of HKFOREIGNRESERVE to Cholesky
One S.D. Innovations

Response of HKTRADE to Cholesky
One S.D. Innovations

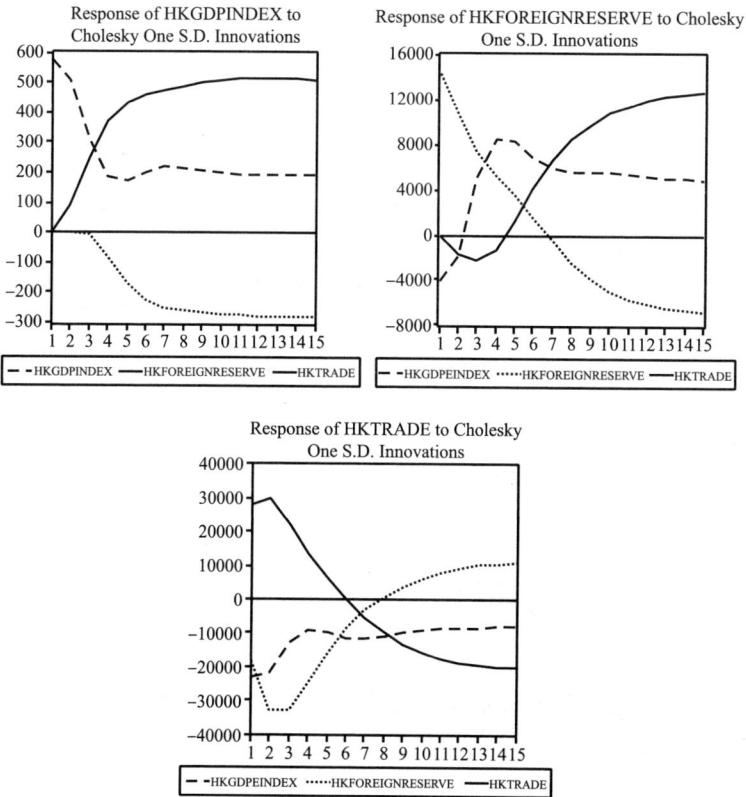

图 1-9　中国香港脉冲响应分析结果图

Variance Decomposition of HKGDPINDEX

Variance Decomposition of HKFOREIGNRESERVE

Variance Decomposition of HKTRADE

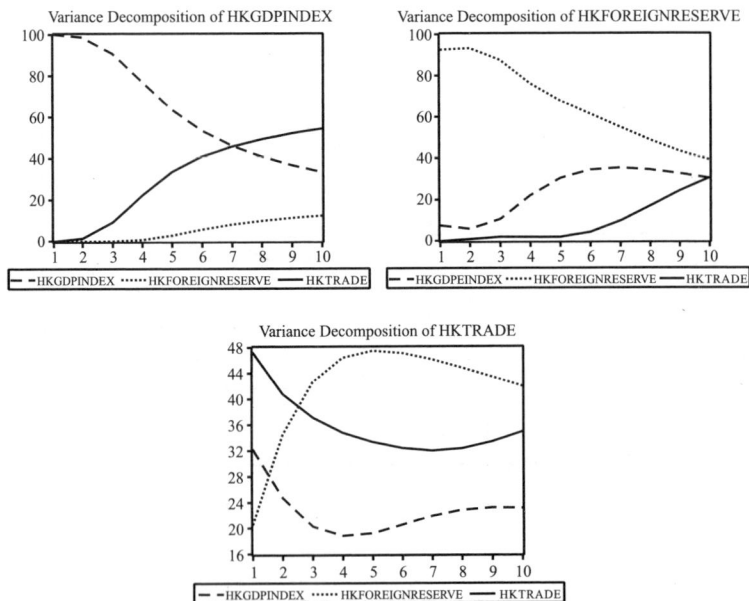

图 1-10　中国香港方差分解结果图

从以上对 3 个东亚代表性经济体的分析可以看出，亚洲新兴经济体普遍采用出口导向型发展战略，但贸易差额是否对该国（或地区）经济增长有促进作用，不同国家（或地区）情况是不一样的。马来西亚和菲律宾的贸易差额对该国经济增长的促进作用非常有限，而中国香港的贸易差额则对中国香港经济增长有明显的促进作用。

2 主要国际金融危机对亚洲新兴经济体经济发展模式的冲击

亚洲新兴经济体的经济发展模式以出口导向型战略实现增长，这种过于依赖外部需求和外资流入的经济发展模式在促进经济高速增长的同时也容易受到外部冲击的影响。至今，亚洲新兴经济体已经遭受了两次重大国际金融危机的冲击——1997—1998年亚洲金融危机和2008年全球金融危机。1997—1998年亚洲危机是亚洲经济发展模式面临的第一次重大危机，有人甚至认为这是亚洲奇迹的终结点，也是亚洲经济发展模式的终结点。然而亚洲金融危机后，亚洲的危机国和非危机国不但没有放弃亚洲经济发展模式，反而通过积累大量外汇储备、钉住美元和鼓励出口等措施，进一步巩固了亚洲经济发展模式。经过五六年的高速发展，亚洲经济发展模式再次成为新兴经济体发展经济的范本。然而，2008年全球金融危机不期而至，又一次冲击了亚洲新兴经济体。这一次，亚洲新兴经济体不再那么幸运，亚洲经济发展模式受到重创，其可持续性受到了前所未有的冲击和挑战。

2.1 亚洲金融危机席卷亚洲地区

1997年7月，亚洲金融危机首先爆发于泰国。由于东亚新兴经济体金融、经济结构的高度相似性，这场危机在东亚新兴经济体之间迅速蔓延，然后向东亚之外的地区传播，最终演变成国际金融史上著名的亚洲金融危机。在亚洲金融危机爆发前，亚洲新兴经济体纷纷加入日本"雁行模式"行列，大力发展出口贸易，吸引外资发展国内经济。这种外向型的经济发展模式导致当时的亚洲新兴经济体在经济结构上存在一些严重问题：外债比例过高，特别是短期外债过多。国际投机资本伺机对钉住汇率制度疯狂进攻，很快亚洲数个经济体的汇率集体贬值，通货膨胀率飙升，股市狂跌，企业破产，失业率大增，亚洲陷入了一场前所未有的金融危机中，连未爆发金融危机的中国大陆也受到了一定的影响。1998年，除了中国大陆、中国台湾和新加坡外，其他亚洲新兴经济体均为负增长。其中，印尼GDP增长率下降得最厉害，为−13％；其次是泰国，GDP增长率为−9.4％①。但在亚洲金融危机时期，货币贬值推动了亚洲新兴经济体出口的扩张，壮大了这些经济体的出口部门。这些不同的金融危机后果引发了人们对亚洲经济发展模式的首次反思。

2.1.1　资本流动突然大规模逆转

1997—1998年亚洲金融危机之所以重重冲击了亚洲经济发展模式，在很大程度上是该地区"对变化无常的外资流动过于依赖的后果"②。20世纪，亚洲新兴经济体经济发展模式的机制之一是以钉住美元来锁定本币对美元的汇兑风险，因此政府对外汇风险的隐性担保鼓励了私人海外借款。到了20世纪90年代，美国、日本和欧盟等发达经济体的许多私人机构在亚洲地区进行了大规模的直接投资和证券投资。当时，亚洲新兴经济体最基本的

---

①　谢世清：《东亚金融危机的根源与启示》，中国金融出版社，2009年，第142页。

②　戴维·皮林：《流年不利的亚洲》，http://www.ftchinese.com/story.php? storyid=001024643.2009−02−12.

变化是巨额的国际资本流入[①]。在 1997 年金融危机爆发前，亚洲地区吸引的外国资本几乎占全球新兴市场资本流入的一半。然而，1997 年 7 月，国际资本首先突然大规模从经济表现最糟糕的泰国撤出。为了防止进一步损失，国外投资者随后争先恐后地从印尼、马来西亚、菲律宾和韩国等其他亚洲新兴经济体撤出，致使金融危机迅速蔓延整个亚洲地区。金融危机迫使亚洲新兴经济体放弃了钉住汇率制度，本币汇率大幅度贬值导致国际资本大量逃离该地区。泰国在 1997 年第一季度有 9 亿美元的净资金流入，但第二季度泰铢受到国际游资的猛烈进攻，结果逆转成 62 亿美元的净资本外流。亚洲金融危机 5 国——马来西亚、泰国、韩国、印尼和菲律宾于 1996 年共录得 478 亿美元的资金净流入，一年后猛然逆转为 300 亿美元的资金净流出。

在这些流出的资本中，外国银行贷款占比很大，特别是短期外债比重过高，外国私人贷款的突然撤离沉重地打击了亚洲经济的发展[②]。1993—1996 年，东盟 5 国外债占 GDP 的比重在 100％～167％之间[③]。同期，韩国年平均短期外债占总外债比重为 45.3％，其中 1995 年和 1996 年短期外债占同年总外债的比重超过了 50％，分别高达 54.3％和 57.5％[④]。1997—1998 年亚洲金融危机后关于间接投资机制中共同贷款人效应的研究结果表

①　Siam-Heng Heng，2010. The 2008 Financial Crisis and the Flying Geese Model. East Asia，27（4）：381-394.

②　Stigilitz 和 Yusuf（2001）的估计表明，亚洲金融危机期间，亚洲地区 FDI 流入相对稳定，即使是危机国也如此。相反，外国银行贷款的急剧流失才是亚洲地区在该时期国际资本流入下降的主要原因。参见：Joseph Stigilitz and Shahid Yusuf，2001. Rethinking the East Asia Miracle. New York：Oxford University Press.

③　杜晓蓉：《1997 年亚洲金融危机与 2008 年全球金融危机传染性比较》，《经济经纬》，2009 年第 3 期，第 34～38 页。

④　根据以下数据来源计算：World Bank，2000. Global Development Finance 2000.

明，拥有共同贷款人的地区更容易集体陷入金融危机传染。Kaminsky 和 Reinhart（2000）[①] 等人发现，"共同贷款人效应"在亚洲金融危机中起了重要作用。在 1985 年广场协议后，日本为了应对经济泡沫破灭带来的经济紧缩，向亚洲新兴经济体输入大量资本。由于日本金融机构在亚洲新兴经济体有着大量的私人商业性贷款，因此日本成为该地区最重要的共同贷款人。图 2-1 表明，除了对中国台湾的证券投资增加了 8％外，1997 年日本对亚洲新兴经济体的证券投资急剧下降。但是必须指出的是，日本对中国台湾的证券投资在 1996 年仅为 407 亿日元，对其他经济体的证券投资规模远超过对中国台湾的投资。其中对印尼投资下降最多，高达 47％；对中国大陆投资下降最小，但也较前一年下降了 12％之多。日本迅速从该地区退出导致的风险暴露对所有危机地区而言是共同的，是典型的共同贷款人效应。

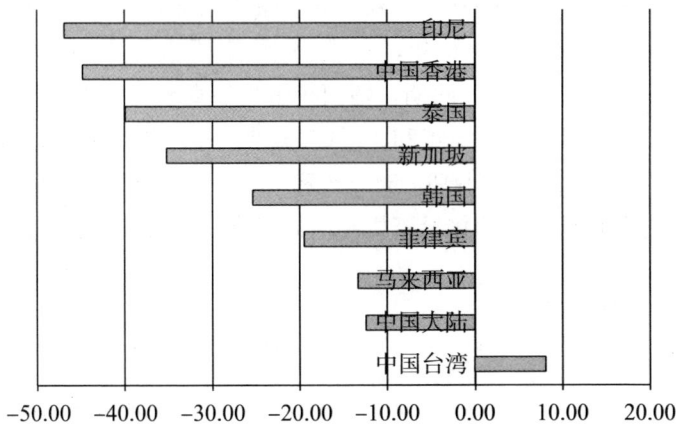

图 2-1 1997 年日本对亚洲新兴经济体证券投资变动百分比（％）
资料来源：根据 Wind 数据库计算。

---

① Graciela Kaminsky and Carmen Reinhart，2000. On Crisis，Contagion，and Confusion. Journal of International Economics，51（1）：145－168.

2.1.2　股票市场联动效应强化

亚洲金融危机冲击亚洲新兴经济体的另一个重大表现是，亚洲股票市场损失惨重。到了1998年年底，除了中国大陆，其他亚洲新兴经济体综合股票指数均相对于1997年年初大幅度下降。亚洲金融危机5国股票市场出现严重熊市，其中，泰国大约蒸发了58%的市值，菲律宾、印尼和新加坡的市值均损失了40%以上，韩国的市值下降了20%①。

一个有趣的现象是，当时除了中国大陆外，其他亚洲新兴经济体的股市同日本股市的相关性非常高。当然，日本股市在亚洲金融危机中也损失不小，日本综合指数在1998年12月相对于1997年1月下跌了22%。其中，印尼股市与日本股市相关性最高，达0.93，其他经济体与其相关性在0.66以上。相反，大部分亚洲新兴经济体的股市同美国股市联系并不紧密，在亚洲金融危机期间甚至出现了相反走势。图2-2清楚地表明了这种相反的趋势。再一次，中国大陆股市表现例外，在亚洲金融危机期间与美国股市呈正相关关系，尽管相关系数不太高，为0.54。其他亚洲新兴经济体股市与美国股市的相关性指数大多介于-0.48至-0.70之间。这表明亚洲金融危机的传染性具有显著的区域性特征，因而引起了人们对亚洲经济发展模式的质疑。

---

① 根据亚洲开发银行亚洲一体化中心的相关数据计算。

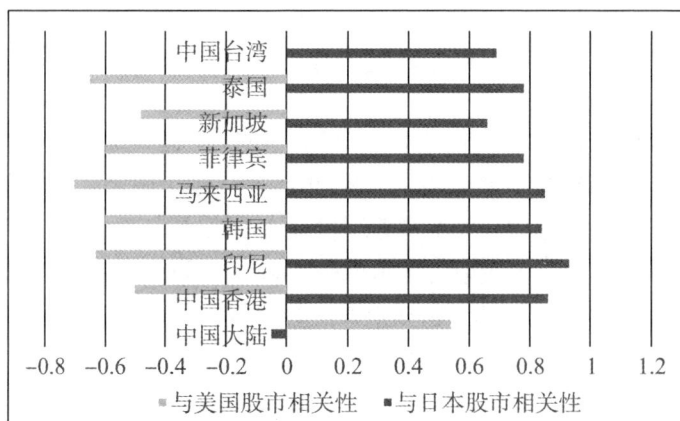

图 2-2　亚洲金融危机期间亚洲新兴经济体股市与美日股市相关性

资料来源：根据亚洲开发银行亚洲一体化中心的相关数据计算。

2.1.3　本币大幅度贬值推动了出口行业

1997—1998 年亚洲金融危机对亚洲新兴经济体的出口并未造成太大影响。相反，统计数据表明亚洲金融危机 5 国相继对本币兑美元汇率大幅贬值后，它们的出口不但没有下降反而上升，汇率贬值的出口促进效应显著。IMF 的统计数据表明（如图 2-3 所示），1997 年印尼、韩国、马来西亚、菲律宾和泰国这 5 个危机国的本币相对美元分别贬值 18.1％、10.8％、11.8％、12.4％和 23.8％。本币贬值极大地促进了危机 5 国的出口，同期各国出口贸易额较上一年出现大幅度增长，分别达 27.1％、27.3％、13.1％、35.0％和 25.5％。亚洲金融危机第二年，各国出口继续大幅度增加，其中印尼增幅最大，达 189.5％；菲律宾增幅最小，但也较 1997 年又增长了 11.3％。这一现象背后的最大推手仍然是持续贬值的本币。1998 年，除了韩元兑美之汇率有所回升，其他经济体货币继续对美元贬值。

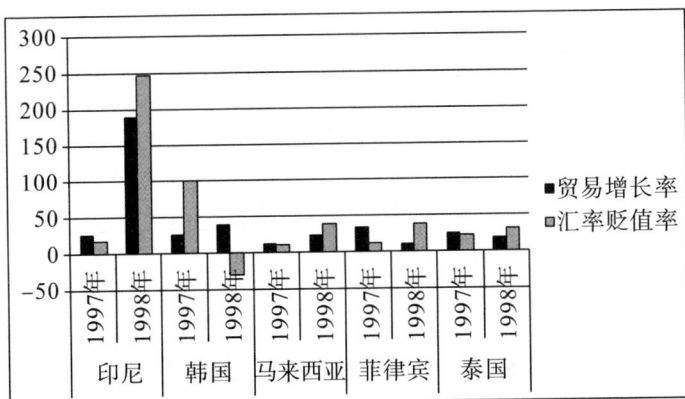

图 2-3 亚洲金融危机 5 国贸易和汇率波动（%）

资料来源：根据 IMF 统计数据库计算。

如果从对共同第三方市场出口情况来看，对美国出口增加与对日本出口下降形成鲜明对比。1985 年广场协议以后，美元兑日元汇率大幅度贬值。但是亚洲金融危机期间，美国一改长期相对日元贬值的汇率政策，美元逐步升值，美元兑日元汇率一度升到 1 美元兑换 140 日元。由于亚洲金融危机期间，亚洲新兴经济体本币相对美元大幅度贬值，因此亚洲新兴经济体的出口市场重心从日本转向美国。表 2-1 考察了亚洲金融危机 5 国对两个共同第三方市场——美国和日本出口变动，结果发现在亚洲金融危机期间，除了菲律宾对日本出口有所上升外，其他危机国 1998 年对日本出口下降均超过了 14% 以上。而在美国市场上，除了韩国于 1997 年、印尼于 1998 年对美国出口略微有所下降外，其他危机国对美国出口都有显著增加。

表 2-1　亚洲金融危机 5 国危机期间对美国和日本的出口增长率（%）

年份	印尼出口		韩国出口		马来西亚出口		菲律宾出口		泰国出口	
	美国	日本	美国	日本	美国	日本	美国	日本	美国	日本
1997 年	5.2	−3.1	−0.3	−6.3	2.1	−4.9	27.1	14.3	11.2	−6.8
1998 年	−1.5	−27.0	5.6	−16.9	9.2	−22.7	14.6	0.9	9.2	−14.4

资料来源：根据亚洲开发银行国别数据库计算。

2.2　2008 年全球金融海啸蔓延亚洲

亚洲金融危机后，亚洲新兴经济体非但没有放弃以外向型发展为基本特征的经济增长，反而通过积累外汇储备等措施强化了外向型经济发展模式。在亚洲金融危机后，以大力发展对外贸易和吸引 FDI 为契机，亚洲新兴经济体的经济迅速恢复并且很快重新成为全球经济增长率最高和最具活力的地区。然而，好景不长，10 年后亚洲重新陷入国际金融危机的泥淖。

2008 年全球金融危机起源于美国抵押贷款市场上一个相对很小的部门即次贷部门，但却将大部分发达经济体和新兴经济体都卷了进来。与 10 年前的亚洲金融危机相比，这场危机源于世界经济中心而不是外围国家，因此它对亚洲新兴经济体的影响甚至超过了 10 年前的亚洲金融危机，许多经济历史学家将其与 20世纪 30 年代的全球大萧条相提并论。主要原因是，亚洲金融危机后，亚洲新兴经济体与美国之间的贸易金融货币关系变得较10 年前更为紧密。德国几位经济学家将亚洲金融危机后亚洲新兴经济体与美国之间紧密相互依存关系类比为"布雷顿森林体系Ⅱ"。显然，由于这种所谓的亚洲区域美元本位制，亚洲新兴经济体更容易受到来自贸易伙伴国的危机冲击。

2.2.1　出口贸易严重萎缩

在开放经济体的经济发展过程中，外部因素起着日益重要的作用，有着强烈的出口导向倾向的亚洲新兴经济体因此严重暴露于外部冲击（Fidrmuc and Korhonen，2009）[①]。21世纪以来，亚洲新兴经济体出口商品60％的最终需求来自发达国家。随着西方消费者普遍因2008年金融危机推迟了消费，亚洲内部业已形成的区域内产业链和区域内贸易也随之缩水。摩根士丹利在2007年的一份报告中指出，如果美国金融体系崩溃使得中国大陆等亚洲新兴经济体连带成为受害者，这完全会导致美国金融危机逆转为新兴经济体的"第四代"金融危机。虽然到目前为止，第四代金融危机并没有在亚洲爆发，但是该地区的经济发展已经受到了严重挑战。与亚洲金融危机相反，这一场国际金融危机对亚洲新兴经济体经济发展模式最大的冲击来自贸易部门。

美国是9个亚洲新兴经济体的重要贸易出口目的地之一，亚洲金融危机后的几年里对美国出口占亚洲新兴经济体出口总额的18％。据亚洲开发银行统计，美国非石油进口品与亚洲新兴经济体贸易出口的相关性在亚洲金融危机以后显著上升，从1996—2000年的0.3左右上升到2001—2008年的0.7左右。显然，2008年全球金融危机通过双边贸易渠道对亚洲新兴经济体的影响是非常直接和明显的。表2-2为2006—2008年亚洲新兴经济体对美国出口增长率变动情况，反映了亚洲经济体对美国进口需求下降的脆弱性。可见，除了印尼、泰国和中国大陆在2008年全年对美国出口较2007年有所增加外，其他6个经济体在2008

---

① Jarko Fidrmuc and Likka Koronen，2009. The Impact of the Global Financial Crisis on Business Cycles in Asian Emerging Economies. Journal of Asian Economics，21（3）：293-303.

年全年出现了对美国出口负增长。就 2008 年各个月份的出口情况看，所有亚洲新兴经济体在该年的 11 月份和 12 月份对美国都出现出口负增长[①]，马来西亚和新加坡早在 8 月份、中国台湾在 9 月份就出现了对美国出口的下降趋势。如果考虑到日本和欧盟等其他发达市场也受到美国次贷危机的传染，则三大发达经济体对亚洲新兴经济体的进口订单下滑得更厉害。这造成了亚洲大量出口型企业生产减缓甚至破产，以及大量制造业工人失业。

表 2-2　2006—2008 年亚洲新兴经济体对美国出口增长率（％）

	中国大陆	中国香港	印尼	韩国	马来西亚	菲律宾	新加坡	中国台湾	泰国
2006	18.2	−10.6	11.7	4.6	8.5	4.8	17.6	9.7	13.0
2007	11.7	−11.6	6.5	3.8	−10.7	−3.0	3.5	0.2	1.3
2008	5.1	−7.7	10.5	1.1	−5.8	−7.3	−13.6	−5.1	3.5
2008−01	2.0	6.3	15.5	12.4	−9.2	−3.4	23.6	3.0	−3.9
2008−02	−7.8	−8.7	−11.3	−2.6	−11.4	−8.0	−17.2	−13.3	1.7
2008−03	−7.0	−4.3	5.4	4.6	12.7	14.1	3.5	7.3	9.1
2008−04	12.3	−15.8	8.2	9.5	3.2	−5.0	−2.6	1.0	−6.7
2008−05	9.8	8.4	−1.4	−2.7	−2.5	−5.7	−2.7	1.4	1.8
2008−06	0.6	4.6	−5.7	−7.7	−5.5	0.9	−11.1	−2.5	6.2
2008−07	12.5	29.6	19.2	14.7	8.3	8.2	15.4	8.0	−3.8
2008−08	1.7	−20.7	7.2	−14.4	−8.2	1.0	−13.8	2.3	3.6
2008−09	3.9	20.9	−10.6	2.7	−3.0	−2.3	9.9	−4.4	10.9
2008−10	2.8	0.9	11.5	13.0	−1.4	4.1	−6.3	2.4	−7.0
2008−11	−16.9	−23.3	−25.3	−19.3	−14.9	−12.9	−8.8	−13.1	−13.4
2008−12	−11.3	−26.7	3.2	−9.3	−9.0	−14.4	1.6	−9.4	−5.7

注：阴影表示恶化。

资料来源：根据美国统计局统计的美国对外贸易数据计算。

---

① 2008 年 11 月份中国大陆对美国出口贸易竟然出现了近 7 年来首次下降。

2.2.2 国际资本逃离亚洲

与亚洲金融危机期间类似，即使亚洲工业化进程取得了巨大成就，但发达国家仍将新兴经济体视为边缘投资市场，一旦母国发生重大变化，就将资本从新兴市场抽离。在美国全面陷入金融危机并将其他发达国家卷入这场危机以来，发达国家对亚洲新兴经济体的投资显著下降。2008 年 10 月份，恐慌突如其来地袭击了亚洲地区，外国投资者抛售风险资产，逃离亚洲，转向所谓的安全"避难所"美国。截至 2008 年 12 月 3 日，不包括日本在内，该年亚洲基金净流出资金达 130 亿美元，而上年同期净流入为 100 亿美元。2008 年第二季度，马来西亚出现高达 74 亿美元的资本净流出，而 2007 年该国净流入资本为 53 亿美元。中国香港、新加坡和泰国的净 FDI 流入在 2008 年上半年显著下降；中国大陆 2009 年 1 月份实际 FDI 流入同比下降 32.67%，这是 2008 年 10 月以来连续第 4 个月出现同比负数。菲律宾、中国台湾和泰国的证券投资在 2008 年第二季度已经变成净资本流出（如表 2-3 所示）。随着国际风险偏好逆转，韩国等一些新兴经济体的国际私人借款也在下降，它们已经很难从国际金融市场融资。由此可见，2008 年美国金融危机对亚洲新兴经济体的金融溢出渠道主要通过直接投资机制起作用。

2.2.3 持有的外国资产严重缩水

鉴于美国市场的绝对重要性，为了维持在美国出口市场的竞争力，亚洲新兴经济体本币实际上对美元波动一直都不频繁；并且为了防止重蹈亚洲金融危机覆辙，这些经济体在金融危机后累积了大量的美元外汇储备。进入 21 世纪以来，9 个亚洲新兴经济体的美元外汇储备的绝对量和相对量增长异常迅速。为了对这

表2-3 亚洲新兴经济体净资本流动变化（亿美元）

年份	中国大陆		中国香港		印尼		韩国		马来西亚		菲律宾		新加坡		中国台湾		泰国	
	FDI	证券投资	FDI	证券投资	FDI	证券投资	FDI	证券投资	FDI	证券投资	FDI	证券投资	FDI	证券投资	FDI	证券投资	FDI	证券投资
2005	903	-59	64	-315	53	42	20	-35	10	-37	17	35	70	-33	-44	-29	75	55
2006	879	-968	1	-267	22	42	-45	-232	0.4	36	28	30	125	-90	0.3	-189	80	36
2007	1723	138	67	47	21	55	-137	-246	-27	53	-5	44	117	-172	-33	-401	73	-69
2008Q1			72	-240	11	19	-48	-100	-9	66	5	4	25	-32	-26	29	18	41
2008Q2			-103	30	10	43	-29	60	9	-74	2	-6	9	-60	-15	-108	3	-42

注：阴影表示恶化。

资料来源：William E. Jame, Donglyun Park, Shikha Jha, et al, 2008. The US Financial Crisis, Global Financial Turmoil, and Developing Asia: Is the Era of High Growth at an End? ADB Economic Working Paper No. 139: 49.

些完全不具有生产性质的资产进行保值、增值，亚洲新兴经济体政府购买了大量的美国国库券。根据美国财政部公布的最新数据，在美国国库券主要外国持有者列表中，亚洲新兴经济体中有6个榜上有名，依次是中国大陆、中国香港、中国台湾、新加坡、泰国和韩国。截至2008年12月，这6个经济体持有的美国国库券占外国持有者持有总量的30%。Akiko（2011）[①] 对亚洲新兴经济体官方持有美国资产组合偏离国际 CAPM 模型的实证研究表明，该地区大量持有美国国库券与它们同美国的紧密贸易关系有关。美国次贷危机深化为全球金融危机以来，投资者风险厌恶逆转，纷纷抛出私人部门的投资品，转而抢购美国国债避险，从而导致美国国债收益率下降。美国4周和3个月期的短期国库券收益率从2008年9月初的1.151%和1.785%双双降至12月初的0.01%，逼近零收益率。美国10年期国债收益率由10月中旬的4.08%降至2.505%，创50多年来的新低。这意味着亚洲新兴经济体官方持有的美元资产价值严重缩水。而且，为了更加方便和专业地利用富余外汇进行海外投资，亚洲已经成立了7个主权财富基金。一些主权财富基金如中国投资公司在2008年全球金融危机中遭受严重损失。中国投资公司购买的美国私人股份资产公司黑石30亿美元的股份，在美国次贷危机发生后，其账面价值几乎蒸发了50%。

近年来，亚洲新兴经济体的私人部门加快了在美国投资和上市的步伐，但是2008年全球金融危机也给了该地区的私人部门海外投资重重一击。2007年以来，中国私人金融机构对发达国家银行和保险公司的一系列投资都遭受到惨重损失。中国学者梅

---

① Terada-Hagiwara Akiko，2011. Asian Holdings of US Treasury Securities: Trade Integration as a Threshold. Journal of the Japanese and International Economies，25（3）：321-335.

育新（2007）警告说："中国对外投资和中国企业海外上市可能成为最主要的危机传染途径，而且这样的危机传染途径的重要性还会日趋提升。"① 事实上，其他亚洲新兴经济体私人投资损失也比较大。以持有美国次级债券为例，如表2－4所示，尽管各经济体次级债券损失占银行总资本比重较小，但对某些单个私人金融机构而言是很大的损失，更何况还有大量次贷损失信息尚未公开。因为投资于诸如雷曼兄弟这类对次贷资产有巨大风险敞口的外国金融机构，亚洲地区的商业银行会面临巨大的间接风险敞口。

表2－4　部分亚洲经济体持有美国次级债券的损失

项目	日本	中国大陆	韩国	马来西亚	整个亚洲
次级债券损失（亿美元）	87	28	4	1	195
银行总资产（亿美元）	113500	59500	11840	2670	209650
银行资本（亿美元）	5720	2560	850	290	9980
次级债券损失占资产份额（%）	0.08	0.05	0.04	0.03	0.09

资料来源：William E. James, Donghyun Park, Shikha Jha, et al, 2008. The US Financial Crisis, Global Financial Turmoil, and Developing Asia：Is the Era of High Growth at an End? ADB Economic Working Paper No. 139：25.

---

① 梅育新：《国际金融危机传染机制的新特点》，http://finance. sina. com. cn/economist，2007－09－18.

2.3 两次重大国际金融危机对亚洲新兴经济体经济发展模式冲击的比较

迄今为止，亚洲新兴经济体总共经历了两次重大国际金融危机——1997—1998 年亚洲金融危机和 2008 年全球金融危机的进攻。这两次金融危机冲击亚洲经济发展模式的方式有相似之处，主要表现为危机期间国际资本大量撤离亚洲。但是在 2008 年全球金融危机背景下，亚洲经济增长面临的外部环境和内部因素发生了巨大变化，在很大程度上已经不同于亚洲金融危机。因此，这两次国际金融危机对亚洲经济发展模式的冲击重点有着较大的差异。

2.3.1 遭受金融危机冲击的经济环境异变

亚洲新兴经济体遭到 1997—1998 年亚洲金融危机冲击的主要原因是经济发展模式中金融系统存在重大漏洞，特别是经济发展过于依赖外债和僵化的汇率制度。当时，大部分亚洲新兴经济体维持了对美元较为固定的事实钉住汇率制度。尽管相对固定的汇率制度有利于鼓励出口，但也给国际游资发起进攻埋下了隐患。然而，流入亚洲的外资往往以本币的形式借贷给当地企业，造成了借本币还外币的"货币错配"；并且这些外资通常是一些短期热钱，但以长期债务的形式被借出，又造成了借短还长的"期限错配"。再加上一些亚洲新兴经济体盲目加快了金融自由化步伐，给国际资本炒家提供了进攻外汇市场的可乘之机。很快，数个新兴经济体的汇率急剧贬值，其被迫放弃钉住汇率制度，外汇储备急剧消耗殆尽，一场金融风暴席卷了亚洲，并向全球其他地区的新兴经济体蔓延。

吸取亚洲金融危机的教训，许多亚洲新兴经济体努力消除国内金融体系弊端，改善了汇率制度，转向更为灵活的浮动汇率制度。因此，始于世界最发达国家美国的 2008 年全球金融危机并没有严重削弱亚洲新兴经济体的金融体系。因此，当前亚洲新兴经济体因为全球金融危机而触发货币危机的可能性比较小。但是，更重要的外部冲击来自萎缩的欧美市场，这是对亚洲出口导向型经济增长的最大威胁。自从亚洲金融危机后，欧美发达国家繁荣的经济增长和消费盛宴为危机后亚洲新兴经济体迅速复苏和反弹提供了动力，使得亚洲新兴经济体不仅没有放弃反而强化了出口导向型发展战略。但是，2008 年全球金融危机率先将美国和欧洲这两大发达经济体/集团卷入衰退浪潮，使得亚洲出口导向型模式失去了外部需求这一重要因素。

2.3.2 遭受金融危机冲击的重点部门不同

正因为国际金融危机爆发的背景不同，因此两次主要国际金融危机攻击亚洲经济发展模式的重点部门不同。1997—1998 年亚洲金融危机更多地通过金融市场渠道冲击亚洲经济发展模式，即外资突然大规模撤出导致亚洲新兴经济体相继本币大幅贬值和股票市场崩溃。显然，在亚洲金融危机期间，国际资本流动逆转和热钱对亚洲经济发展模式冲击最大。因此，关于此次金融危机的应对办法，IMF 及其他主流国际机构开出的药方主要是改善资本收支措施。

然而，尽管 2008 年全球金融危机爆发之际，亚洲新兴经济体资产负债状况较 1997 年有了很大改善，且外汇储备非常充足，但似乎这场危机对亚洲的影响更深。主要原因可能在于，亚洲金融危机后，亚洲新兴经济体经济与美国经济相互依赖性进一步强化，因此一旦核心国美国发生金融危机，引发需求下降，边缘国亚洲新兴经济体的出口就会受到重挫，从而其经济发展也随之陷入较 1997—1998 年更为严重的衰退。可以说，2008 年全球金融危机主要是通过贸易渠道传播到亚洲，外部需求萎缩和对外贸易相应锐减对亚洲经济发展模式的可持续性影响最大。"东亚国家对其西方传统市场的出口已经全面下降……西方的伟大消费盛宴不可能很快恢复。"① 相应地，改变亚洲新兴经济体经济严重依赖国外市场的经济发展格局以及放弃亚洲货币与美元之间的美元本位关系，是妥善应对本次金融危机的重要举措之一。

另外，作为金融传染渠道中直接投资机制的镜像，随着亚洲新兴经济体官方和私人对美国投资的增加，亚洲持有的美元资产价值也因金融危机遭受重大损失。这种现象在亚洲金融危机时期尚不存在。这条新的传染渠道必须得到官方的足够重视。特别是私人部门对金融危机的冲击非常脆弱，因此亚洲新兴经济体当局有必要在强化私人部门信心方面给予充足的支持。

---

① Brian Klein and Kenneth Neil Cukier，2009. Tamed Tigers, Distressed Dragon. Foreign Affairs，88（4）：8—16，9.

3 国际金融危机冲击亚洲新兴经济体经济发展模式的主要溢出渠道

金融危机跨国溢出和传播是国际金融危机的传统特征，也是在经济全球化趋势下崭新的课题研究方向（李小牧、李春锦、傅卓斌，2001）[①]。对于亚洲新兴经济体而言，弄清楚国际金融危机对该地区的传导方式是充分理解其当前经济发展模式内在问题的一个重要方面。国际金融危机对任何一个经济模式的冲击渠道都是通过危机发源国和被传染国之间业已存在的经济、金融联系而形成的。实际上，国际金融危机的冲击渠道即是国际金融危机向他国溢出和传染的渠道。由于国际贸易和国际金融是国家间主要的相互联系方式，这种跨国联系不论在稳定时期还是在危机时期都基本稳定，因此贸易渠道和金融渠道显然也是国际经济危机冲击新兴经济体的最主要渠道。

3.1 国际金融危机冲击亚洲新兴经济体的贸易溢出渠道

金融危机的贸易传染渠道可以被定义为危机起源国恶化的经济通过各种贸易联系渠道，导致与之有密切贸易关系的另外一国

[①] 李小牧，李春锦，傅卓斌：《金融危机的国际传导：90 年代的理论与实践》，中国金融出版社，2001 年，第 25 页。

经济产生下行压力①。早在关于亚洲金融危机的大量实证研究中，Eichengreen 等（1996）②、Glick 和 Rose（1999）③ 的模型都证实了贸易联系是金融危机国际溢出的重要渠道。贸易溢出渠道是国际金融危机对亚洲经济模式产生巨大冲击的最重要渠道之一。

3.1.1　国际金融危机贸易溢出渠道的量化

由于两国间的贸易联系方式主要有两种——双边进出口业务往来产生的直接贸易联系和在共同出口市场上竞争的间接贸易联系，相应地，贸易溢出渠道可分为直接贸易溢出渠道与间接贸易溢出渠道两种类型。前者指由于有直接贸易关系的贸易伙伴国发生金融危机，进口需求下降，恶化出口国的国际收支和经济基本面（曹向华，2009）④。因为商品可以通过中间贸易的形式由第三国间接出口或者两国同在第三国竞争，则可能导致第三国由于贸易和其他渠道而引发的经济增长放缓的间接效应（Behar and Espinosa-Bowen，2014）⑤，因此产生了间接贸易溢出渠道。它指在共同出口市场上竞争的经济体中，共同的第三方市场或者其

---

①　杜晓蓉：《美国金融危机对中国溢出的传染渠道研究》，《数量统计与管理》，2014 年第 6 期，第 1070~1079 页。

②　Barry Eichengreen，Andrew Rose and Charles Wyplosz，1996. Contagious Currency Crisis. Scandinavian Economic Review，98（4）：463-484.

③　Reuven Glick and Andrew Rose，1999. Contagion and Trade：Why are Currency Crisis Regional. Journal of International Money and Finance，18（4）：603-617.

④　曹向华：《金融危机传染渠道及我国应对危机的对策探讨》，《经济纵横》，2009 年第 8 期，第 17~20 页。

⑤　Alberto Behar and Jaime Espinosa-Bowen，2014. Export Spillovers from Global Shocks for the Middle East and Central Asia. http://www.imf.org/external/pubs/ft/wp/2014/wp1480.pdf.

中某一贸易竞争国发生了金融危机，导致经济走势面临下行风险并经历货币贬值时，竞争性货币贬值减少了其他贸易竞争国出口商品的竞争力，从而弱化了其他贸易竞争国的经济基本面。

国际金融危机通过贸易渠道冲击亚洲经济发展模式的过程可以图 3-1 展示。

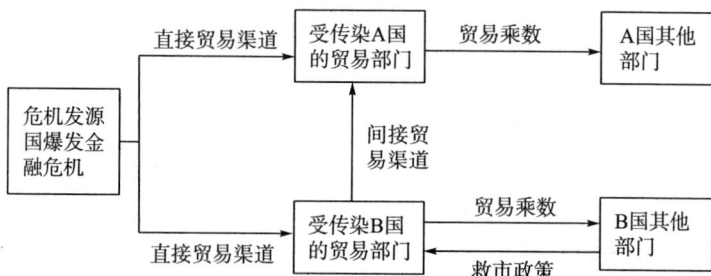

图 3-1　国际金融危机对经济发展模式冲击的贸易渠道

根据上述两国间贸易关系，国际金融危机对亚洲经济发展模式的贸易冲击渠道可以由两个量化指标来衡量：贸易收入效应指数和贸易竞争效应指数。

贸易收入效应衡量直接贸易冲击渠道。该指数以经济体 i 在时期 t 对某国（或某地区）出口占该经济体 GDP 比重，衡量经济体 i 国内企业对外国市场的依赖程度。根据 IMF（1999）[①] 的定义，贸易收入效应的计算公式为：

$$Income_{i,t} = \frac{EX_{i,t}}{GDP_{i,t}} \qquad (3-1)$$

其中，$EX_{i,t}$ 表示经济体 i 在时期 t 对贸易伙伴国的出口额，$GDP_{i,t}$ 为经济体 i 在时期 t 的国内生产总值。计算出来的贸易收入效应指数越大，表明外部市场对经济体 i 的重要性越大，经济体 i 对外部市场的直接贸易风险敞口就越大，其经济增长受到外

---

① IMF，1999. World Economic Outlook，Oct.

需变动的影响也越大。因而，在直接贸易伙伴国爆发金融危机期间，该经济体对直接贸易伙伴国的贸易收入效应指数会下降得厉害。实际上，贸易收入效应指数在计算公式上同对外贸易依存度的计算公式非常类似。

贸易竞争效应指数以经济体 i 与贸易竞争对手对同一市场的出口差额衡量，可以用 Van Rijckeghem 和 Weder（2001）[①] 提出的衡量第三方市场上的间接贸易竞争力公式来衡量：

$$Competite_{i,t} = \sum_{i \neq j} (1 - \frac{|EX_{i,t} - EX_{j,t}|}{EX_{i,t} + EX_{j,t}}) \quad (3-2)$$

其中，$EX_{j,t}$ 表示 t 时期经济体 j 对共同第三方市场的出口；其他字母的含义同公式（3-1）。计算出来的贸易竞争效应指数越大，则表明经济体 i 与经济体 j 在同一出口市场上竞争越激烈，反映了经济体 i 的间接贸易风险敞口越大。

将贸易收入效应指数和贸易竞争效应指数进行标准化处理后再加权得到的数值作为衡量整个贸易传染渠道的传染程度指数，本书称之为贸易压力指数 TSI。其计算公式如下：

$$TSI_{i,t} = \frac{1}{2}(\frac{Income_{i,t} - \mu_{Income}}{\sigma_{Income}}) + \frac{1}{2}(\frac{Compete_{i,t} - \mu_{Compete}}{\sigma_{Compete}})$$

$$(3-3)$$

其中，μ_{Income}、σ_{Income} 和 $\mu_{Compete}$、$\sigma_{Compete}$ 分别意为贸易的效应指数和贸易竞争效应指数的均值和标准差。

IMF（2009）指出，这种等方差权重方程的优点在于，某一次级指标的巨大波动不会主导整个指标[②]。计算出来的贸易压力指数数值越大，则表明面临国际金融危机时，通过贸易溢出渠道传导到该经济体的压力越大。

---

① Caroline Van Rijckeghen and Beatrice Weder，2001. Sources of Contagion：Is It Finance or Trade? Journal on International Economics，54（2）：293-308.

② IMF，2009. World Economic Outlook，April.

3.1.2 国际金融危机通过贸易渠道对亚洲新兴经济体的溢出效应

　　国际金融危机通过贸易渠道对亚洲经济模式产生巨大冲击，原因在于亚洲新兴经济体高度的出口依赖倾向。每一次重大国际金融危机期间，亚洲新兴经济体对外贸易特别是出口急剧下降，出口急剧下降又引起大量出口企业减产甚至破产，工人失业。而后出口部门收缩迅速随着出口乘数效应波及其他部门，导致外部冲击波及整个国民经济。James 等（2008）[①] 的研究表明，2008 年全球金融危机期间，亚洲新兴经济体的高速增长受到了直接贸易渠道的冲击，这些经济体出口为发达国家特别是美国消费需求下降所拖累，最终导致国民收入下降和失业增加。在亚洲经济发展模式的战略指导下，亚洲新兴经济体陆续加入"雁行模式"，它们之间的"合成谬误"效应越来越显著：许多亚洲新兴经济体出口商品结构类似，在发达国家市场上是激烈的贸易竞争对手。一旦某一经济体陷入金融危机，其挽救经济的救市措施会通过贸易渠道溢出，给其他的亚洲新兴经济体带来负面影响。1997—1998 年亚洲金融危机已经证明了间接贸易溢出渠道对亚洲经济发展模式有重要的冲击作用。当时，亚洲金融危机 5 国的主要出口竞争市场是日本。上一章中的表 2-6 显示，1998 年，除了菲律宾对日本出口增长率仍为非常小的正数——0.9％以外，印尼、韩国、马来西亚和泰国对日本出口增长率下降幅度超过了 14％。

---

① William Jame，Donghgun Park，Shikha Jha，et al，2008. The US Financial Crisis，Global Financial Turmoil，and Developing Asia. ADB Economics Working Paper No. 139.

其中，印尼下跌得最厉害，达 27%；马来西亚下降了 22.7%[①]。

对于贸易竞争效应，需要指出的是：第一，亚洲新兴经济体在美、日、欧三大市场上均是贸易竞争对象，但是鉴于美国市场份额相对最大且美国的经济、金融影响力在全球非常大，因此在下面的实证研究中将美国作为亚洲新兴经济体共同竞争的第三方市场。第二，中国台湾对美国的贸易统计数据缺失现象非常严重，因此用它与其他亚洲新兴经济体在日本市场上的竞争情况作为中国台湾贸易竞争力指数的代表。图 3-2 所示为 1995—2014 年上半年亚洲新兴经济体贸易竞争效应变化情况，总体上，可以分为三大类：第一类是贸易压力变小或者说国际金融危机贸易渠道溢出效应变小的经济体，包括中国大陆、马来西亚、菲律宾和新加坡。中国大陆的贸易竞争效应指数从 1995 年开始呈下降趋势，在 2003—2007 年间曾一度反弹，但自 2008 年开始，该指数急剧下降，到 2014 年上半年为 -2.88。这表明中国大陆出口面临的压力相对较小，与其他亚洲新兴经济体相比具有较强的竞争力。马来西亚和菲律宾在亚洲金融危机期间及危机后 4~5 年的时期，出口面临着非常大的压力，但是 2004 年这两个经济体的贸易压力指数开始下降，后来几年其面临的出口压力比中国还要低。新加坡在近 20 年的时间内，贸易压力指数相对比较平稳，并且近年来与前面三个经济体类似，贸易压力指数一直为负数。第二类是贸易压力变大，即贸易渠道成为国际金融危机溢出主要渠道的经济体，包括泰国和中国台湾。泰国在亚洲金融危机爆发前，贸易压力指数一直为负数，表明该国承受的来自出口的压力较小，但亚洲金融危机后贸易压力指数上升。2008 年全球金融危机爆发以来，贸易溢出渠道对泰国的影响非常大，2014 年上

半年该指数为 1.02。与此相反，直到 2002 年，中国台湾面临的出口压力一直都比较小，但是 2003 年以来贸易压力骤然增大，到了 2014 年其贸易压力指数居然跃升为 2.56，是所有亚洲新兴经济体中最高的。第三类是出口压力变化比较平稳的经济体，包括中国香港、印尼和韩国。这三个经济体在 20 年中的平均贸易压力指数分别为 0.003、0.01 和 -0.01。

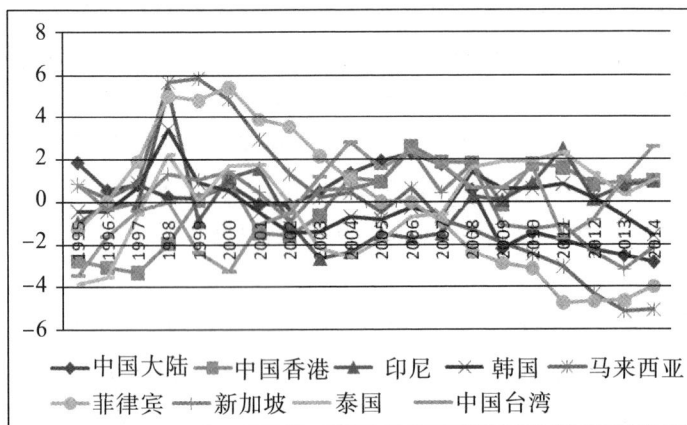

图 3-2　1995—2014 **年亚洲新兴经济体贸易压力指数变化趋势**

资料来源：根据 IMF Direction of Trade Statistics 数据库和 Wind 数据库相关数据，按公式（3-3）计算。

3.2　国际金融危机冲击亚洲新兴经济体的金融溢出渠道

国际金融危机冲击经济发展模式的另一条重要渠道是金融溢出渠道。金融危机的金融溢出渠道同样分为直接溢出渠道和间接溢出渠道。直接金融溢出渠道是国家间在外汇市场、股票市场和国际债务市场上由于直接投资和借贷活动所产生的金融联系。间接金融溢出渠道则指通过有共同业务联系的跨国银行和/或国际投资机构而间接产生的金融联系，因而在实践中，间接金融溢出更多地体现为"共同贷款人"的流动性需求问题。过去关于历次金融危机的研究中，有些学者认为金融溢出渠道甚至比贸易溢出渠道更为重要（Van Rijckeghem and Weder，2001）[1]。鉴于金融溢出渠道下各个子渠道的复杂性和交叉性，这里不再区分直接金融溢出渠道和间接金融溢出渠道，而是根据不同的金融资产性质构建各种金融压力指数，最后以加总数值来衡量总体金融溢出效应。

3.2.1 国际金融危机金融溢出渠道的量化

国际金融危机通过金融溢出渠道冲击一国经济的主要作用方式是资本流动的突然逆转，而国际金融市场的变化是资本流动逆转的主要载体。外汇储备下降是衡量资本流动逆转的最常见指标，而外汇储备变动与汇率变动密切相关，它们一起反映了外汇市场的压力。据此，IMF（2009）[2] 提出了外汇市场压力指标（记为 $EMPI$ ）的计算公式：

$$EMPI_{i,t} = \frac{\Delta e_{i,t} - \mu_{\Delta e}}{\sigma_{\Delta e}} - \frac{(\Delta RES_{i,t} - \mu_{\Delta RES})}{\sigma_{\Delta RES}} \quad (3-4)$$

其中，$\Delta e_{i,t}$ 和 $\Delta RES_{i,t}$ 分别是 t 时期经济体 i 的本币对某一锚货币（如美元或欧元）的名义汇率百分比变动和外汇储备变动百分比。μ 和 σ 分别表示汇率变动和储备变动的均值及标准差。

除了外汇储备的变化，FDI 和股票市场变动等也是重要的资本流动突然逆转显性指标。与外汇市场压力指标类似，可以将

---

① Caroline Van Rijckeghen and Beatrice Weder，2001. Sources of Contagion：Is It Finance or Trade? Journal on International Economics，54（2）：293-308.

② IMF，2009. World Economic Outlook，April.

FDI 变动（记为 FDI ）和股票指数变动（记为 $Stock$ ）进行标准化，并将这三个指标进行加权平均得到金融溢出渠道（FSI）指标：

$$FSI_{i,t} = \frac{1}{3}(EMPI_{i,t} + \frac{\Delta Stock_{i,t} - \mu_{Stock}}{\sigma_{Stock}} + \frac{\Delta FDI_{i,t} - \mu_{FDI}}{\sigma_{FDI}})$$

$$(3-5)$$

其中，$Stock$ 为股票市场变动指标，FDI 是 FDI 变动指标。该指数的数值越大，表明某经济体面临来自金融市场的压力越大。

国际金融危机的金融溢出渠道机制如图 3－3 所示。金融溢出渠道比贸易溢出渠道之间的关系更为复杂。

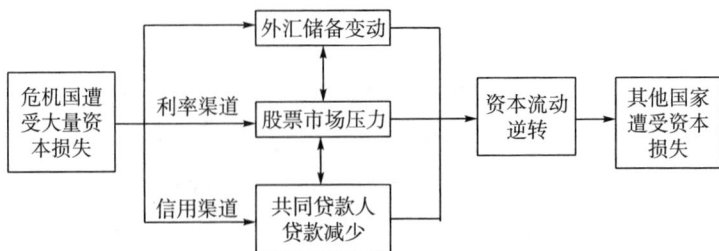

图 3－3 国际金融危机对经济发展模式冲击的金融渠道

3.2.2 国际金融危机通过金融渠道对亚洲新兴经济体的溢出效应

考虑到亚洲新兴经济体汇率制度和对外贸易计价货币习惯，以美元作为亚洲新兴经济体的货币锚符合实际情况。因此，在直接标价法下，汇率变动权数为正数，外汇储备变动权数为负数，因而外汇市场压力指数随着汇率贬值或国际储备下降而上升。从总体上讲，中国大陆和中国香港因为相对更加固定的汇率制度和较高的国际储备导致外汇市场下行压力相对不大，市场压力波动性也相对较小。对比两次重大国际金融危机可知，中国大陆在亚洲金融危机期间遭受的外汇市场压力比 2008 年全球金融危机期间的要大，季度平均外汇市场压力指数为 0.85。然而，在 2008 年全球金融危机期间，人民币汇率波动和中国大陆外汇储备变动比较稳定，未受到国际金融危机太大的影响。尤其是人民币汇率在 2008 年第二季度到 2009 年第四季度期间，一改过去小幅升值趋势而回归钉住美元，基本维持在 1 美元对 6.8 人民币左右的狭小区间。同期，外汇储备一直呈现增加趋势。因而，当时中国大陆外汇市场没有出现下行压力，且平均季度压力指数为 -1.21。中国香港面临的外汇市场压力与中国大陆类似，也不十分明显。港元在 2008 年金融危机期间仍固定钉住美元，而中国香港的外汇储备却直线上升，从 2008 年第三季度的 228 亿美元跃升至第四季度的 1063 亿美元。因而，其外汇市场压力在此期间甚至比在亚洲金融危机期间还小。其他经济体由于汇率制度相对更加灵活，在两次重大国际金融危机期间面临的外汇市场下行压力较大。但是因为吸取了亚洲金融危机的经验和教训，这些经济体在非危机时期储存了大量外汇储备，尽管在 2007—2008 年经历了不同程度的本币贬值压力，但外汇市场压力较亚洲金融危机期间有所减轻。

尽管大多数人认为 FDI 是比较稳定的国际资本流动指标，但 Dooley 等（1994）[①] 发现，FDI 水平越高，伴随着更加脆弱的资本流动。况且亚洲新兴经济体经济发展模式的一大特征之一就是吸引 FDI 到本国（或地区）投资。从 20 世纪 90 年代起，亚洲新兴经济体经济增长的最突出特征是国际资本流入显著增加。

---

① 参考：Michael Dooley，Eduardo Arias and Kenneth Kletzer，1994. Recent Private Capital Inflows to Developing Countries：Is the Debt Crisis History? http://www.nber.org/papers/w4792.pdf.

无论在亚洲金融危机期间还是 2008 年全球金融危机期间，为了规避新兴经济体的市场风险，发达经济体的资本匆忙撤出亚洲，以满足本国（或地区）投资者的流动性需求，亚洲面临着巨大的资本外逃压力。由于经济、金融全球一体化，亚洲新兴经济体的股票市场与国际股票市场的相关性大大增强。因此，两次国际金融危机期间，发达国家股票市场下行和亚洲新兴经济体资本严重外流导致亚洲新兴经济体的股票综合指数重度下挫。

图 3-4 所示为 1995—2014 年上半年亚洲新兴经济体金融压力指数变化情况。该图表明，亚洲新兴经济体在国际金融危机期间遭受的金融压力比在非危机时期要大。并且同贸易压力指数一样，在亚洲金融危机期间亚洲新兴经济体承受的金融压力比在 2008 年全球金融危机期间要大得多。在亚洲金融危机期间，菲律宾、泰国、中国台湾和韩国面临的金融压力最大，其金融压力指数分别为 4.34、4.20、3.58 和 2.48。在 2008 年全球金融危机期间，所有亚洲新兴经济体都经历了金融市场下行的巨大压力，这种压力在 2008 年变得尤为突出。其中，韩国和马来西亚面临的金融压力最大，分别为 1.73 和 0.41。随着各经济体救市政策的实施和人们对亚洲经济复苏的预期，2009 年上半年各经济体的资本流动压力减轻。但是 2009 年年底全球性通货膨胀、其他经济体的各种大型自然灾害、欧洲各国纷纷陷入主权债务危机等一系列利空消息，又使得中国大陆、印尼、韩国和中国香港等经济体的资本流动压力由低变高。

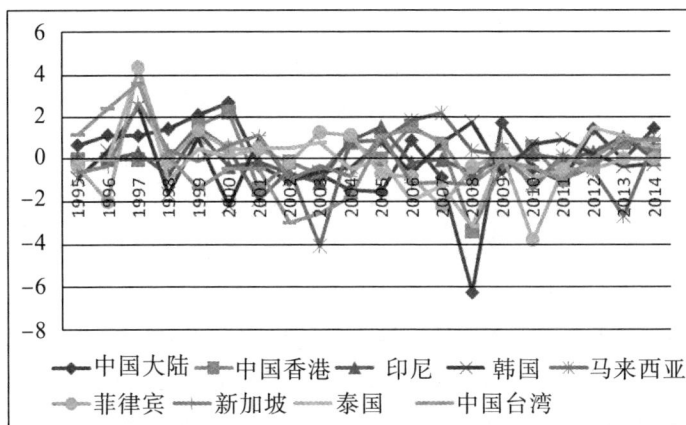

图 3－4 1995—2014 年亚洲新兴经济体金融市场压力变动趋势

资料来源：根据 IMF International Financial Statistics 数据库和 Wind 数据库相关数据，按公式（3－5）计算。

3.3 国际金融危机对亚洲经济发展模式溢出渠道的实证

国际金融危机通过各种溢出渠道冲击了亚洲经济发展模式。但问题是：国际金融危机的溢出渠道如何影响亚洲经济发展模式呢？前面构建的贸易溢出渠道指数和金融溢出渠道指数无法直接给出结论。国际金融危机溢出的实证工具主要包括相关性检验、VAR 检验和 GARCH 检验等。由于前文对国际金融危机的溢出渠道进行了分类，因此 VAR 方法在此处更为适用。即对第 i 个亚洲新兴经济体构建以其 GDP 增长率、贸易压力指数 TSI 和金融压力指数 FSI 为内生变量的 VAR 模型，验证国际金融危机对经济体 i 的溢出效应，并试图鉴别出哪一种溢出渠道的作用更为强烈。VAR 模型的好处在于允许时间序列间存在内生相互作用，从而克服了同步有偏问题。

根据大多数样本经济体的数据可得性，选取 1995 年第一季度—2014 年第三季度的季度数据。对于各经济体季度 GDP 数据，取 GDP 的对数，并用 X11 方法进行季节性调整。因为样本期间涵盖了平静时期和两个国际金融危机时期，为了鉴别每一次国际金融危机前后贸易溢出渠道和金融溢出渠道的溢出作用是否得到强化，在 VAR 模型中引入虚拟变量 D 作为外生变量。其中，D_1 和 D_2 分别为代表亚洲金融危机和 2008 年全球金融危机的虚拟变量。当 t =1997 年第三季度—1998 年第四季度，D_1 = 1，否则 D_1 =0。当 t =2007 年第三季度—2009 年第四季度，D_2 =1，否则 D_2 =0。ε_i 为残差，其他变量的含义同前文。所有变量取对数形式。数据主要来自 Wind 数据库，以 CEIC 数据库和 IMF 数据库的数据为补充。

3.3.1　时间序列平稳性检验和 Granger 因果检验

1. 平稳性检验

根据 VAR 模型的建模要求，首先要对各时间序列进行单位根检验，以防止伪回归出现。本书采用增广的 ADF 检验工具进行单位根检验，检验结果表明在原始水平上所有时间序列都不平稳，一阶差分后则均在 1％的水平上变为平稳，具体见表 3—1。

表 3—1　时间序列的单位根检验结果

经济体	变量	ADF统计量	临界值		
			1％水平	5％水平	10％水平
中国大陆	ΔGDP	−5.035	−4.097	−3.476	−3.166
	ΔTSI	−3.823	−2.611	−1.95	−1.61
	ΔFSI	−4.956	−2.611	−1.95	−1.61

续表3-1

经济体	变量	ADF统计量	临界值		
			1%水平	5%水平	10%水平
中国香港	ΔGDP	−5.311	−4.097	−3.476	−3.166
	ΔTSI	−4.421	−2.611	−1.95	−1.61
	ΔFSI	−5.167	−2.617	−1.95	−1.61
印尼	ΔGDP	−5.435	−4.097	−3.476	−3.166
	ΔTSI	−5.505	−2.611	−1.95	−1.61
	ΔFSI	−6.933	−2.614	−1.95	−1.61
韩国	ΔGDP	−6.242	−4.095	−3.475	−3.165
	ΔTSI	−4.664	−2.61	−1.95	−1.61
	ΔFSI	−6.266	−2.61	−1.95	−1.61
马来西亚	ΔGDP	−10.312	−4.102	−3.478	−3.167
	ΔTSI	−7.034	−2.61	−1.95	−1.61
	ΔFSI	−8.399	−2.616	−1.95	−1.61
菲律宾	ΔGDP	−5.939	−4.097	−3.476	−3.166
	ΔTSI	−3.312	−2.611	−1.95	−1.61
	ΔFSI	−5.468	−2.614	−1.95	−1.61
新加坡	ΔGDP	−5.330	−4.099	−3.477	−3.166
	ΔTSI	−5.328	−2.611	−1.95	−1.61
	ΔFSI	−6.516	−2.61	−1.95	−1.61
泰国	ΔGDP	−6.36	−4.108	−3.481	−3.169
	ΔTSI	−3.819	−2.61	−1.95	−1.61
	ΔFSI	−8.139	−2.614	−1.95	−1.61
中国台湾	ΔGDP	−9.308	−4.091	−3.473	−3.164
	ΔTSI	−7.058	−2.61	−1.95	−1.61
	ΔFSI	−10.439	−2.61	−1.95	−1.61

2. Granger 因果检验

接下来，对时间序列进行 Granger 因果检验。根据 AIC 准则，选择 Granger 因果检验的最优滞后期为 3 期，检验结果如表 3-2 所示。由于本小节的主要目的是研究国际金融危机溢出渠道的作用，因此各经济体贸易压力指数变动和金融压力指数变动之间的 Granger 因果关系没有显示在该表中。从表 3-2 可以看出，贸易溢出渠道和金融溢出渠道是国际金融危机传导到大部分亚洲新兴经济体的重要渠道。对于中国大陆而言，只有金融溢出渠道是中国大陆经济增长的 Granger 原因，贸易溢出渠道反而不是国际金融危机的主要溢出途径。但对于其他主要亚洲新兴经济体来说，这两个主要的国际金融危机溢出渠道均是其经济增长的 Granger 原因。

表 3-2　国际金融危机溢出渠道同各经济体 GDP 增长率间的因果关系

经济体	零假设	F 统计量	P 值	检验结果
中国大陆	TSI 不是 GDP 的 Granger 原因 GDP 不是 TSI 的 Granger 原因	6.4083 12.772	0.268 0.026	接受 拒绝
	FSI 不是 GDP 的 Granger 原因 GDP 不是 FSI 的 Granger 原因	22.467 17.373	0.000 0.004	拒绝 拒绝
中国香港	TSI 不是 GDP 的 Granger 原因 GDP 不是 TSI 的 Granger 原因	8.9050 8.4877	0.037 0.037	拒绝 拒绝
	FSI 不是 GDP 的 Granger 原因 GDP 不是 FSI 的 Granger 原因	16.788 3.4842	0.001 0.323	拒绝 接受
印尼	TSI 不是 GDP 的 Granger 原因 GDP 不是 TSI 的 Granger 原因	14.919 9.6240	0.002 0.022	拒绝 拒绝
	FSI 不是 GDP 的 Granger 原因 GDP 不是 FSI 的 Granger 原因	78.671 18.199	0.000 0.000	拒绝 拒绝

经济体	零假设	F统计量	P值	检验结果
韩国	TSI不是GDP的Granger原因 GDP不是TSI的Granger原因	8.5104 9.3010	0.037 0.026	拒绝 拒绝
	FSI不是GDP的Granger原因 GDP不是FSI的Granger原因	16.788 3.4842	0.001 0.323	拒绝 接受
马来西亚	TSI不是GDP的Granger原因 GDP不是TSI的Granger原因	22.976 53.674	0.011 0.000	拒绝 拒绝
	FSI不是GDP的Granger原因 GDP不是FSI的Granger原因	19.176 50.113	0.038 0.000	拒绝 拒绝
菲律宾	TSI不是GDP的Granger原因 GDP不是TSI的Granger原因	41.024 318.03	0.000 0.000	拒绝 拒绝
	FSI不是GDP的Granger原因 GDP不是FSI的Granger原因	50.011 73.950	0.000 0.000	拒绝 拒绝
新加坡	TSI不是GDP的Granger原因 GDP不是TSI的Granger原因	17.853 7.7045	0.003 0.173	拒绝 接受
	FSI不是GDP的Granger原因 GDP不是FSI的Granger原因	13.210 4.4061	0.021 0.493	拒绝 接受
泰国	TSI不是GDP的Granger原因 GDP不是TSI的Granger原因	22.711 78.225	0.030 0.000	拒绝 拒绝
	FSI不是GDP的Granger原因 GDP不是FSI的Granger原因	25.280 61.743	0.014 0.000	拒绝 拒绝
中国台湾	TSI不是GDP的Granger原因 GDP不是TSI的Granger原因	148.22 108.99	0.000 0.000	拒绝 拒绝
	FSI不是GDP的Granger原因 GDP不是FSI的Granger原因	196.71 58.788	0.000 0.000	拒绝 拒绝

3.3.2　分布滞后自回归模型

现在可以建立 VAR 模型了。这里根据 AIC 标准构建VAR模型。模型的拟合结果表明，以经济体 i 的 GDP 对数即 $\ln GDP$

为解释变量，贸易压力指数、金融压力指数、虚拟变量 D_1 和 D_2 为被解释变量的分布滞后自回归模型如表 3-3 所示。注意，由于滞后阶数比较大，变量比较多，因此表 3-3 仅仅显示了每个经济体显著性水平在 10% 以上的变量系数。

对于不同的亚洲新兴经济体，贸易溢出渠道和金融溢出渠道对该经济体经济增长的影响不同。金融溢出渠道的滞后二阶、三阶和五阶变量对于中国大陆经济增长的影响显著性均在 10% 以上，平均每季度通过金融溢出渠道对经济增长的影响程度为 -0.28，但贸易溢出渠道的作用却不显著，这个结论与前面的 Granger 因果检验完全一致。新加坡比较特殊，模型拟合的结果表明前几期 GDP 增长显然对于其经济增长有显著影响，但是无论贸易溢出渠道还是金融溢出渠道都没有明显作用于新加坡的 GDP 增长。看起来，似乎新加坡 GDP 增长对贸易溢出渠道和金融溢出渠道的反作用更大；而贸易溢出渠道和金融溢出渠道对于其余的 7 个亚洲新兴经济体经济增长，都在不同的滞后期内有显著作用。特别是中国香港、印尼、韩国和菲律宾的贸易溢出渠道系数和金融溢出渠道系数相对比较大，证实了其经济增长更容易受到外部因素的冲击。此外，虚拟变量的结果显示，1997—1998 年亚洲金融危机对亚洲新兴经济体经济增长的溢出效应高于 2008 年全球金融危机的溢出效应。中国大陆、菲律宾、新加坡和泰国受到亚洲金融危机冲击的影响在统计水平上比较显著，但是中国大陆实际上受到的影响不大，因为系数值仅为 0.09。印尼是唯一一个显著受到 2008 年全球金融危机溢出影响的亚洲新兴经济体，系数达 -0.25 且显著性水平为 5%。

表 3-3 亚洲新兴经济体 VAR 模型

	中国大陆	中国香港	印尼	韩国	马来西亚	菲律宾	新加坡	泰国	中国台湾
$lnGDP_{-1}$		0.456*** (4.37)	0.222 * (2.44)	0.866*** (5.75)	0.340 * (2.48)	0.917*** (6.30)	0.687*** (7.12)	0.298 * (2.34)	0.328*** (3.60)
$lnGDP_{-2}$			0.309*** (3.61)			0.904*** (6.01)	0.577*** (5.66)		
$lnGDP_{-3}$	0.319** (2.91)					0.839*** (5.23)	0.596*** (5.98)		
TSI_{-1}			−1.356** (−2.79)	−1.384** (−2.70)				−1.346 * (−2.10)	−0.256 * (−2.01)
TSI_{-2}		−1.475** (−2.92)							
TSI_{-3}						−6.288 * (−2.09)			
FSI_{-1}			−1.578*** (−7.27)	−1.000*** (−3.85)					−0.172 * (−2.34)
FSI_{-2}	−0.232 * (−2.55)	−1.037*** (−3.99)						−0.850 * (−2.04)	

续表3-3

	中国大陆	中国香港	印尼	韩国	马来西亚	菲律宾	新加坡	泰国	中国台湾
FSI_{-3}	-0.342*** (-3.80)		-0.962*** (-4.08)						
FSI_{-5}	-0.266** (-2.73)								
D_1	-0.087* (-1.97)					-0.780* (-2.28)	-0.626* (-2.29)	-0.548* (-2.16)	
D_2			-0.248** (-2.25)						

注：***，**，* 分别表示显著性为 1%、5% 和 10%。

3.3.3　脉冲响应分析

最后，在 VAR 模型中进行脉冲响应分析。以下的各个脉冲响应图包含左边分图和右边分图，分别是第 i 个新兴经济体 GDP 增长率受到一个单位标准差的贸易溢出渠道冲击和金融溢出渠道冲击的脉冲响应图形。

由图 3-5 可以看出，中国大陆经济增长在滞后 2～8 期时受到的冲击最为强烈，并且在金融危机爆发后的中短期内（1～2 年）通过金融渠道的溢出效应比通过贸易渠道的溢出效应作用程度要更加强烈，但从长期看贸易渠道对中国大陆经济增长造成了较大的冲击。造成这种情况的原因是，中国大陆经济增长对出口贸易的依存度非常高。相比之下，中国大陆的资本项目并没有完全开放、人民币尚未建立起完善的市场汇率形成机制、中国大陆外债规模等相对较小，因此在国际金融危机爆发初期，为了应对金融市场的剧烈波动，该市场压力比较大，而实际汇率贬值有助于出口。但在更为长期的时间内，出口受到的压力更大。

中国香港经济增长在滞后 1～3 期时受到的冲击最为强烈（见图 3-6）。由于中国香港是世界贸易和金融中心，对外贸易依存度非常高且国际资本往来频繁，因此通过金融渠道的溢出效应与通过贸易渠道的溢出效应作用程度基本相同。

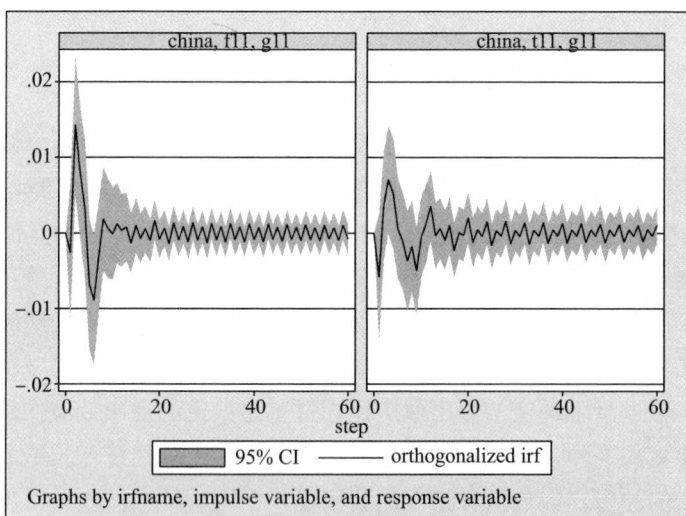

图 3—5　贸易溢出渠道和金融溢出渠道对中国大陆经济增长的脉冲响应图

　　注：图中的 g 代表 GDP，t 代表 TSI，f 代表 FSI。图 3—6 至图 3—13 同理。

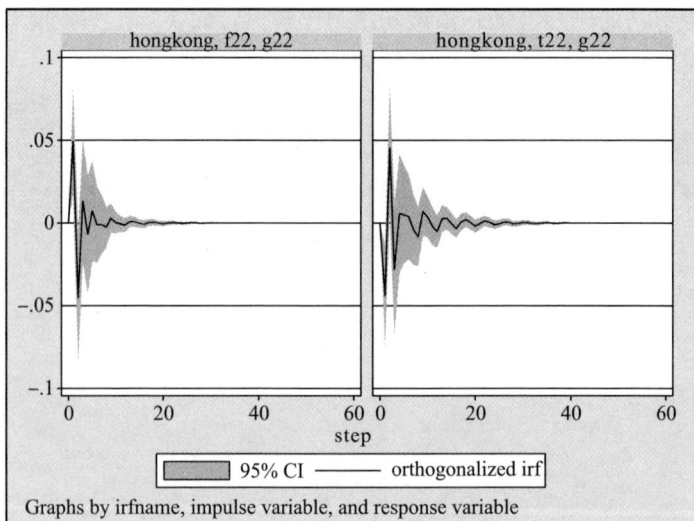

图 3—6　贸易溢出渠道和金融溢出渠道对中国香港经济增长的脉冲响应图

　　国际金融危机对印尼经济增长在滞后 1~3 期时受到的冲击最为强烈（见图 3-7），通过金融渠道的溢出效应比通过贸易渠道的溢出效应作用程度大。这跟该经济体过度依赖外来资本特别是外债发展经济有关。但是二者对印尼经济增长的冲击持续时间比较短，大约 8 期即 2 年后作用效果显著减小，20 期后趋于零。

　　与印尼类似，韩国经济增长在滞后 1~3 期时受到的冲击最为强烈（见图 3-8），但是通过金融渠道的溢出效应与通过贸易渠道的溢出效应作用大小基本相同，贸易渠道冲击作用略强。而且两者的冲击时间同样持续不长，15 期左右明显下降，20 期后趋于零。

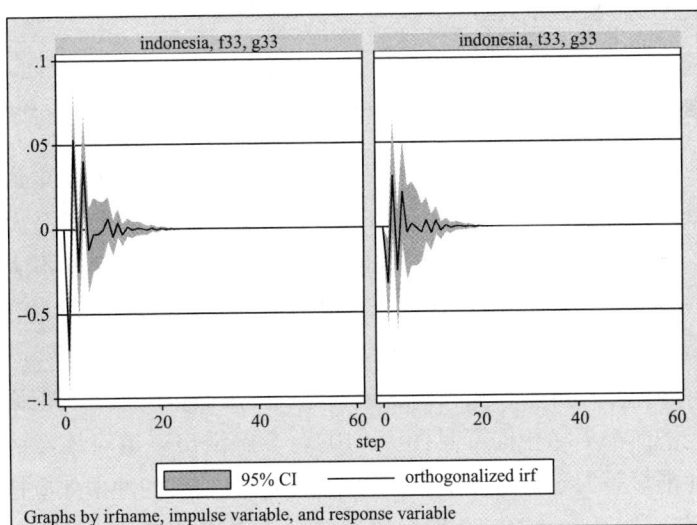

图 3-7　贸易溢出渠道和金融溢出渠道对印尼经济增长的脉冲响应图

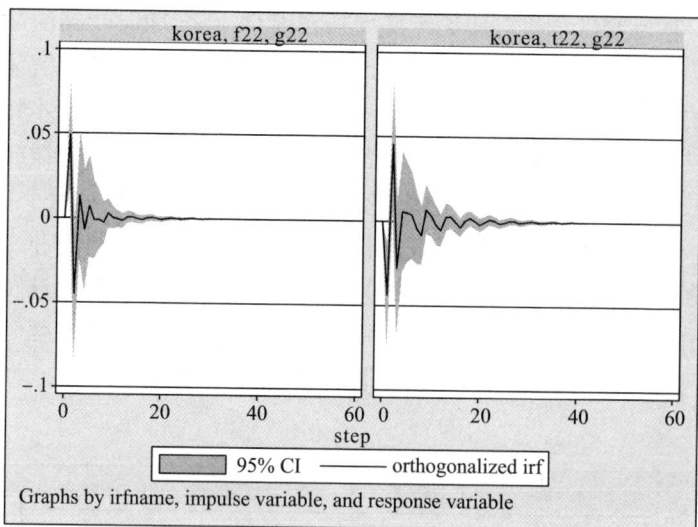

图 3-8　贸易溢出渠道和金融溢出渠道对韩国经济增长的脉冲响应图

马来西亚经济增长在滞后 1~5 期时受到的贸易溢出渠道冲击最为强烈（见图 3-9），冲击强度显著大于金融渠道溢出效应。该经济体的情况跟中国大陆比较类似，其汇率制度不太灵活，且对出口的依赖程度较高。与印尼、韩国类似，两种渠道的冲击时间均持续不长，在第 7 期显著平缓，15 期后趋于零。

菲律宾经济增长受到国际金融危机的溢出作用结果与前面几个经济体都不尽相同（见图 3-10），金融溢出渠道对该经济体的冲击显著大于贸易溢出渠道的作用，而且前者的冲击效应持续时间非常长，大约在 60 期后仍有较显著作用且波动比较大。相反，贸易溢出渠道的效应在 1~10 期的短期内比较大，但之后慢慢减小以至于 40 期以后逐渐回归到 0 水平线上。

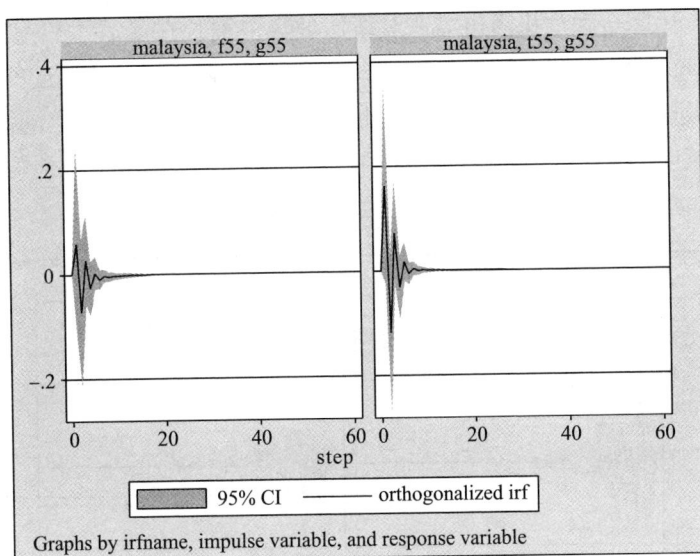

图 3-9　贸易溢出渠道和金融溢出渠道对马来西亚经济增长的脉冲响应图

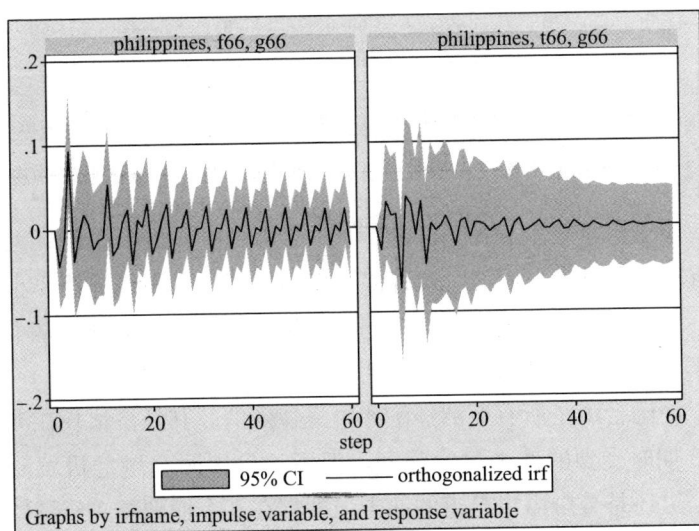

图 3-10　贸易溢出渠道和金融溢出渠道对菲律宾经济增长的脉冲响应图

国际金融危机溢出渠道对新加坡经济增长在滞后 1～5 期时受到的冲击最为强烈（见图 3－11）。在短期内，金融渠道的溢出效应比贸易渠道的溢出效应更加强烈，但贸易渠道的冲击作用持续时间更长。这跟新加坡的国际金融、转口贸易中心地位有关。但在 20 期之后，冲击作用日趋平稳直至为零。

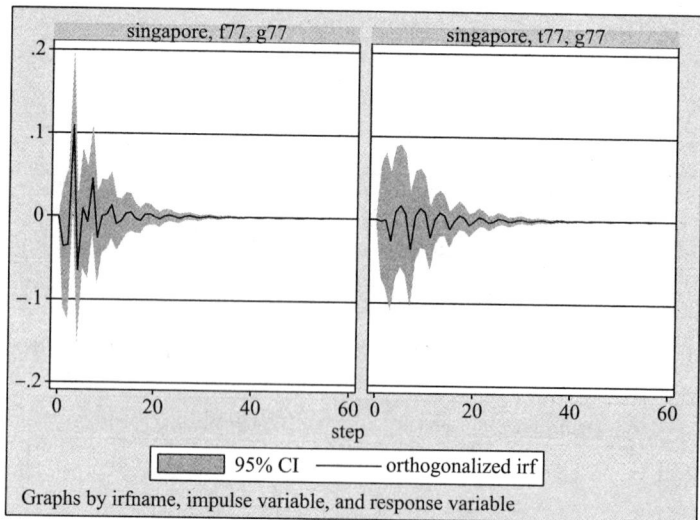

图 3－11　贸易溢出渠道和金融溢出渠道对新加坡经济增长的脉冲响应图

泰国经济增长在滞后 1～7 期时受到的冲击最为强烈（见图 3－12），但总体上而言，这种冲击作用较其他亚洲经济体要小得多。并且金融渠道的溢出效应与贸易渠道的溢出效应强度基本上差不多；两者的冲击时间持续不长，18 期后趋于零。

中国台湾是所有亚洲经济体中最特殊的，其经济增长在滞后 1～3 期时受到的冲击最为强烈，但不论是国际金融危机贸易溢出渠道还是金融溢出渠道的冲击强度都在 9 个亚洲新兴经济体中最小（见图 3－13）。冲击作用的持续时间也非常短，7 期后趋于零。

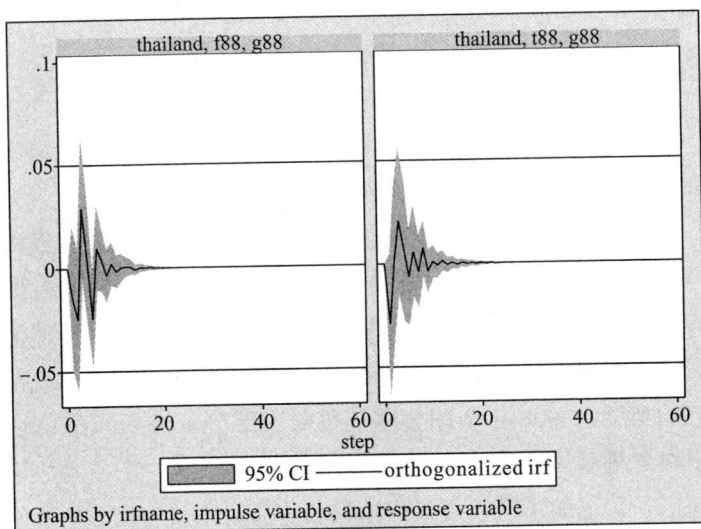

图 3-12　贸易溢出渠道和金融溢出渠道对泰国经济增长的脉冲响应图

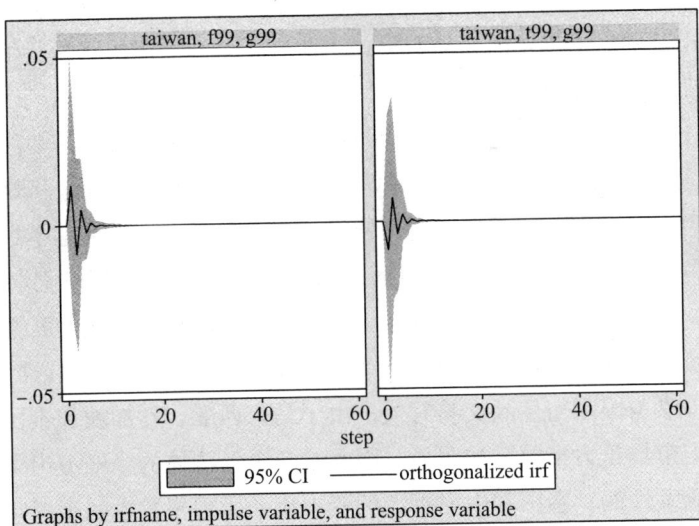

图 3-13　贸易溢出渠道和金融溢出渠道对中国台湾经济增长的脉冲响应图

3.3.4　国际金融危机溢出渠道的实证结论

本小节利用 VAR 方法估计了国际金融危机通过贸易溢出渠道和金融溢出渠道对亚洲新兴经济体经济增长的冲击。

估计结果表明，在贸易溢出渠道中，大部分亚洲新兴经济体的贸易收入效应和贸易竞争效应均较 2008 年全球金融危机爆发前有明显增加。这意味着贸易联系是大部分亚洲新兴经济体遭受最近这场金融危机冲击的主要渠道。根据金融危机溢出（或传染性）的类型，2008 年全球金融危机对大部分亚洲新兴经济体的溢出在危机后得到强化，属于偶发性危机溢出①。在金融危机爆发前后，印尼的贸易收入效应指数和贸易竞争效应指数均发生了明显变动，因此该经济体的贸易溢出渠道为典型的偶发性危机溢出渠道。马来西亚、菲律宾、韩国和泰国的贸易竞争效应相关系数比金融危机爆发前变动明显，因此这 4 个经济体的贸易竞争效应溢出渠道为偶发性的。

另一个实证结论是，2008 年全球金融危机爆发后，大部分经济体的外汇市场压力指数和资本市场压力指数比金融危机爆发前也有一定程度的增加。这同样意味着金融溢出渠道也是本场金融危机从发达国家向亚洲传播的另一条重要渠道。但从总体上看，2008 年全球金融危机对亚洲溢出的金融压力效应程度要低于贸易压力效应，这与亚洲新兴经济体整体金融市场发展滞后，较少参与国际衍生品交易有关。由于马来西亚、新加坡和泰国的外汇市场压力指数增加明显，因此这 3 个经济体的金融溢出渠道为偶发性的。泰国和中国香港的资本流动压力指数大幅走高，显

---

①　所谓偶发性溢出效应是指一国在遭受金融危机冲击后，通过某种联系的溢出效应比危机前存在的联系更强；否则称为非偶发性溢出效应。

然它们的资本流动压力溢出渠道是偶发性的。但是中国大陆和新加坡的外汇市场压力指数在危机前后几乎维持稳定，因此属于非偶发性的金融溢出渠道。

明确了哪个溢出渠道的子渠道作用最显著后，就能够有区别地采取应对危机冲击的措施。对于贸易伙伴型溢出，减少对贸易出口的依赖、转向扩大内需以及促进出口地理方向多样化是有效措施。对于贸易竞争对手型溢出，调整和优化出口商品结构以及进行区域内部的汇率协调都是重要应对手段。对于外汇市场压力溢出，则必须有效利用外汇储备干预外汇市场和增加本币汇率灵活性来消除外汇市场压力。对于资本流动压力溢出，则要合理配置金融资源，谨慎开放资本项目。如果金融危机的溢出主要通过非偶发性溢出渠道即一直存在的贸易或金融联系，则如资本控制、国内短期贷款等短期隔离战略只会延迟一国对外部冲击的调整，而根本性的经济结构调整才是有效策略。另外，如果金融危机的溢出主要是偶发性传染引发的暂时和非基本面因素恶化，那么短期隔离策略反过来可以有效减少国际危机的传播。

同样地，确认 2008 年全球金融危机的溢出渠道和作用程度，对于亚洲新兴经济体的政策制定者而言也是极其重要的。本小节的实证结果表明，亚洲新兴经济体的贸易溢出渠道和金融溢出渠道同时存在且较为显著，因而防范和应对国际金融危机的溢出对亚洲新兴经济体而言有一定重要性。但是，在 2008 年全球金融危机期间，亚洲新兴经济体当局并没有区分此次金融危机的不同溢出渠道而采取了比较近似的危机应对措施。如在本场金融危机爆发之初，韩国、印尼、菲律宾和泰国等经济体先后实施名义汇率贬值。在美国次贷危机全面深化为全球金融海啸后，亚洲新兴经济体货币当局又好像商量好了似的一致放松货币政策。在这些金融危机应对措施中，前者从表面上看是最便捷的应对金融危机贸易溢出效应的措施，但容易引发贸易伙伴国和贸易竞争国间的竞争性贬值竞赛；后者容易强化亚洲地区的流动性过剩问题①。

---

① 杜晓蓉，蔡云：《美国金融危机对东亚新兴经济体的贸易传染渠道分析》，《南洋问题研究》，2011 年第 9 期，第 29~39 页。

4 亚洲经济发展模式对国际金融危机冲击的脆弱性机理——金融恐怖均衡

亚洲经济发展模式对国际金融危机的冲击表现出异常脆弱性的深层根源在于，亚洲新兴经济体与发达经济体特别是美国之间存在着特殊的经济循环机制。在这种特殊的经济循环机制安排下，中心国美国利用特殊地位攫取亚洲新兴经济体的资源，处于边缘或半边缘的亚洲新兴经济体以对美国出口和维持持续的盈余来换取经济增长。其结果是，亚洲新兴经济体彼此之间经济模式高度相似（形成出口导向型模式）和高度竞争，同时对美国和其他发达经济体的依赖性逐步加大，形成一荣俱荣、一损俱损的相互有利和相互依赖局面。一方面，这种高度相似的经济发展模式容易遭受外部冲击。例如，一旦某一个亚洲新兴经济体的汇率体系因国际游资进攻而本币大幅度贬值，如同亚洲金融危机下的情形，则会传染给经济发展模式高度类似的其他新兴经济体。另一方面，如果中心国爆发金融危机，如始于美国的 2008 年全球金融危机，导致中心国的需求下降，从而亚洲新兴经济体对中心国及其他发达国家出口减少，通过贸易的乘数效应，新兴经济体的经济发展便会遭到重创。2008 年全球金融危机后，部分经济学家再次提醒，亚洲新兴经济体和美国间经济共生模式的弊端，从亚洲金融危机以来并未结束。Hunt（2008）[①] 指出，始于美国次级贷款市场的全球金融危机本质上是，自 20 世纪末演变而来的、非常巨大的不可持续外部不平衡的后果。沈联涛（2013）强调，分析亚洲金融危机及 2008 年全球金融危机的关键是，亚洲新兴经济体与贸易伙伴国美国间"复杂的互动关系的动态分析"[②]。

美国前财政部长萨默斯（Summers）借用冷战时期美苏间达成的军事恐怖均衡术语，将美国同亚洲新兴经济体之间这种特殊金融和经济的微妙共生关系形象地比喻为另一类恐怖均衡——"金融恐怖均衡"（Balance of Financial Terror）。这个均衡的稳定取决于亚洲新兴经济体中央银行愿意持有大量的美国国债，并为了维持美国经常项目赤字而愿意为美国提供充足的资金融通。事实上，"亚洲人看起来愿意对其向美国的出口给予补贴"[③]。美国正是依仗"金融恐怖均衡"来保证亚洲积累的大量美元储备又回流到美国。金融恐怖均衡是亚洲新兴经济体之间、亚洲与美国之间博弈的结果，是亚洲经济发展模式脆弱性的根本所在。

4.1 金融恐怖均衡的形成

亚洲新兴经济体和美国之间这种特殊的共生现象是逐步形成的。第二次世界大战后，美国操纵了布雷顿森林体系，一步步使世界经济美元化并形成有利于美国的国际资本循环，为美国和亚洲新兴经济体间金融恐怖均衡的形成打下了基础。金融恐怖均衡

---

① Chris Hunt，2008. Financial Turmoil and Global Imbalances：The End of Bretton Woods II? Bulletin of Reserve Bank of New Zealand，71（3）：44—55.

② 沈联涛著，杨宇光、刘敬国译：《十年轮回：从亚洲到全球的金融危机》，上海远东出版社，2013 年，第 7 页。

③ Brent Gregston，2004. My Currency，Your Problem. www. worldpress. org/Americas/1993. cfm.

在 20 世纪 90 年代左右正式形成，1997—1998 年亚洲金融危机和 2008 年全球金融危机充分暴露了金融恐怖均衡的非平衡性和亚洲经济发展模式的脆弱性。

4.1.1 亚洲新兴经济体对外高度开放

进入 20 世纪 80 年代以来，亚洲新兴经济体特别是东亚、东南亚新兴经济体在日本"雁行模式"的带动下，纷纷加大对外开放的力度，试图以出口作为国内经济增长的推动力。这种发展模式在东亚取得了巨大成功，造就了"亚洲奇迹"，使亚洲新兴经济体表现出相对世界其他地区更高的开放性：到 1990 年，除中国大陆、印尼和韩国①外，其他亚洲新兴经济体的对外开放度都在 50％以上（见表 4-1）。特别地，中国香港、马来西亚和新加坡在当时的出口总额已经超过了 GDP 总量。尽管 1997—1998 年亚洲金融危机给亚洲新兴经济体的经济发展造成了沉重一击，但本币相对美元大幅贬值却在一定程度上刺激了该地区的对外贸易。除了中国大陆和新加坡的对外贸易在亚洲金融危机期间基本维持危机前水平，其他亚洲新兴经济体在危机期间的对外贸易相比危机前均大幅度增加。

表 4-1　1990—2011 年亚洲新兴经济体对外贸易依存度（％）

时间	中国大陆	中国香港	印尼	韩国	马来西亚	菲律宾	新加坡	泰国	中国台湾
1990—1996 年	34.9	228.6	42.1	48.9	148.5	48.6	273.8	71.4	73.9
1997—1998 年	33.0	216.5	61.2	58.8	170.2	76.2	254.4	76.2	79.6

---

① 实际上 20 世纪 90 年代初韩国对外开放度为 48.9％，已经接近 50％。

续表4—1

时间	中国大陆	中国香港	印尼	韩国	马来西亚	菲律宾	新加坡	泰国	中国台湾
1999—2006 年	49.2	273.9	48.7	61.0	179.9	86.0	303.3	86.0	92.7
2007—2008 年	59.5	334.0	47.9	81.1	160.6	67.0	331.3	67.0	121.2
2009—2011 年	48.0	346.3	89.7	42.0	143.6	50.7	284.5	119.1	116.6

注：经济体 i 的对外依存度＝经济体 i 的年度进出口总额/经济体 i 的年度 GDP，也称为贸易开放度。

资料来源：亚洲一体化中心数据库。

亚洲金融危机之后，疲软的国内经济仅依靠国内需求是无法复苏的，出口重新承担了刺激经济发展的重任，亚洲新兴经济体的对外开放程度更高了。2008 年全球金融危机并没有导致亚洲新兴经济体的对外开放度明显收缩。中国香港和新加坡在 2008 年全球金融危机期间的对外开放程度与危机前相比不降反升。即使在 2008 年全球经济都受到美国次贷危机的冲击之际，除马来西亚和泰国的对外贸易依存度较危机前下降 20 个百分点左右外，其他亚洲新兴经济体要么维持现状（如印尼），要么其出口依存度有不同程度上升。在 2008 全球金融危机后的经济复苏期间直至当前，除了中国香港、印尼和泰国，其他亚洲经济体受到出口萎缩的影响，对外开放度均有不同程度下降，但相比世界其他国家而言仍然非常高。韩国是个例外，其进出口总额占 GDP 比重下降得最厉害，较 2008 年全球金融危机期间下降了大约一半，为 42%，甚至低于 20 世纪 90 年代前期的水平。

由于亚洲地区大部分贸易和金融交易以美元计价，一方面，布雷顿森林体系崩溃并没有改变美元国际货币领导地位的事实，高度对外开放要求该地区以稳定汇率为目标，这可以避免国际竞争力的波动。另一方面，亚洲新兴经济体长期仿效日本，以对外开放和出口作为经济增长的引擎。长期以来，亚洲新兴经济体出口的主要地理方向是美国。作为世界最大的经济体，美国的进口倾向较高，其进口需求的收入弹性接近 2[1]，具体表现为美国进口大于出口的贸易赤字扩大。不可否认，美国长达十多年的贸易（和经常项目）赤字曾为亚洲新兴经济体经济高速发展提供了有效的刺激。因而，亚洲新兴经济体高度开放的经济是美国－亚洲新兴经济体间金融恐怖均衡形成的基础之一。

4.1.2　美元资本循环流动

金融恐怖均衡形成的基本制度支撑是所谓的亚洲美元区域本位制，即亚洲新兴经济体采取事实钉住美元汇率制度或政府大量干预外汇市场的管理汇率制度。这种相对不灵活的汇率制度的运转主要通过资金的供给和需求循环来实现。美国是资金的无限需求方，它的经济一直并且仍然在借入的增长模式上运行（Ozaw，2011）[2]。第二次世界大战后，美元一直是主要的国际储备货币，美国能够以较低的利率从国外借款来弥补巨额的经常项目赤字，所以它对扩张性的财政政策肆无忌惮[3]。

从 1991 年起，美国经常项目赤字急剧飙升。在 20 世纪 90 年代中期，其经常项目赤字增加了两倍；到 2006 年，经常项目

---

① 福井博夫著，宛金章译：《国际金融与经营环境》，中央编译出版社，2005 年，第 53 页。

② Terutomo Ozaw，2011. The（Japan－Born）"Flying－Geese" Theory of Economic Development Revisited. Global Policy，2（3）：272－285.

③ 杜晓蓉：《美国与亚洲国家间金融恐怖均衡的博弈论分析》，《生产力研究》，2006 年第 3 期，第 174~177 页。

赤字居然占美国 GDP 的 6.4％，创历史新高①。尽管从相对数角度看，经常项目赤字占 GDP 6.4％的比例确实比许多国家还要低；但从绝对数角度看，由于美国 GDP 高居世界首位，因此该比例意味着美国需要世界其他国家提供大约 7000 亿美元的资金来源。就资金的供给方而言，亚洲新兴经济体强调出口导向型战略的思想支持了它们以官方储备形式持有美国金融资产，这相当于自动向美国提供融资。亚洲新兴经济体将从美国赚来的钱又借给美国（即积累的超额美元储备流回美国），为美国经常项目赤字提供了稳定、便宜的融资，使美国得以支付不断增长的进口。另外，根据美国经济统计局的数据，截至 2014 年第四季度，美国已经累积了 17.3 万亿美元的外债。正是亚洲及其他经济体的中央银行对美国的资金支持，使得美国可以保持较低的市场利率，这又增加了美国房地产等资产的价值，鼓励了美国人的消费狂欢。出于对出口导向型经济增长和对美国金融货币关系稳定性的考虑，尽管亚洲新兴经济体经济增长和国际竞争力都相对有了很大改善，但是至今它们中的大多数仍在事实上维持着有限灵活的汇率制度，不愿意对本币进行重新调整和升值。相反，因为没有制定独立货币政策的空间，亚洲新兴经济体中央银行无视美国数年来累积的巨额外债背后的潜在金融风险，继续购买美国政府债券，以维持本币对美元的稳定。这被称为全球最大的一项援助活动或是所谓的斯蒂格利茨怪圈效应（Te Velde，2008）②。

图 4－1 所示为 1995—2009 年亚洲新兴经济体对美国资本输入的情况。可见，2005—2009 年，亚洲新兴经济体为美国提供了共 402.5 亿美元的净融资，是 1995—1999 年为美国提供的净

---

① 数据来源：根据美国经济分析局公布的贸易和 GDP 数据计算。

② Willem Te Velde，2008. The Global Financial Crisis and Developing Countries. http://www.odi.org.uk/.

融资总额的 15.6 倍。正是亚洲新兴经济体经常项目盈余和美国经常项目赤字所完成的美元资本循环流动，保证了美国世界经济领导者地位和世界经济发动机地位，并成为美国－亚洲新兴经济体间金融恐怖均衡的基础之二。

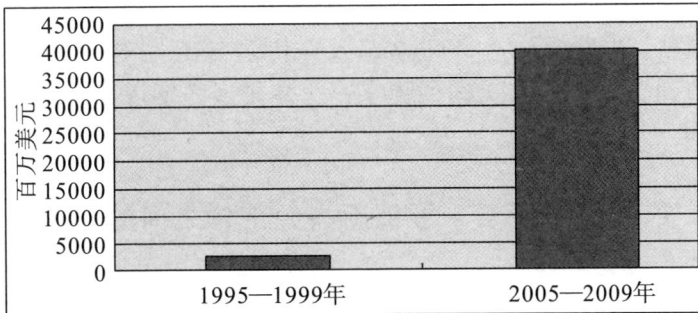

图 4－1　1995—2009 年亚洲新兴经济体对美国的资本净流入总额

注：这里统计的亚洲新兴经济体包括中国大陆、中国香港、印尼、韩国、马来西亚、菲律宾、新加坡、中国台湾和印度。

资料来源：美国经济统计局（http://www.bea.gov/iTable/iTable.cfm?ReqID=2&step=1）。

4.2　美国－亚洲新兴经济体间金融恐怖均衡形成的基本原理

美国和亚洲新兴经济体间的金融恐怖均衡可以用博弈理论来解释，它实质上由两阶段博弈（two－stage games）构成。在第一阶段的博弈中，亚洲新兴经济体之间由于不合作而导致了经济政策博弈。第二阶段的博弈是亚洲新兴经济体集体作为博弈一方，同美国进行博弈。根据定义，假设在博弈中，任何参与方对其他对手的特征、战略空间及支付函数有准确的知识（即博弈各方达成共识），而且参与方以最大化自身效用函数（或最小化成

117

本函数）为目的同时选择行动，那么亚洲新兴经济体之间的经济政策博弈属于完全信息的静态非合作博弈。然而，在亚洲新兴经济体间经济协调失败，从而导致非正式的亚洲美元区域本位制形成情况下，美国将亚洲新兴经济体维持汇率稳定和官方储备价值（尤其是美元资产价值）的努力，作为对亚洲新兴经济体的可置信威胁，先发制人——以世界最大的市场容量吸引亚洲美元资金回流到美国并支持美国的赤字，这是典型的斯塔克博尔格式博弈。

4.2.1 第一层博弈：亚洲新兴经济体之间的"囚徒困境"博弈

首先分析亚洲新兴经济体之间的博弈。中国社科院张明（2013）[1] 认为，亚洲新兴经济体的出口导向型"雁行模式"，被证明是第二次世界大战之后实现跨越式增长和追赶战略最可信赖的模式。但是随着出口国经济规模扩大和更多新兴经济体加入出口贸易竞争市场，为如此巨额数量的类似制成品找到出口市场并非易事。目前，整个亚洲内部各经济体之间的关系如同一盘散沙，但是它们的经济发展战略相同、经济结构和对外贸易商品构成相似，在国际市场上竞争激烈。经济相似性强的经济体必须采用类似的汇率制度，否则会由于汇率制度造成竞争力的变化而导致国际经济关系动荡[2]。而且没有一个经济体会主动放弃效果良好且到目前为止尚未被证明会失败的出口导向型战略，它担心成为唯一这么做的国家从而遭受损失。因此，集体行动问题出现了。这形成了金融恐怖均衡的第一个博弈——典型的非合作"囚

---

[1] 张明：《全球危机下的中国变局》，中国金融出版社，2013年。
[2] 靳玉英：《泰国、韩国、马来西亚、印度尼西亚四国现行汇率制度分析》，《国际金融研究》，2001年第9期，第31~36页。

徒困境"博弈。因此，第一个层次的博弈局中人是各亚洲新兴经济体。

现在，构造一个开放经济条件下的两国模型。在模型中，两个小国——A 国和 B 国的汇率政策（主要体现在汇率制度上）相互作用。假设世界上还存在两个大国——美国（用 $\$$ 表示）和日本（用 Y 表示），A 国和 B 国分别同美国、日本进行贸易活动，A 国和 B 国之间也有贸易往来。可见，A 国与 B 国在大国市场上是竞争对手。这个假设符合当前亚洲新兴经济体对外贸易格局。再假设 A、B 两国的政策目标都是在给定另一国汇率政策不变的情况下，稳定本国经常项目波动。因此，两国的目标函数为最小化经常项目的实际值与目标值之差的平方，即：

$$L = \frac{1}{2}(T - \overline{T})^2 \qquad (4-1)$$

根据 Bénassy–Quéré (1996)[①] 的研究，A 国的经常项目可表达为如下关于汇率的函数：

$$T_A = \eta_A \delta_A e_A + T_{A0} \qquad (4-2)$$

其中，η_A 是 A 国出口占 GDP 的比重，δ_A 是该国出口价格弹性小于 1 的数值，在一定时期这两个参数变化不大，可视为常数。e_A 表示与 A 国对外贸易分布相对应的真实有效汇率的对数，即：

$$e_A = \varepsilon_{A\$}S_{A\$} + \varepsilon_{AY}S_{AY} + (1 - \varepsilon_{A\$} - \varepsilon_{AY})S_{AB} \quad (4-3)$$

其中，S_{Aj} 表示 A 国货币对 j 国（$j = \$, Y, B$）的双边汇率；$\varepsilon_{Aj}$ 是 j 国作为 A 国贸易伙伴在 A 国对外贸易中的权重。注意，模型假设世界上只有 A 国、B 国、美国和日本，因此 $\sum \varepsilon_{Aj} = 1$。同时，模型假设美国和日本是两个大国，$A$、$B$ 是

---

① Agnès Bénassy–Quéré，1999. Exchange Rate Regimes and Policies in Asia. CEPII Working Papers，No. 1996–07.

两个小国，则对于两个小国而言，美国和日本汇率的变动是外生变量。因此，A 国和 B 国货币篮子的确定主要受美元和日元波动的影响。根据现实情况，假设 A 国和 B 国的货币篮子权重之和为 1[①]，即：

$$w_A S_{A\$} + (1 - w_A)S_{AY} = 0 \qquad (4-4)$$

$$w_B S_{B\$} + (1 - w_B)S_{BY} = 0 \qquad (4-5)$$

其中 w_A、w_B 分别是美元在 A 国和 B 国货币篮子中的权重。此外，各国间双边汇率的关系若以对数形式表示，有：

$$S_{AY} = S_{A\$} + S_{Y\$} \qquad (4-6)$$

$$S_{AB} = S_{A\$} + S_{B\$} \qquad (4-7)$$

将式（4-6）、（4-7）代入式（4-4）、（4-5）并整理后得：

$$S_{A\$} = (1 - w_A)S_{Y\$} \qquad (4-8)$$

$$S_{Y\$} = -w_A S_{Y\$} \qquad (4-9)$$

$$S_{AB} = (2 - w_A - w_B)S_{Y\$} \qquad (4-10)$$

将式（4-2）、（4-3）、（4-8）、（4-9）和（4-10）代入式（4-1）并整理，得 A 国的损失函数表达式：

$$L_A = \frac{1}{2}\{\eta_A \delta_A [\varepsilon_{A\$}(1 - w_A) - \varepsilon_{AY}w_A +$$

$$(1 - \varepsilon_{A\$} - \varepsilon_{AY})(2 - w_A - w_B)]S_{Y\$} + T_{A0} - \overline{T_A}\}^2$$

$$(4-11)$$

同理，B 国的损失函数表达式为：

$$L_B = \frac{1}{2}\{\eta_B \delta_B [\varepsilon_{B\$}(1 - w_B) - \varepsilon_{BY}w_B +$$

$$(1 - \varepsilon_{B\$} - \varepsilon_{BY})(2 - w_B - w_A)]S_{Y\$} + T_{B0} - \overline{T_B}\}^2$$

$$(4-12)$$

---

① Eiji Ogawa and Takatoshi Ito，2002. On the Desirability of a Regional Basket Currency Arrangement. Journal of the Japanese and International Economies，16 （3）：317-334.

最小化损失函数（4-11）和（4-12），即对这两式分别求关于 $S_{Y\$}$ 一阶导数并令其等于零，这样得到纳什均衡点的条件为：

$$\varepsilon_{A\$}(1-w_A)-\varepsilon_{AY}w_A+(1-\varepsilon_{A\$}-\varepsilon_{AY})(2-w_A-w_B)=0$$
$$(4-13)$$

$$\varepsilon_{B\$}(1-w_B)-\varepsilon_{BY}w_B+(1-\varepsilon_{B\$}-\varepsilon_{BY})(2-w_B-w_A)=0$$
$$(4-14)$$

联立解二元一次方程组（4-13）、（4-14），解得各国货币篮子中美元的权重：

$$\begin{cases} w_A=1 \\ w_B=1 \end{cases} \qquad (4-15)$$

这说明，在 A 国和 B 国互为贸易伙伴并在第三方市场上为竞争者的情况下，给定对方的一定汇率政策，各国都会将货币篮子中的美元赋予单位 1 的权重，即当各国不合作时，各国选择有利于自身的最优解，从而在政策溢出效应作用下博弈收敛于各国都钉住美元并以最大限度地提高本国竞争力这一纳什均衡结果。

实际上，亚洲新兴经济体的确呈现出区域内互为贸易合作者和同时在第三方市场上互为贸易竞争者的特殊贸易格局，但缺乏有效协同，导致它们集体选择了维持相对美元稳定的汇率策略。很多研究显示，如果某一新兴经济体货币相对该地区其他各经济体升值，该经济体对第三方发达国家市场的出口必然会减少。出于对本国（或地区）首先升值而其他国家是否会跟进升值存有疑虑和担心本国（或地区）竞争力下降的考虑，亚洲新兴经济体通常倾向于防止本国（或地区）的货币升值。如果某一经济体单边打破了这种博弈格局，它不得不独自承担来自该地区外部平衡调整的冲击①。可见，亚洲新兴经济体为实现个体理性而导致了集体非理性（即所谓的"囚徒困境"），成为金融恐怖均衡下第一个层次的博弈。

4.2.2 第二层博弈：亚洲新兴经济体与美国之间的斯塔克博尔格博弈

下一步将亚洲新兴经济体视为一个整体，分析美国同亚洲新兴经济体之间博弈的纳什均衡点。因为美国同亚洲新兴经济体间的博弈是美国先采取行动、亚洲新兴经济体跟进的完全信息动态博弈，所以它满足非合作博弈的斯塔克博尔格模型竞争。在斯塔克博尔格博弈下，局中人是美国和由亚洲新兴经济体构成的亚洲新兴经济体集团。其中，美国是斯塔克博尔格竞争的领导者，率先采取赤字政策以吸引亚洲新兴经济体的外汇资金和商品；亚洲新兴经济体是跟随者。美国清楚地知道若没有资金流入弥补其经常项目赤字，则将造成美元贬值甚至美国经济崩溃，最终引起在经济上严重依赖美国市场的亚洲新兴经济体普遍恐慌。显然美国的威胁是可置信的，因此美国采取先发制人行动。亚洲新兴经济体的跟进策略是，维持本币汇率相对美元稳定和"对可能发生的不均衡由东亚的单方面干预来校正"②，即以牺牲国内均衡的方式源源不断向美国输送资源和资金。

下面以 Blanchard 等（2005）③ 建立的包含经常项目的资产

---

① Catherine L. Mann，2009. Breaking Up is Hard to Do：Global Co－dependenly，Collective Action，and the Challenges of Global Adjustment. CESifo Forum，2009（8）：22.

② 格哈德·伊宁著，杨伟国译：《货币政策理论——博弈方法导论》，社会科学文献出版社，2002年，第346页。

③ Olivier Blanchard，Francesco Giavazzi and Filipa Sa，2005. The US Current Accout and the Dollar. NBER Working Paper 11137.

平衡模型为基础，构建美国和亚洲新兴经济体之间斯塔克博尔格博弈的战略函数。假设一个由美国和亚洲新兴经济体所组成的世界，并假设 X_{US} 表示以美国商品衡量的美国资产，X_{EA} 是以亚洲新兴经济体商品衡量的亚洲新兴经济体资产。W_{US} 表示以美国商品衡量的美国财富，W_{EA} 是以亚洲新兴经济体商品衡量的亚洲新兴经济体财富。E 为美国和亚洲新兴经济体双边汇率，定义为 1 单位亚洲新兴经济体商品的美元价格。在上述假设下，可知世界财富正好等于世界资产，即：

$$X_{US} + X_{EA}/E = W_{US} + W_{EA}/E \qquad (4-16)$$

设美国对亚洲新兴经济体的净债务以美元表示为 F_{US}，则有：

$$F_{US} \equiv X_{US} - W_{US} = W_{EA}/E - X_{EA}/E \qquad (4-17)$$

给定美国资产的美元总回报率为 $(1 + r_{US})$，相应地，亚洲新兴经济体资产的"亚洲新兴经济体货币"总回报率为 $(1 + r_{EA})$。那么，相对于持有亚洲新兴经济体资产，持有美国资产的相对回报率为：

$$R = \frac{1 + r_{US}}{1 + r_{EA}} \Delta E \qquad (4-18)$$

其中，ΔE 表示汇率的变动。为了简化起见，假设美国和亚洲新兴经济体的利率相等，即 $r_{US} = r_{EA}$，这意味着 $R = \Delta E$。假设美国投资者将其财富分配到美国资产上的比例是 α_{US}，那么分配到亚洲新兴经济体资产上的比例就是 $(1 - \alpha_{US})$。同理，亚洲新兴经济体投资者以 α_{EA} 的比例持有本国（或地区）资产，以 $(1 - \alpha_{EA})$ 的比例持有美国资产。并且：

$$\alpha_{US} = \alpha_{US}(R) = \alpha_{US}(\Delta E), \alpha_{USR} > 0 \qquad (4-19)$$

$$\alpha_{EA} = \alpha_{EA}(R) = \alpha_{EA}(\Delta E), \alpha_{EAR} < 0$$

由于在现实中，一国（或地区）投资者总表现出对本国（或地区）资产的偏好，所以：

$$\alpha_{US} + \alpha_{EA} > 1$$

当美国资产市场平衡和亚洲新兴经济体资产市场各自平衡时，有：

$$X_{US} = \alpha_{US}(R)W_{US} + [1 - \alpha_{EA}(R)]W_{EA}/E \quad (4-20)$$
$$X_{EA} = \alpha_{EA}(R)W_{EA} + [1 - \alpha_{US}(R)]W_{US}/E$$

将式（4-19）代入（4-20），可得到美国净债务 F_{US} 和汇率变化 ΔE 之间的资产平衡关系，即：

$$X_{US} = \alpha_{US}(\Delta E)(X_{US} - F_{US}) + [1 - \alpha_{EA}(\Delta E)](\frac{X_{EA}}{E} + F_{US})$$

$$(4-21)$$

假设美国贸易赤字 D_{US} 是汇率 E 和使贸易赤字恶化的因素 z 的线性函数，即：

$$D_{US} = D(E, z) = \theta E + z_{US}(D_E > 0, Dz > 0) \quad (4-22)$$

因此，美国下一期的净债务 $F_{US|+1}$ 为：

$$F_{US|+1} = [1 - \alpha_{EA}(R)]\frac{W_{EA}}{E}(1 + r_{US})$$
$$- [1 - \alpha_{US}(R)]W_{US}(1 + r_{US})\Delta E + D(E_{|+1})$$

$$(4-23)$$

式（4-23）即为经常项目平衡关系（current account balance relation）。

在稳定时期，式（4-23）可以简化为：

$$-r_{US}F_{US} = D(E, z) \quad (4-24)$$

$$F_{US} = -\frac{1}{r_{US}}D(E, z) = -\frac{1}{r_{US}}(\theta E + z_{US}) \quad (4-25)$$

至此，斯塔克博尔格博弈的特征函数便建立起来了。美国的目标是以经常项目赤字（从而净债务的恶化）来达到廉价使用来自亚洲新兴经济体的便宜进口商品和资金的目的。亚洲新兴经济体在美国采取行动后，制定的目标是稳定本币对美元的汇率来维持对美国较大的经常项目盈余，即认为它对美国的贸易盈余（相应美国的贸易赤字）是事先给定的，则亚洲新兴经济体的目标函数是最小化其净债务（即最大化其持有的美国资产——对美国贸易盈余）：

$$\lim (F_{EA})^2 = \frac{1}{2} \left[-\frac{1}{r_{EA}} \left(\frac{\theta}{E} - z_{US} \right) \right]^2 \qquad (4-26)$$

对式（4-26）求一阶导数，得：

$$E = \frac{\theta}{z_{US}} \qquad (4-27)$$

将式（4-27）代入式（4-25），并求函数平方的最大值。方法同样是求一阶导数，得出美国的最优策略是选择：

$$z_{US} = -\theta \qquad (4-28)$$

式（4-28）的经济含义是，美国放任赤字而亚洲新兴经济体继续为美国融资是纳什均衡点。"经济全球化的发展创造了独一无二的共生现象"[①]：美国依赖亚洲中央银行便宜的资金来应付经常项目赤字和防止国内利率突然上扬，较低的国内利率将继续推动消费导向型经济扩张；亚洲新兴经济体维持本币汇率相对于美元稳定，从而保持在美国市场上的竞争力和支持本国（或地区）出口导向型经济持续增长，这是最符合博弈双方各自利益的战略组合；否则，在缺乏资金的情况下，美国不断扩大的赤字必将导致美元贬值甚至崩溃，结果既会急剧减少亚洲新兴经济体对美国的出口，也使得亚洲新兴经济体持有的现存巨额美元储备遭受巨大损失。因此，金融恐怖均衡本身并不均衡，博弈方美国掌握了主动权[②]。美国正是利用金融恐怖均衡的有效威胁，从亚洲新兴经济体那里获得了巨大的利益。

---

① Jesus Felipe, Kristine Kintanar and Joseph A. Lim, 2006. Asia's Current Account Surplus: Saving Glut or Investment Drought? Asian Development Review, 23 (1): 16-54, 23.

② 余永定：《亚洲金融危机10周年和中国经济》，《国际金融研究》，2007年第6期，第15~23页。

4.3　金融恐怖均衡内含的非均衡因素

亚洲经济发展模式以美国和亚洲新兴经济体间的共生关系即以金融恐怖均衡为内稳定机制。但是，金融恐怖均衡本身就是非合作博弈的纳什均衡结果，如果均衡两极中的任何一极爆发金融危机，不仅会导致均衡本身的崩溃，也会导致金融危机通过均衡机制内部的联系外溢到另一端。这将是恶性循环，最终迫使亚洲新兴经济体不得不寻找新的经济发展模式。

4.3.1　来自美国的不稳定因素

自 1981 年以来，除 1992 年外，美国经常项目年年逆差。美国之所以至今仍能维持占其 GDP 约 6％的巨额贸易赤字，就是利用了它在国际货币体系中的霸权地位。布雷顿森林体系崩溃后，美元彻底脱离黄金，成为以信用为基础的国际货币。其他非国际货币国家只能以持有美元来满足汇兑数量的需求，即用出口产品（非国际货币国家的财富）换取美国的美元纸币凭证。亚洲新兴经济体为了发展本国（或地区）经济，无一例外地低估本币汇率，为美国源源不断地输送廉价商品。因为只有美国才有那么大的市场容量来消费这些商品，欧洲和日本目前的市场开放性和市场容量远不能与美国相比。但是拿什么作为交换亚洲产品的对价物呢？美国自己的商品和劳务需求非常大，不可能输出同样多的商品和劳务，产生的贸易逆差就需用国际货币——美元弥补。为了保证美国的进口能力和稳定美元储备的价值，亚洲新兴经济体又主动承担起为美国弥补贸易逆差提供资金来源的责任——用对美国贸易顺差获得的美元购买美国政府债券。这相当于亚洲新兴经济体无偿地向美国提供低息贷款。美国和亚洲新兴经济体这种关系，实则为美国的新金融霸权主义（Dooley 等，2004）[①]。

在新金融霸权主义下，中心国和外围经济体承担了不对等的责任。霸权国美国享受到的收益建立在几乎不用支付任何成本的基础上，而外围经济体几乎承担了维护这一体系顺利运转的所有成本。美国利用霸主地位所获得的经济决策自主权，在其国内经济和金融运转链条崩溃时，可以将国际商品市场和金融市场作为转嫁危机的渠道。亚洲新兴经济体处于外围，只能被动地跟随美国经济政策调整而调整，成为美国金融及经济危机的牺牲品。具体而言，一旦美国陷入金融危机，为拯救国民经济，美元则倾向于大幅度贬值。对于亚洲新兴经济体而言，美国政府大幅度贬值美元的行为是一个非常恐怖的预期。因为亚洲新兴经济体中央银行持有美元资产的目标不是资产组合最优化，而是稳定本币对美元的汇率。美元贬值将迫使亚洲货币重估并调整外部不平衡，但是目前大多数亚洲新兴经济体的内部经济还没有强大到能承受这一调整。一方面，亚洲货币相对升值，将使其国内经济陷入通货紧缩，最严重的经济后果是减少亚洲新兴经济体的出口，最终会使得亚洲新兴经济体国内经济丧失出口这一推动力。另一方面，在价值效应的作用下，亚洲新兴经济体将遭受美元贬值导致的美元债权贬值，亚洲新兴经济体中央银行所持有的现存美国政府纸面财产将遭受巨大汇兑损失。表 4-2 所示为 2007 年 6 月全球金融危机全面爆发前夕，亚洲新兴经济体持有美国资产和外汇储备的情况。可见，除了马来西亚持有美国国库券占有总外汇储备的比例较低外（9.6%），其他经济体相对持有大量的美国资产。从整体上看，一旦美元因金融危机每贬值 1%，整个亚洲的外汇储

---

① Michael Dooley, David Folkerts－Landau and Peter Garber, 2004. The Revived Bretton Woods System. International Journal of Finance and Economics, 9 (4)：307－313.

备缩水就将高达 38%。

表 4-2　2007 年 6 月亚洲新兴经济体持有的美国资产和外汇储备（亿美元）

经济体	经济体持有的美国债券					总外汇储备（C）	B/C（%）
	总额（A）	国库券（B）	股票	其他	B/A（%）		
中国大陆	9220	4665	285	4270	50.6	13346	35.0
中国香港	1378	566	305	507	41.1	1363	41.5
印尼	194	149	5	40	76.8	494	30.2
韩国	1379	428	54	897	31.0	2506	17.1
马来西亚	266	94	10	162	35.3	981	9.6
菲律宾	111	80	8	23	72.1	235	34.0
新加坡	1754	347	1079	328	19.8	1441	24.1
泰国	217	173	6	38	79.7	701	24.7
亚洲	27780	12521	4063	11196	45.1	32920	38.0

资料来源：Soon P. B., 2008. Impact of Financial Turmoil on East Asia.

4.3.2　来自亚洲新兴经济体的不稳定因素

美国和亚洲新兴经济体共生关系——金融恐怖均衡的另一端是亚洲新兴经济体能够继续累积经常项目盈余和相应地增加美元储备，并且愿意对美国的经常项目赤字继续提供资金支持。这是个充分必要条件。但是，亚洲新兴经济体经常项目盈余的构成表明它们没有能力无限期地积累盈余，有可能率先打破金融恐怖均衡，转向其他经济发展模式。

实际上，亚洲新兴经济体近几年大量累积经常项目盈余是由该地区的经济结构性问题导致的。一般地，若一国（或地区）出口增长很快的话，其进口特别是资本品和中间品也应该相应地较快增长，而且经济持续高速增长通常应由强烈的内需特别是投资需求来支持。但是自1997年起，亚洲新兴经济体投资的平均增长率步伐开始放慢，亚洲新兴经济体强劲的出口增长失去了对该地区内部需求增长的溢出效应，进而也失去了对经济增长可持续的推动力。造成这种现象的根本原因是，"具有极强竞争力的汇率将倾向于产生经常项目盈余，它将阻碍用以投资的实际储蓄，而且较低的投资率由此将抑制增长率"①。表4－3所示为主要亚洲新兴经济体2002年以来内部投资和经常项目盈余（CUR）占GDP比例。可以发现，除了泰国，与其他经济体经常项目盈余增加相伴随的是投资率基本维持不变，马来西亚和菲律宾甚至在2005年出现了较为明显的投资负增长。根据经常项目等于储蓄和投资之差的国民经济恒等式，许多人因此把亚洲新兴经济体积累大量盈余归因于亚洲金融危机导致的该地区的投资崩溃，认为该地区的政府为了恢复资产平衡表而使用了竞争性汇率。但新兴经济体这种外需对GDP的贡献高于内需对GDP的贡献的经济增长是无法长期维持的。2008年全球金融危机期间，亚洲新兴经济体出口严重缩水并拖累国民经济增长就是一个明显的例证。

表4－3　亚洲新兴经济体内部投资和经常项目盈余（CUR）占GDP的比率（％）

经济体	2002年		2004年		2006年		2008年		2010年	
	投资	CUR	投资	CUR	投资	CUR	投资	CUR	投资	CUR
中国大陆	35.2	2.4	39.3	3.6	40.7	8.6	40.8	9.1	45.8	4.0

---

　　① 约翰·威廉姆森：《汇率制度选择的国际经验及其对中国的借鉴意义》。来自张礼卿：《汇率制度变革》，中国金融出版社，2005年，第10页。

经济体	2002 年		2004 年		2006 年		2008 年		2010 年	
	投资	CUR	投资	CUR	投资	CUR	投资	CUR	投资	CUR
中国香港	22.8	7.6	21.8	9.5	21.7	11.9	20.4	13.5	23.7	6.2
韩国	29.1	1.0	30.2	4.1	29.6	1.4	31.2	0.5	29.2	2.7
中国台湾	17.4	8.7	21.5	5.7	22.7	6.9	22.4	6.9	22.6	9.3
印尼	20.4	3.8	21.3	1.2	21.9	3.0	23.7	0.1	23.9	0.8
马来西亚	24.0	8.4	22.6	12.6	20.8	16.6	19.6	17.3	20.3	11.5
菲律宾	17.7	−0.5	17.1	1.9	19.7	4.4	19.3	2.1	20.2	4.8
新加坡	23.8	13.4	27.1	24.5	21.0	24.9	26.5	14.5	24.2	22.2
泰国	33.2	5.5	35.5	4.3	23.1	6.9	22.1	6.9	20.8	9.3

注：CUR 表示经常项目盈余。

资料来源：亚洲开发银行（ADB）统计数据库、IMF 统计数据库。

因此，尽管亚洲新兴经济体以出口和外资拉动实现了经济的高速增长，但是极度开放的经济发展模式很容易受到世界市场波动的影响。亚洲新兴经济体经历的这两次重大国际金融危机已经暴露出经济发展过度依赖外部市场的脆弱性。这种脆弱性的根源就是中心-外围经济体间形成的经济相互依赖关系，或是正如中国社会科学院余永定（2015）[1] 指出的"全球范围内资源的严重错配"。因此，要避免亚洲新兴经济体经济发展模式的脆弱性，必须改革经济发展模式。

---

[1] 余永定：《新兴市场的金融危机后遗症》，英国《金融时报》中文网，http://www. ftchinese. com/story/001062233?full=y,2015-05-28.

5 两次国际金融危机后亚洲新兴经济体经济发展模式的可持续性比较

亚洲新兴经济体的经济发展模式在两次重大国际金融危机中表现出不同程度的弹性。这是因为亚洲新兴经济体的国民经济实力发生了变化，并且两次国际金融危机冲击的来源不同、冲击渠道不同、国际环境背景不同，因此在两次国际金融危机之后，亚洲新兴经济体的经济发展模式可持续性特征也不同。总的来说，亚洲新兴经济体两次都比较成功地应对了外部条件变化，部分消除了向下的风险，但面临着越来越大的挑战。

5.1 亚洲金融危机为亚洲新兴经济体出口导向型扩张做好准备

1997 年 7 月 2 日，泰国中央银行的外汇储备不敌国际游资的攻击而最终枯竭，泰国不得不宣布放弃泰铢对美元的固定比价，泰铢当日即贬值了 16％。投资者对同处于东南亚且经济发展结构相似的印尼和马来西亚也丧失信心，迅速抛出这些国家的货币，使东南亚国家货币相继急剧贬值。一连串的连锁反应下，金融危机迅速蔓延到整个亚洲。这场金融危机如同当头棒喝，将亚洲新兴经济体打了个措手不及。但同样也是这一棒，敲醒了亚洲新兴经济体，迫使其反思长期以来经济发展模式中的不足之处，为今后可持续的健康发展扫清障碍。

　　亚洲金融危机后，亚洲新兴经济体防御国际金融危机的能力明显增强，主要从以下几个方面完善了经济发展模式。这些措施和政策符合亚洲金融危机后经济复苏的需要，并进一步强化了该地区经济发展模式中出口导向型战略的特征。

5.1.1　改革汇率制度和积累外汇储备

　　大部分亚洲新兴经济体在亚洲金融危机之后增加了汇率制度的灵活性并成功地稳定了汇率，恢复并积累了巨额外汇储备作为预防国际金融危机进攻的防火墙。

　　1.　改革汇率制度以重新稳定汇率

　　亚洲金融危机爆发前，亚洲新兴经济体的官方汇率制度虽然在法理上名为"管理浮动制度"，但实际上采取了钉住美元的固定汇率制度。这场金融危机使亚洲新兴经济体意识到在钉住汇率制度下，将丧失货币政策独立性和有效应对国际游资进攻的手段。于是在亚洲金融危机后，大部分亚洲新兴经济体转向了更为灵活的汇率制度。表5-1显示了亚洲金融危机以来，IMF对亚洲新兴经济体官方汇率制度进行了全新的分类。从表中可以看出，亚洲金融危机爆发前，除了菲律宾，大部分亚洲经济体采用的都是不太灵活的汇率制度——有管理的浮动。亚洲金融危机后即1999年以来，亚洲新兴经济体的汇率制度变得多元化起来。印尼、泰国和韩国由危机前的管理汇率制度或者钉住美元汇率制度转为自由浮动汇率制度；中国台湾和新加坡仍维持了管理汇率制度；中国香港由于其经济和金融发展的特殊性继续保持货币局制度不变；中国大陆由管理浮动改为爬行钉住美元；马来西亚则以牺牲一部分资本流动性为代价，采取完全钉住美元的汇率制度。总体而言，除了中国大陆、中国香港和马来西亚，其他亚洲经济体的汇率制度变得较为灵活或者汇率彻底自由浮动。然而2008年全球金融危机爆发，致使印尼和泰国将亚洲金融危机后实施的自由浮动转为管理浮动。

表5－1　亚洲新兴经济体近些年官方汇率制度变化

经济体	亚洲金融危机爆发前（1997年7月前）	亚洲金融危机后至2008年全球金融危机爆发前	2008年以后
中国大陆	管理浮动	爬行钉住美元	爬行钉住美元
中国香港	货币局（钉住美元）	货币局（钉住美元）	货币局（钉住美元）
中国台湾	管理浮动	管理浮动	/
韩国	管理浮动	自由浮动	自由浮动
马来西亚	管理浮动	钉住美元	管理浮动
印尼	管理浮动	自由浮动	管理浮动
菲律宾	自由浮动	自由浮动	自由浮动
新加坡	管理浮动	管理浮动	管理浮动
泰国	钉住篮子	自由浮动	管理浮动

　　注：尽管人民币在2005年7月21日进行了灵活制度改革，但IMF在2008年4月30日的最新报告中，仍将人民币汇率形成机制归类到爬行钉住制度。同时，IMF将马来西亚又重新归为管理浮动。

　　资料来源：IMF，2008. De Facto Classification of Exchange Rate Regimes and Monetary Policy Frameworks，April 30.

　　除了改革汇率制度外，亚洲新兴经济体在亚洲金融危机后重新稳定了汇率，特别是本币对美元汇率，以稳定出口。图5－1所示为以亚洲新兴经济体1997年1月本币对美元的汇率为基期，1997年2月—2000年12月各经济体月度汇率相对基期的波动率。该图表明，从1997年初到2000年末，由于亚洲金融危机的冲击，亚洲新兴经济体美元汇率变化幅度差异非常大，但是几乎所有的经济体在1998年底均恢复了对美元汇率的稳定性。在这近4年间，即使经历了亚洲金融危机，人民币和港币币值变化幅度仍接近零。这是由于中国大陆在此段时期一直采取事实钉住美元的汇率制度和严格管制资本项目，因此成功地对抗了国际游资对人民币的冲击。而中国香港采取与美元挂钩的货币局制度，在此次金融危机中以中国大陆的外汇储备作为后盾，所以港元相对安然地渡过了亚洲金融危机。新加坡元和新台币汇率贬值的最大幅度没有超过30％，在所有汇率贬值的经济体中属于较轻之列。并且从1998年初开始，这两个经济体的汇率率先走向平稳。其他的亚洲新兴经济体都采取了不同程度的稳定本币汇率措施，因此经历了危机中的汇率急剧贬值后，又慢慢恢复了汇率的稳定性。泰铢在1997年7月放弃对美元的固定比价后，币值不断下跌，在1998年1月达到最大下跌幅度，为106％，之后开始回升，1998年底的汇率水平稳定在亚洲金融危机爆发前的60％左右。受泰铢的影响，印尼盾、马来西亚林吉特、菲律宾比索和韩元也经历了巨大的波动，它们的货币价值都在1997年末到1998年间猛烈下跌，在1999年进入调整期并逐步平稳。在所有亚洲新兴经济体中，印尼盾受到的冲击最猛烈，在1998年6月较亚洲金融危机爆发前跌幅达483％，1999年底其币值才逐步恢复到亚洲金融危机爆发前的25％左右且波动性一直较大。

2. 恢复外汇储备池

1997年亚洲金融危机的导火索是在国际游资冲击下，泰国的外汇储备不足以维持固定汇率。亚洲金融危机的后果之一是使得亚洲新兴经济体"从净借贷者变为净储蓄者"[①]。亚洲金融危机后，亚洲新兴经济体意识到外汇储备在抵御投机性冲击方面的重要作用，为降低对国际债务的依赖，需迅速扩大外汇储备额，特别是美元储备。世界银行1997—2000年的统计数据显示，在

---

① 沈联涛著，杨宇光、刘敬国译：《十年轮回：从亚洲到全球的金融危机》，上海远东出版社，2013年，第18页。

亚洲金融危机结束后，所有亚洲新兴经济体的外汇储备都快速增加，1999年和2000年所有经济体外汇储备总额均超过了亚洲金融危机期间，如图5－2所示。

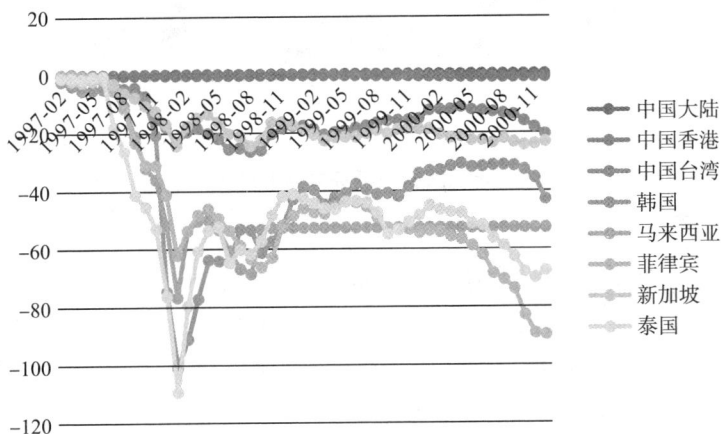

（a）

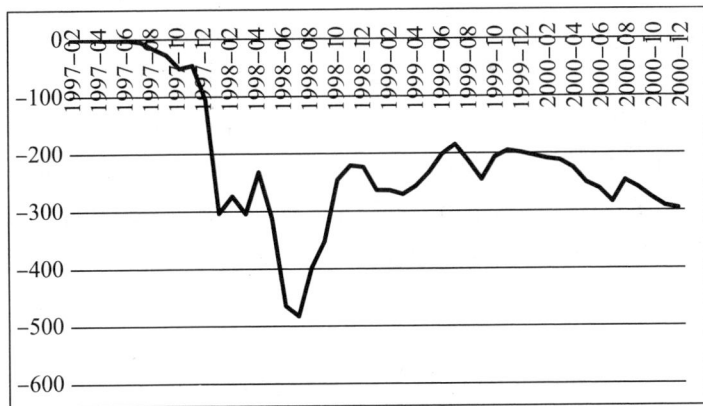

印尼汇率变动趋势
（b）

图5－1　1997年1月—2000年12月亚洲新兴经济体的汇率变动趋势（％）

数据来源：根据IMF数据库相关数据计算。

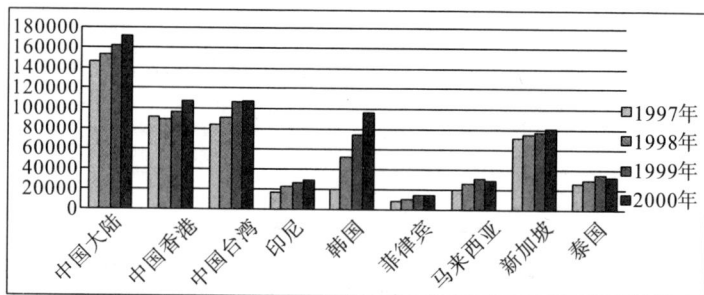

图 5－2 1997—2000 年亚洲新兴经济体外汇储备（单位：百万美元）

数据来源：世界银行数据库。

从图 5－2 可知，亚洲金融危机发生后，所有经济体的外汇储备总量较危机期间显著增加且呈现持续增长的态势。到了 2000 年年底，中国大陆、中国香港、韩国和新加坡的外汇储备总量已经达到相当高的水平。其中，中国大陆的外汇储备高达 1717.6 亿美元，在所有亚洲新兴经济体中最高。接下来分别是，中国香港为 1075.6 亿美元，韩国为 962.5 亿美元，新加坡为 810.8 亿美元。菲律宾的外汇储备总量是亚洲新兴经济体中最低的，为 150.7 亿美元，但仍然较 1997 年增加了 72.4％。从外汇储备增速来看，韩国的外汇储备增速最快，1998 年、1999 年和 2000 年分别较上年增加了 154.6％、42.3％和 29.9％。充沛的外汇储备对于保持本币币值的稳定，保证正常的进口和外债偿付支出，防范和化解国际金融危机，稳定一国（或地区）经济有着重大意义。

5.1.2 经济增长迅速恢复且维持高速增长

GDP 增长率是反映经济增长的重要指标，亚洲新兴经济体的经济发展并未因为亚洲金融危机的重创而停滞不前。表 5－2 为 1997—2000 年亚洲新兴经济体 GDP 增长率。为了避免名义价格波动的干扰，所有的 GDP 增长率均以 2005 年不变价美元为基期。由表 5-2 可以看出，亚洲金融危机爆发的第一年，除了泰国 GDP 增长率由正转为−1.4％，这场金融危机对其他经济体经济增长施加的压力不是特别大。但是到了第二年，亚洲金融危机进一步蔓延和深化，除了中国大陆和中国台湾外，所有其他新兴经济体都变为负增长。其中，印尼和泰国的经济恶化程度最为严重：1998 年，印尼 GDP 增长率为−13.1％，泰国 GDP 增长率为−10.5％。但是，由于亚洲新兴经济体纷纷采取了有效的危机应对措施，一旦亚洲金融危机结束，1999 年各经济体便迅速调整经济发展措施并恢复了 GDP 的正增长。由于前一年为负增长，因此韩国在 1999 年 GDP 增长率高达 10.7％，居于首位。而 GDP 增长率最低的菲律宾也走出经济负增长的低谷，在 1999 年实现了 0.8％的正增长。进入 2000 年，所有亚洲新兴经济体再次步入高速增长的轨道。

表 5-2　1997—2000 年亚洲新兴经济体 GDP 增长率（％）

经济体 ＼ 年份	1997 年	1998 年	1999 年	2000 年
中国大陆	9.3	7.8	7.6	8.4
中国香港	5.1	−5.9	2.5	7.7
中国台湾	6.1	4.2	6.7	6.4
印尼	4.7	−13.1	0.8	4.9
韩国	5.8	−5.7	10.7	8.8
菲律宾	5.2	−0.6	3.1	4.4
马来西亚	7.3	−7.4	6.1	8.9
新加坡	8.3	−2.2	6.1	8.9
泰国	−1.4	−10.5	4.4	4.8

数据来源：中国台湾的 GDP 增长率数据来源于 Wind 数据库，其他经济体的 GDP 增长率数据来自 IMF 数据库。

为了更为直观地展示亚洲新兴经济体在亚洲金融危机后的经济恢复情况，令各经济体 1996 年的 GDP 等于 100，分别求出 1997—2000 年间各经济体当年 GDP 占基期的百分比，得到图 5-3。由图 5-3 可以看出，1997—1998 年亚洲金融危机对印尼和泰国的 GDP 增长冲击最大，作用的时间也持续较长 [①]。按不变价计算，印尼的经济总量直到 2000 年仍低于 1996 年水平。泰国的经济增长尽管从 1998 年中期开始回暖，但 1998—1999 年两年的时间里经济总量刚刚恢复到危机前的水平。中国台湾和马来西亚的经济增长也在 1998 年突然恶化，该年 GDP 分别是 1996 年的 95.2% 和 99.4%，但两个经济体在接下来的一年 GDP 总量快速超过了 1996 年。剩余的 6 个经济体在亚洲金融危机后经济总量水平均一直超过 1996 年的水平，其中表现最为良好的是中国大陆，增长上涨势头一路上扬，没有受到亚洲金融危机的太大影响。从总体来看，从 1999 中期开始几乎所有亚洲新兴经济体的经济都恢复了稳步增长，走出了亚洲金融危机的阴影。

---

① 注：IMF 数据库、中经网数据库等多方权威统计数据库给出印尼 1997—1999 年 GDP 总量数据异常（各数据库的统计结果是一致的）。根据上述数据库 1997—1999 年印尼 GDP 总额计算出来的 GDP 增长率远远大于这些数据库直接统计的 GDP 增长率。但是印尼在亚洲金融危机期间，宏观经济确实表现为经济增长率严重下滑，因此本书根据上述数据库给出的印尼 GDP 增长率和 2000 年 GDP 总量倒推出印尼 1996—1999 年的 GDP 总量。

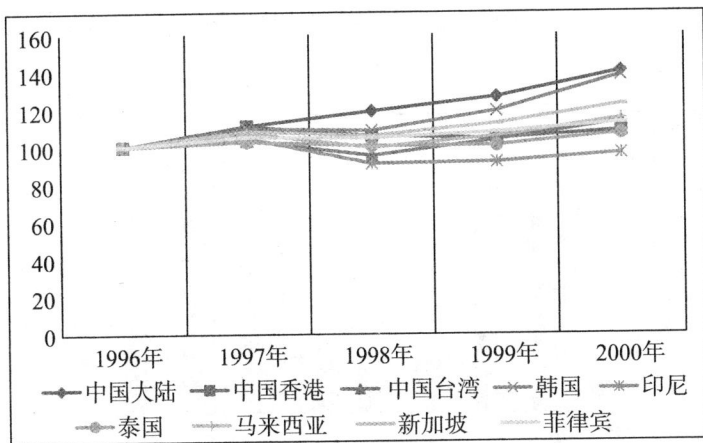

图 5-3 1997—2000 **年亚洲新兴经济体当年 GDP 占**
其 1996 年 GDP 的比重（%）

数据来源：中国台湾的 GDP 数据来源于 Wind 数据库，其他经济体的
GDP 数据来源于 IMF 数据库。

5.1.3 出口在经济发展中的地位进一步稳固

亚洲新兴经济体都将出口导向型战略作为重要的发展战略，出口占 GDP 比重非常大，对外贸易对于经济增长的拉动作用在亚洲经济体集体腾飞以后一直都非常重要。亚洲金融危机后，亚洲新兴经济体的国民经济中，出口部门的地位依然坚固并进一步强化。

1. 出口占 GDP 比重上升

长期以来，亚洲新兴经济体依赖出口拉动经济增长。即使在亚洲金融危机期间，亚洲的出口也没有下降，甚至有些新兴经济体在金融危机期间的出口倾向更加强烈。亚洲金融危机后，所有亚洲新兴经济体出口倾向进一步增强，较 1997 年又有了较大程度的增加。图 5-4 所示为根据世界银行数据库相关数据计算出的 1997—2000 年主要亚洲新兴经济体商品和服务出口量占各自 GDP 的比重。

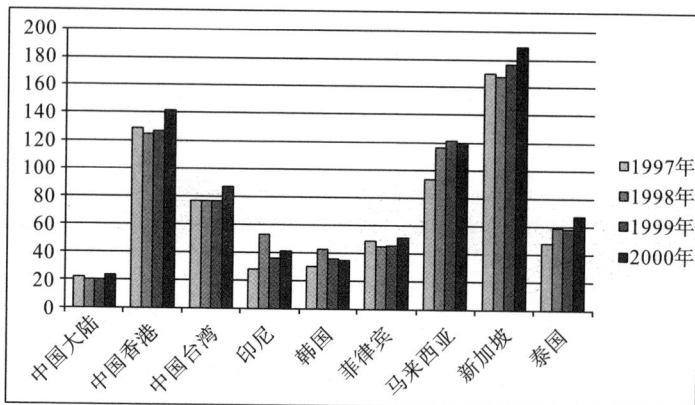

图 5—4　1997—2000 年亚洲新兴经济体商品和服务出口额占 GDP 总量的比重（％）

数据来源：中国台湾数据来自 Wind 数据库，其他经济体数据来自世界银行数据库。

由图 5—4 可以看出，长期以来，亚洲新兴经济体的出口占 GDP 比重很高，是拉动经济增长的重要发动机。其中，中国香港、马来西亚和新加坡的商品及服务出口占 GDP 的比重无论在亚洲危机期间还是在危机之后都超过了 100％，亚洲金融危机结束后第一年即 2000 年的出口增长尤其迅速。菲律宾和泰国的出口占 GDP 的比重在亚洲金融危机后也有所增加，在 50％上下。印尼和韩国的这一指标一直徘徊在 30％~40％之间，1998 年这两个亚洲金融危机国的出口占 GDP 的比重显著增加；亚洲金融危机后虽然它们的出口占 GDP 的比重有所回落，但仍达到 35％左右。出口占 GDP 比重最小是中国大陆，金融危机后其出口占 GDP 的比重略有上升，大于 20％。但是考虑到中国大陆位居世界前列的巨大经济体量，中国大陆的绝对出口额实际上是十分惊人的。值得注意的是，在亚洲金融危机最严重的 1998 年，印尼、韩国、马来西亚和泰国的出口占 GDP 的比重较前一年出现了显著上涨，根本原因是危机期间这些危机国的本币剧烈贬值。因而，从出口在各经济体的国民经济中的地位来看，亚洲金融危机后出口导向的经济发展战略在亚洲新兴经济体经济发展模式中的重要地位得到进一步巩固。

2. 出口增长率大幅提升

从出口本身来看，出口增长率可直观反映出对外贸易的恢复程度。第 1 章中的图 1—1 已经显示了亚洲新兴经济体在 1980—2013 年的出口增长情况。1997—1998 年亚洲金融危机期间，虽然大部分经济体出口在 1997 年相对于 1996 年出现了大幅度增长，但是 1998 年出口贸易开始恶化，大部分亚洲新兴经济体——中国香港、中国台湾、印尼、韩国、马来西亚、新加坡和泰国都出现了出口负增长，其中新加坡的出口增长率下降最为厉害，达−12％左右。但到了 1999 年，除中国香港的出口仍为−0.26％的负增长以外，其他各经济体出口增长都恢复了。亚洲金融危机后的第一年，各经济体的出口均呈现巨大的正增长。除菲律宾外，其他经济体的出口增长率都超过了危机前的水平。这表明到了 2000 年，亚洲新兴经济体的对外贸易已经走出了亚洲金融危机的威胁。

3. 出口占世界总出口的比重恢复

从整个世界贸易的角度来看，亚洲新兴经济体对世界贸易总量的贡献度也不可小觑。根据联合国贸易和发展会议（UNCTAD）数据库各经济体出口数据计算出的 1997—2000 年亚洲新兴经济体商品和服务出口总额占世界贸易总额的比重如图 5—5 所示。由此可以看出，亚洲金融危机期间，与 1997 年相比，1998 年亚洲新兴经济体的出口对世界贸易贡献率普遍轻微下降，但中国大陆和菲律宾的占比仍维持上升态势。到了 1999 年，除中国香港和印尼外，所有经济体出口开始恢复。直到 2000 年，各亚洲新兴经济体对世界贸易的贡献率基本上优于亚洲金融危机爆发前的状态。其中，中国大陆、韩国和中国台湾对世界贸易的贡献率上升尤其迅速，它们占世界贸易的比重分别达到了 3.9%、2.7% 和 2.3%。中国香港和新加坡的出口比重在 2000 年虽然没有恢复到 1997 年的水平，但占比仍比较高，分别是 3.1% 和 2.1%。

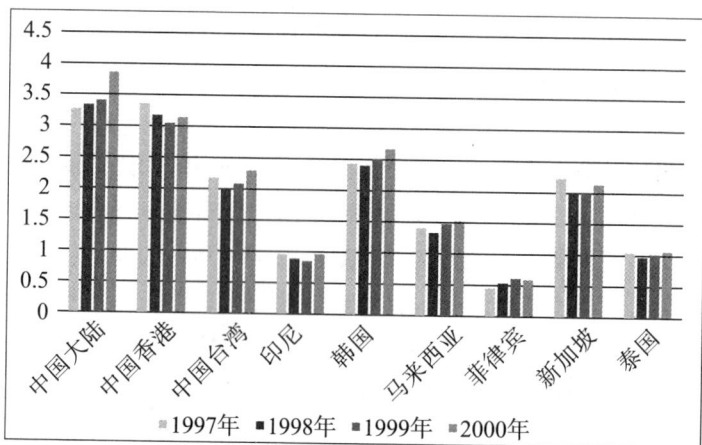

图 5－5　1997—2000 年亚洲新兴经济体商品和服务贸易总额
占世界总贸易额的比重（%）

数据来源：联合国贸易和发展会议数据库。

4. 出口结构优化

高新技术产业是一个经济体成长的活力源泉，高科技产品的出口占比可以反映一国（或地区）产业结构的升级情况。亚洲金融危机后，为了提升出口地位和增强出口竞争力，亚洲新兴经济体的出口商品结构有了很大改善，表现为高科技产品的出口比重逐年增加。图 5－6 所示为亚洲新兴经济体的高科技产品出口占各自制成品出口的比重。

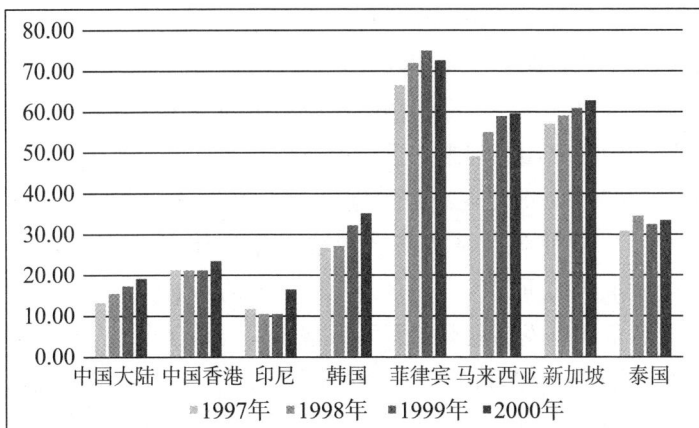

图 5－6 1997—2000 **年亚洲新兴经济体高科技产品出口**
占各自制成品出口的比重（％）

数据来源：世界银行数据库。

由此可以看出，受亚洲金融危机冲击最严重的印尼和泰国在
1998 年和 1999 年的出口制成品中高科技产品出口占比略有下
降，但在 2000 年迅速恢复并超过了危机前的水平。而其他经济
体出口制成品中高科技产品所占比率呈持续上升态势，基本上没
有受到亚洲金融危机的影响。到了 2000 年，菲律宾的高科技产
品出口占比超过了 70％，马来西亚和新加坡的这一比率超过了
60％，泰国和韩国超过了 30％，中国香港超过了 20％，中国大
陆和印尼的高科技产品比率超过了 15％。可见，亚洲金融危机
并未打乱亚洲新兴经济体通过出口实现技术进步的步伐，且技术
溢出效应比较明显，出口贸易结构自亚洲金融危机以来一直在
优化。

5.1.4 加强区域合作

亚洲新兴经济体脆弱的金融体系和经济发展模式中的弱点是

金融危机滋生和传播的温床。在经济全球化和区域一体化不可逆转的趋势下，预防新一轮国际金融危机的传播，不能单单依靠一国的力量，也不能一味等待国际组织给出的迟缓且条件苛刻的救援，区域内国家团结起来并进行区域合作是更为有效的危机救助道路。1997—1998年亚洲金融危机刺激了亚洲区域合作的"亚洲觉醒"[①]，迫使各经济体将区域合作作为外交要务。实际上，亚洲金融危机的重灾区——东南亚次区域的新兴经济体，已经在这场金融危机爆发前就开始着手探索区域贸易合作。

1992年，东盟自由贸易区（AFTA）成立，这是亚洲新兴经济体区域合作的第一个主要区域协议。在一定程度上可以说，亚洲金融危机推动了东盟与次区域外其他亚洲经济体的合作。1997年，中国、日本、韩国和东盟举行了非正式峰会，"10+3"合作机制诞生，标志着亚洲区域合作进入了一个新时期。此后，亚洲区域合作实现了重大突破。2001年11月，中国和东盟在文莱举行了第5次中国-东盟领导人正式峰会，会议宣布在10年内建立中国-东盟自由贸易区。中国和东盟的"10+1"协议打破了亚洲长期以来停滞不前的区域合作，推动了亚洲区域合作进程。此后，东盟与日本、韩国分别签订了新的"10+1"协议。

在货币金融合作方面，日本在1997年11月因为越演越烈的亚洲金融危机，第一个提出建立亚洲货币基金（Asian Monetary Fund，AMF）构想，这可以被认为是亚洲金融危机后亚洲经济体间的货币金融合作进入第一阶段的标志。然而，由于这一设想挑战了以美国为首的IMF等国际组织和主要西方国家的利益，因此遭到了IMF和美国等国家的强烈反对。此外，出于对日本历史行为的担心，其他亚洲经济体对这一设想也反应平平。第二

[①] Liqing Zhang and Sun Zhixian, 2008. Effect of China's Rise on East Asian Economic Integration. Economic Change and Restructuring, 41 (8): 315−330.

阶段的标志是签订货币互换协议。2000 年 5 月 4 日，第九届东盟与中日韩"10＋3"财长会议签署了建立区域性货币互换机制的协议，即著名的《清迈倡议》，将日本的区域货币合作蓝图变成了现实。在《清迈倡议》的框架下，截至 2003 年，"10＋3"经济体间签订了 16 个双边货币互换协议，成为亚洲货币金融合作的最重要制度。同时，亚洲债券市场建设也在紧锣密鼓地筹备中，亚洲区域货币金融合作进入第三阶段。亚洲新兴经济体在亚洲金融危机后通过大力发展出口积累了大量的外汇储备，有效运用这些外汇储备，不仅能显著加大区域内流动性，增强抵御国际金融危机的能力，还可以完善亚洲区域内的金融体系，减轻对欧美金融市场的依赖程度。2002 年 10 月泰国时任总理他信·西那瓦提出建立亚洲债券基金（ABF）的设想，倡导亚洲经济体中央银行将一部分外汇储备投资于区域内长期债券，增强区域市场活力。这一提议得到了亚洲各经济体的热烈响应。2003 年 6 月，东亚及太平洋中央银行行长会议组织（EMEAP）于 2003 年和 2004 年末分别实施了第一期基金（ABF1）及第二期基金（ABF2）。表 5－3 显示了亚洲金融危机之后，亚洲新兴经济体区域货币金融合作三阶段中的具体合作项目。

表 5－3　亚洲金融危机后亚洲区域货币金融合作概况

阶段	时间	倡议者	主要内容
第一阶段	1997 年 9 月	日本政府	"10＋3"经济体共同出资 1000 亿美元，成立亚洲货币基金
	1998 年 10 月	日本前大藏省大臣宫泽喜一	提出"新宫泽构想"，即建立总额为 300 亿美元的亚洲基金

续表5—3

阶段	时间	倡议者	主要内容
第二阶段	1999 年 11 月	"10＋3"领导人会议	通过《东亚合作的共同声明》，提议加强货币、财政和金融等方面的政策性合作和对话
	2000 年 5 月	"10＋3"财长会议	达成《清迈倡议》，强调在"10＋3"的基础上扩大货币互换交易和债券交易
第三阶段	2002 年 10 月	东亚及太平洋中央银行行长会议组织	提出由成员国拿出一部分外汇储备、构建亚洲债券基金的构想
	2003 年 6 月	东亚及太平洋中央银行行长会议组织	正式启动第一期亚洲债券基金，成员国投资 10 亿美元
	2004 年 12 月	东亚及太平洋中央银行行长会议组织	拟定第二期亚洲债券基金的具体内容

资料来源：巴曙松，矫静：《亚洲债券基金的兴起及其发展：金融市场框架与研究综述》，《金融与经济》，2006 第 1 期，第 8 页。

然而，区域合作并非一帆风顺，当时亚洲新兴经济体的区域合作也面临着一些现实困难：

第一，各经济体的经济发展模式基本一致，产业结构相似。亚洲新兴经济体大多以出口为主要发展战略，并且以美国、欧洲各国等发达国家作为共同出口市场。这就导致了贸易竞争无法避免，成为区域经济合作的阻碍。

第二，亚洲新兴经济体的经济发展水平差异巨大。2000 年中国大陆人均 GDP 为 979.19 美元，印尼为 789.81 美元；同期，韩国人均 GDP 却为 11947.58 美元，新加坡人均 GDP 高达 23793.04 美元。新加坡的人均 GDP 是印尼的 30 倍，是中国大陆的 25 倍[①]。不平衡的经济发展水平加大了亚洲新兴经济体间贸易政策协调的困难，限制了经济合作的深层次发展。

第三，各经济体的领土争端尚未得到解决。这些领土争端大大削弱了亚洲新兴经济体在政治上的相互信任，阻碍了进一步的经济合作。尽管困难重重，但在全球经济一体化和区域合作化的浪潮下，亚洲区域合作仍势不可挡。

5.2 2008 年全球金融危机导致亚洲新兴经济体"脱钩"

亚洲金融危机以后，亚洲新兴经济体重新进入快速增长通道。从 2001 年开始，亚洲新兴经济体的经济周期与发达国家开始相背离。2006 年，主要发达国家扩张阶段结束，但亚洲新兴经济体的国内投资与消费依然高涨，这些现象为亚洲经济发展模式与发达国家"脱钩"提供了依据。但是 2008 年全球金融危机爆发结束了新兴经济体独享的高速增长，它们与发达国家重新挂钩。最近情况再次发生变化，发达国家经济增长势头反过来强于新兴经济体。出乎意料的是，随着本轮全球金融危机的阴影慢慢消退，大多数经济学家对于新兴经济体脱钩的问题保持了"集体沉默"。

与 1997—1998 年亚洲金融危机时期的亚洲新兴经济体相比，当前大部分亚洲新兴经济体的基本面好于当年，政府调控宏观经济的财力、经验等也胜于过去。因此，自从 2000 年以来，亚洲新兴经济体发生多米诺骨牌式的次第经济崩溃的可能性大大下降，同时稳定的经济基本面、开放的贸易和良好的政府宏观调控

---

① 数据来源：世界银行数据库。

能力为亚洲新兴经济体提供了维持原有经济发展模式的基础，也为应对国际金融危机提供了有利条件，但亚洲新兴经济体对发达经济体的依赖性是否发生了根本变化还不得而知。本小节将焦点转向 2008 年全球金融危机后的亚洲新兴经济体，考察亚洲新兴经济体与发达国家特别是美国经济增长轨迹是否再次发生偏离，以此验证亚洲经济发展模式的最新变动。

5.2.1 新兴经济体"脱钩"假说及主要争论

目前，关于新兴经济体"脱钩"假说主要包括以下解释：第一，货币脱钩，即新兴经济体减少货币钉住程度，甚至转向浮动汇率制。这是最早关于"脱钩"的解释，在亚洲金融危机结束后的最初几年被广泛讨论。第二，真实脱钩，指新兴经济体的经济增长与发达国家的经济周期同步性随时间的变化而下降。亚洲开发银行（ADB，2007）[1] 就是从这个角度定义脱钩的，认为其是相对独立于全球需求和主要由内需驱动的经济周期动态变化。第三，金融脱钩，即发达国家金融市场对新兴经济体金融市场的溢出下降（Dooley and Hutchison，2009）[2]。亚洲金融危机后，新兴经济体吸取教训，纷纷提高了本币汇率的灵活程度或者干脆转向管理浮动。因此，当前人们较少提及货币脱钩，更为关心新兴经济体的真实脱钩和金融脱钩现象及其实证。

现有文献对于新兴经济体脱钩假说有效性的论证更感兴趣，但实证结果存在很大分歧。

[1] Asian Development Bank，2007. Uncoupling Asia：Myth and Reality. http://www. adb. org/sites/default/files/publication/27709/part01－uncoupling. pdf.

[2] Michael Dooley and Michael Hutchison，2009. Transmission of the US Subprime Crisis to Emerging Markets：Evidence on the Decoupling － recoupling Hypothesis. Journal of International Money and Finance，28（8）：1331－1349.

第一派认为新兴经济体特别是亚洲新兴经济体间相互依赖性在增强，各种证据证明脱钩确实存在。美国《经济学家》专栏文章①指出，由于新兴经济体相互贸易增加，国内投资及消费增加，它们的经济活动在过去 20 年中已经偏离发达国家的经济活动轨迹。Tsubouchi 和 Matsuoka（2013）② 分析了中国等亚洲经济体的经济自主性程度，认为关于亚洲根本没有发生脱钩的结论下得太早了。相反，2008 年全球金融危机后亚洲经济体比发达国家更快地复苏且经济自主性增强，这意味着来自区域外的冲击对亚洲的影响在变弱，脱钩程度在增加。

第二派拒绝了脱钩假说的有效性。Lord（2009）③ 对 2000—2008 年亚洲和美国、欧盟经济周期同步性的检验显示，亚洲新兴经济体和发达国家的经济周期运动一致性同 20 世纪 90 年代一样：发达国家贸易和金融如果出现收缩，则会传递到亚洲。Pula（2011）④ 利用 2006 年的数据更新了日本贸易振兴会构建的亚洲国际投入-产出表，并计算了中国大陆等 8 个东亚新兴经济体和日本、美国的贸易和生产联系。计算结果不能证明亚洲新兴经济体与美日等发达国家脱钩，反而证实了二者之间一体化程度日益增加。

第三派持折中观点，认为新兴经济体确实与发达国家出现了

---

① The Economist，2008. The Decoupling Debate. http://www. economist. com/node/10809267,2008-03-06.

② Hiroshi Tsubouchi and Hideaki Matsuoka，2013. Decoupling — A Re-examination. In Takuji Kinkyo and Yoichi Matsubayashi，eds，Global Linkages and Economic Rebalancing in East Asia. World Scientific Publishing Co. Pte Ltd.

③ Montague Lord，2009. Prospects for Decoupling in Asia's Growth Model. http://mpra. ub. uni-muenchen. de/41157/.

④ Gabor Pula，2011. Has Emerging Asia Decoupled? In Hamid Beladi and Kwan Choi，eds，Frontiers of Economics and Globalization，Eemrald Group Publishing Limited.

某种程度的脱钩，但这种脱钩是不完全的。Kim 等（2011）[1] 证明，由于区域内和区域间贸易、金融全球化等因素，亚洲新兴经济体和主要工业化国家间的宏观经济相互依赖和增长溢出自 2000 年早期开始从"单向挂钩"变为"双向挂钩"。Eduardo 等（2012）[2] 同时检查了真实脱钩和金融脱钩。他们发现，亚洲新兴经济体通过国际贸易和借助中国的经济地位，从同美欧一体化转向了亚洲一体化；而金融市场上，亚洲和全球资产的共同运动在 21 世纪的第一个十年末期已经上升。与根据经济周期相关性判断脱钩的方法不同，Leduc 和 Spiegel（2013）[3] 以产出缺口和就业缺口来衡量国家间经济周期同步性情况。研究结果是美国－亚洲经济周期相关性在最近已经下降，但各个新兴经济体不一致脱钩。随着经济复苏，中国大陆经济周期与其他亚洲经济体相背离，但是与欧美的同步性增加了；而除中国大陆外，其他亚洲新兴经济体则与西方国家出现了脱钩。

以上文献对新兴经济体脱钩的可能性进行了有意义的探讨，但是存在两方面不足：第一，大部分文献检验新兴经济体的脱钩问题时，仅关注经济周期或真实产出，即对真实脱钩进行考察，忽略了全面的脱钩检验还应该包括对金融脱钩的检验。第二，除了 Leduc 和 Spiegel（2013）、Tsubouchi 和 Matsuoka（2013）的研究期限跨度涉及 2008 年全球金融危机结束后的 1～2 年，大多数文献的样本期间基本上截至该轮危机爆发之前。本小节将样本时期延长到 2013 年，并且从真实脱钩和金融脱钩两方面同时检

---

[1] Soyoung Kim，Jong－Wha Lee，and Cyn－Young Park，2011. Emerging Asia：Decoupling or Recoupling. The World Economy，34（1）：23－53.

[2] Levy Yeyati Eduardo，and Williams Tomas，2012. Emerging Economies in the 2000s：Real Decoupling and Financial Recoupling. Journal of International Money and Finance，31（8）：2102－2126.

[3] Sylvain Leduc and Mark Spiegel，2013. Is Asia Decoupling from the United States（Again）? Pacific Economic Review，18（3）：345－369.

查后全球金融危机时期亚洲新兴经济体脱钩假说的有效性，这对亚洲新兴经济体是否有必要进行经济发展模式的转型有重要意义。

5.2.2　亚洲新兴经济体经济发展模式的"真实脱钩"因素

根据脱钩假说理论，对亚洲新兴经济体"脱钩"的检验，实际上是考察它们的经济发展和经济政策自主性。具体可以从三个方面展开。第一，亚洲新兴经济体的经济周期与发达国家的同步性是否下降。第二，亚洲新兴经济体是否将出口市场从发达国家转向非发达国家，实现真正的出口多元化。第三，亚洲新兴经济体的金融市场与发达国家的相关性是否下降。其中，前两方面检验了真实脱钩，而最后一方面检验了金融脱钩。值得注意的是，脱钩并不意味着立刻实现零相关性或者负相关，而是一个相关性随着时间变化的相对下降过程。因此，对亚洲新兴经济体在2008年全球金融危机结束后脱钩假说的检验需要一个对比基期。与 Leduc 和 Spiegel（2013）类似，这里以美国 2001 年衰退结束到 2008 年全球金融危机全面爆发前（即 2002 年第一季度至2007 年第三季度）为基期，比较期为 2009 年第三季度至 2013年第二季度[①]。

1.　发达国家对亚洲的经济溢出

亚洲金融危机结束后，多数研究发现亚洲新兴经济体同发达国家间的经济周期相关性增加了，这表明亚洲的经济增长更加依赖发达经济体。当美国次贷危机深化为全球金融危机时，亚洲经济体率先复苏使得一些乐观者认为该地区已经脱离西方国家经济

---

①　由于统计习惯，一些地方使用月度数据或者年度数据。

周期的影响，将成为世界经济的替代增长极。但是好景不长，全球金融危机尚未结束，亚洲新兴经济体重新与发达国家挂钩。那么，在后全球金融危机时期二者经济周期相关性发生了什么样的变化？

图 5-7 为中国大陆等 8 个亚洲新兴经济体、G3 国家（美国、日本和欧盟 17 国）GDP 季度增长率的走势图。由于中国大陆经济体量巨大，为了排除中国大陆的影响，将其他 7 个亚洲新兴经济体视为一个整体[①]。从图中可以发现，2008 年全球金融危机爆发前，不论是中国还是其他 7 个亚洲新兴经济体的 GDP 增长率走势与任何一个发达国家都不同步，确实出现了脱钩情形。相反，亚洲新兴经济体之间 GDP 同步性较显著，但是它们的经济增长波动幅度比发达国家大。2008 年全球金融危机期间，中国大陆的 GDP 走势与发达国家短暂同步回调。在复苏阶段，中国大陆的 GDP 走势比较独特，虽然 GDP 增幅有所回落，但相对比较平稳，既不与发达国家同步，也不与其他 7 个亚洲新兴经济体同步。其他 7 个亚洲新兴经济体 GDP 走势在全球金融危机期间同样变为与发达国家同步；但危机后却与以滞后两个季度的步伐与美国 GDP 波动轨迹相似，从 2011 年第三季度以来，它们的走势偏离美国而与日本更为接近[②]。对于中国在后全球金融危机时期的经济周期的特立独行，IMF（2008）认为中国大陆的逆周期政策可能抵消了美国经济周期的溢出，不能作为美国增长对中国大陆增长没有影响的明显证据[③]。因而，经济周期的同步性表明，当前推动亚洲新兴经济体变化的力量仍主要由发达国家决定。

[①]　由于中国台湾的数据严重缺失，这里的其他亚洲新兴经济体不包含中国台湾。

[②]　这一结论与 Leduc 和 Spiegel（2013）恰好相反。

[③]　IMF，2008．Regional Economic Outlook：Asia and Pacific，April.

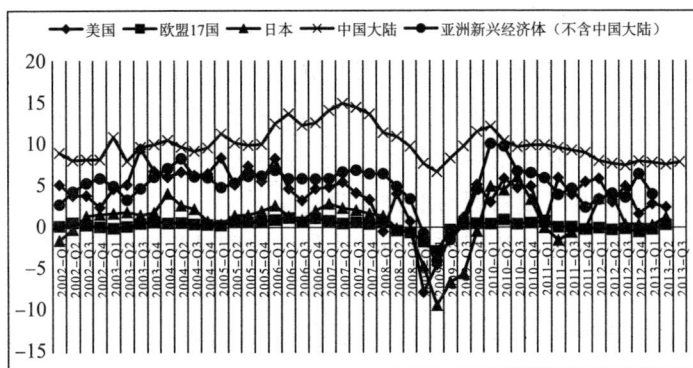

图 5-7 亚洲新兴经济体、G3 国家的 GDP 增长率

注：所有数据都经过季节调整。

资料来源：美国的数据来自美国经济分析局，欧洲的数据来自 OECD 数据库，亚洲经济体的数据来自亚洲开发银行。

2. 发达国家对亚洲的贸易溢出

研究表明经济周期运动是贸易联系的函数，二者呈正相关关系。因此，如果亚洲新兴经济体与发达国家脱钩的话，可以首先观察到这些经济体贸易地理方向的多元化——区域内贸易增加或者对非 G3 国家出口增加。2002 年第一季度至 2013 年第二季度亚洲新兴经济体出口地理方向变动数据表明，10 年来发达国家的市场重要性在下降，而亚洲区域内（不包括日本）贸易的比重大幅增加。目前，亚洲新兴经济体对美国的出口比重下降幅度最大，达 4.3 个百分点；对日本和欧盟的出口下降了大约 2 个百分点。相反，亚洲新兴经济体之间贸易联系增加了，亚洲新兴经济体内部贸易比重从全球金融危机爆发前的 36.4％上升到 37.3％。从国别上看，所有亚洲新兴经济体对美国和欧盟的出口在 10 年间均显著下降。对日本的出口，除了马来西亚增加了 1.4 个百分点和菲律宾增加了不足 1 个百分点外，其他亚洲新兴经济体的出口同样显著下降。形成对比的是，在过去 10 年间，大部分亚洲新兴经济体之间的出口占其总出口的比重都超过 40%①。中国大陆有些例外，中国大陆在区域内的贸易比重有不足 1 个百分点的轻微下降，但对亚洲新兴经济体的出口在中国大陆总出口中的占比最大。贸易地理格局的变动表明，在过去的 10 年中，亚洲出口增长主要由区域内贸易增长所驱动。

亚洲新兴经济体同其他经济体的出口贸易强度变化也显示了类似的情况。图 5-8 为亚洲开发银行计算的 2006 年和 2013 年东亚和东南亚新兴经济体对世界其他主要地区的出口贸易强度指标。出口贸易强度为一国（或地区）对贸易伙伴国的出口占该国（或地区）对全球出口比重，除以贸易伙伴国对全球出口占对世界总出口的比重。计算出来的数值越大，则表明该国（或地区）与其贸易伙伴国的出口贸易越重要。从图 5-8 可以看出，在 2008 年全球金融危机后，不论是东亚还是东南亚，对北美和欧盟等发达经济体的出口贸易强度都下降了，而对拉美和非洲等新兴经济体或发展中国家的出口贸易强度都增加了。具体来说，东亚对北美的出口强度基本持平但轻微下降，对欧盟出口强度下降得较为明显，下降了 0.03；相反，其对拉美的出口强度明显增加，上升了 0.06。类似地，东南亚对北美出口强度下降了 0.14，对欧盟出口强度下降了 0.02；对拉美出口强度增加了 0.10，对非洲出口强度显著增加了 0.14。因此，2008 年全球金融危机后，不论是出口地理方向还是出口强度，正如 IMF（2008）曾指出的那样，亚洲新兴经济体在面临发达国家经济增长放缓时，可能寻找到了其他需求来源——出口多元化。

---

① 根据 IMF 数据库计算。

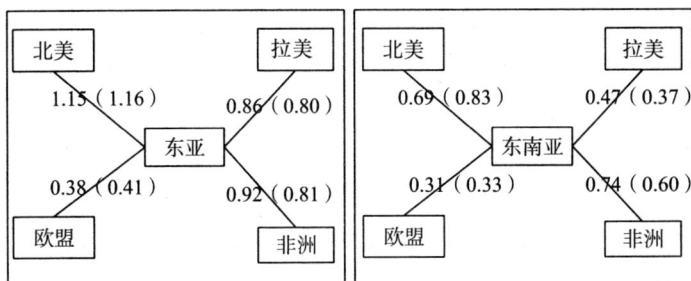

图 5-8　2006 年和 2013 年东亚和东南亚地区对外贸易的强度变化

注：括号里的数字为 2006 年贸易强度，括号前的数字为 2013 年贸易强度。

数据来源：亚洲一体化中心数据库（https://aric. adb. org/integrationindicators）。

5.2.3　亚洲新兴经济体经济发展模式的"金融脱钩"因素

贸易并不是影响亚洲新兴经济体未来经济发展模式转型的唯一因素，实际上，金融一体化程度也非常重要。因而，检验脱钩假说的另一个途径集中在金融脱钩上，即发达国家资本市场与亚洲新兴经济体资本市场之间的共同运动情况。这实际上是检验金融危机溢出的国际传递渠道。金融溢出渠道比较复杂，主要表现为股票市场波动、证券流动、汇率波动相关性。与真实经济显现出部分脱钩情形不同，由于亚洲参与全球金融一体化的程度远远高于区域内金融一体化水平，因而亚洲新兴经济体对国际资本市场变动的敏感性日益增强。

1. 亚洲新兴经济体股票市场与美国股票市场"反向脱钩"

资本市场的共同运动首先体现在亚洲新兴经济体股票市场与

155

发达国家股票市场间的联系。鉴于美国拥有世界规模最大、最为深化的资本市场，几乎所有文献都发现，2000 年末期到 2008 年全球金融危机爆发前，亚洲股票市场与美国股票市场的相关性较 20 世纪 90 年代增强了。然而，全球金融危机期间，二者的相关性减弱了。亚洲开发银行（2014）[①] 使用 VAR 模型检验了美国资本市场对中国大陆、中国香港等 8 个亚洲新兴经济体的政府债券收益和主要股票指数的冲击。检验结果表明，自从全球金融危机以来，美国资本市场对亚洲股票和债券市场的影响在一定程度上减弱了。相反，亚洲新兴经济体自身因素的影响在一直上升。Glick 和 Hutchison（2013）[②] 同样发现，在后全球金融危机时期，亚洲新兴经济体间股票市场出现了比危机前更大的同步运动。

图 5-9 绘制了 2002 年 1 月—2007 年 9 月、2009 年 7 月—2013 年 6 月亚洲新兴经济体与美国股票价格月度变动的相关性柱状图（2005 年＝100）。与 2008 年全球金融危机爆发前相比，在危机后几乎所有亚洲新兴经济体与美国股票市场波动的相关性都有不同程度的下降，这与亚洲开发银行（2014）、Glick 和 Hutchison（2013）的实证结论类似。但中国大陆和中国香港是例外：在本场金融危机爆发前，中国大陆股票市场与美国股票市场的同步性较小，相关系数仅为 0.21，且在统计上不显著。但是在 2008 年全球金融危机后二者的相关性显著增加，达到了 0.78。这可能与人民币在金融危机期同美元重新挂钩，再次强化了美国股价波动向中国大陆溢出的渠道有关。中国香港与美国股票市场波动的同步性在本场金融危机前后保持一致，根本原因是

---

① Asian Development Bank，2014. Asian Economic Integration Monitor，Nov.

② Reuven Glick and Michael Hutchison，2013. China's Financial Linkages with Asia and the Global Financial Crisis. Journal of International Money and Finance，39 (3)：186-206.

中国香港实施货币局制度。但是，即便其他亚洲新兴经济体股票市场与美国股票市场从表面上看是脱钩了，但这种脱钩有可能是一种反向脱钩——美国股票市场的表现优于亚洲新兴经济体。2012年1月—2013年6月，韩国的股价平均仅上涨了0.11％，马来西亚上涨了0.84％，而美国上涨了1.25％。如果将目光集中在2013年，美国股市高涨与亚洲股市普遍熊市形成鲜明对比：美国2013年上半年股价平均上涨了2.27％，而韩国、新加坡却出现了负增长，印尼股价平均上涨幅度最高但仍比美国低0.36个百分点①。反向脱钩将导致国际市场担忧亚洲金融危机重演。

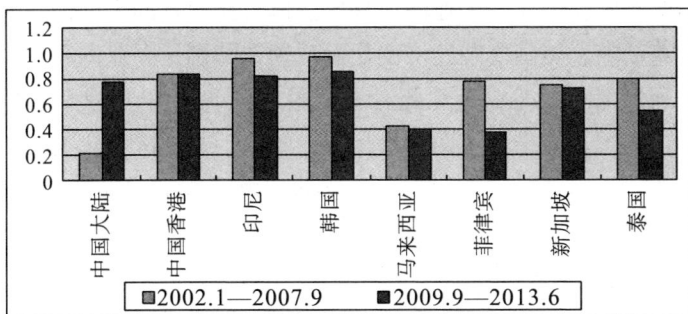

图5-9 亚洲新兴经济体与美国股价月度变动的相关性

资料来源：根据IMF数据库相关数据进行回归计算。

2. 亚洲是发达国家资本流量调节的"蓄水池"

从国际资本流动方向来看，亚洲新兴经济体依然在很大程度上依赖对美国的资本流出尤其是直接投资。除了2004年美国对亚洲新兴经济体投资出现了急剧下降外，其他年份美国对这些经济体的直接投资占对亚太地区投资总额的比重一直在50％以上②。美国同时也是亚洲重要的证券投资来源国，尽管对该地区

① 根据IMF数据库相关数据计算。
② 根据美国经济分析局关于国别统计数据计算。

的证券投资力度相对弱于直接投资。IMF 最新统计数据显示，2002—2012 年美国对除中国大陆和中国台湾之外其他 7 个亚洲新兴经济体的证券投资占它们接受的外国证券投资总量比重一直稳定在年均 18.2％的水平上。在 2007 年这一比重曾下降到 15.3％，但在全球经济复苏期间迅速回升。事实上，亚洲新兴经济体的金融市场长期以来充当着发达国家资本流量调节的蓄水池：发达国家实施宽松货币政策时，亚洲新兴经济体就出现高杠杆率，积累资产泡沫；发达国家收紧货币政策时，亚洲新兴经济体就缺乏资本流动性。图 5-10 统计了 2002 年第一季度至 2013 年第四季度美国对 9 个亚洲新兴经济体直接投资的季度值。这些资本流动随着美国宏观经济变化而波动，特别是在亚洲新兴经济体受到外部冲击时更是如此。为了救市，2008 年全球金融危机以来，美国总共推出了四轮量化宽松政策，每一次量化宽松政策都伴随着流入亚洲 FDI 的剧烈波动。第一轮量化宽松政策于 2008 年 9 月推出，结果该年第三季度流入亚洲的 FDI 从上季度的 83.5 亿美元猛增到 109.4 亿美元。2010 年 4 月美联储实施第二轮量化宽松政策，这一轮政策没有对亚洲造成特别强烈的资本流动冲击。但两个月后，紧接着第三轮量化宽松政策推出，导致流入亚洲新兴经济体的 FDI 较上季度增加了 4.6 倍。2012 年底实施第四轮量化宽松后，流入亚洲新兴经济体的美国资金从－8.2 亿美元逆转为 101.3 亿美元。但是从 2013 年开始，美联储不断释放出结束量化宽松货币政策信号，受到预期影响，2013 年第四季度美国流入亚洲的资金回落到 55.8 亿美元，较上一季度急速下降了 53.0％。

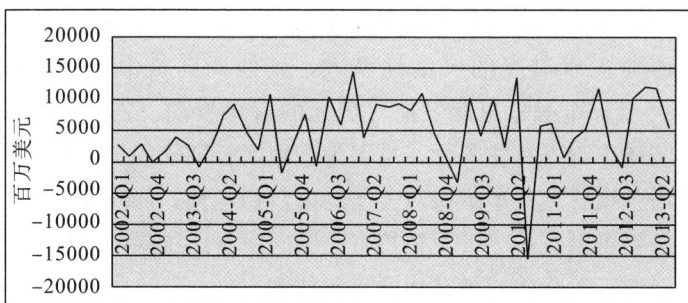

图5－10 2002—2013年美国对亚洲新兴经济体的直接投资总额

注：2002—2005年间，印尼、马来西亚、新加坡和中国台湾部分季度数据缺失。

资料来源：美国经济分析局。

3. 亚洲新兴经济体本币仍"恐惧"浮动

发达国家的金融波动不仅通过股票市场、国际资本市场等显性渠道溢出，还通过汇率波动等隐性渠道溢出。大多数亚洲新兴经济体采用事实钉住美元或者以美元为主要权重货币的货币篮子汇率制度[①]。表5－4计算了2002年1月份以来亚洲新兴经济体、欧盟和日本货币对美元月度波动的标准差。除了危机前的印尼盾，在2008年全球金融危机爆发前和结束后，亚洲新兴经济体的汇率波动幅度均小于欧元和日元。但在2008年全球金融危机期间印尼盾和韩元的波动幅度居然超过欧元和日元的波动幅度。这说明亚洲新兴经济体的货币汇率走势紧钉着美元而至今未摆脱"恐惧浮动症"。在本场金融危机结束后，印尼盾的波动幅度明显比危机前收窄，人民币、港元、韩元、菲律宾比索、新加坡元和

---

① Ilzetzki等（2009）测算亚洲新兴经济体的货币篮子中，美元占了大约80%～95%的比重。参见：Ethan Ilzetzki，Carmen Reinhart and Kenneth Rogoff，2009. Exchange Rate Arrangements Entering the 21ˢᵗ Century：Which will Hold? Working Paper of University of Maryland.

泰铢的汇率波动幅度与危机前相比基本差别不大。换言之，除了马来西亚汇率制度的灵活性增大，其他亚洲货币仿佛又回到2008年全球金融危机爆发前对美元的有限波动。之所以亚洲新兴经济体不得不钉住美元，是因为该地区长期依赖出口导向型的经济增长模式，为了维持对美国的出口稳定性，而向美国进口亚洲商品提供融资——大规模持有美国国库券。结果，它们的货币政策受制于美联储，被动地同美元挂钩。

表 5-4　亚洲新兴经济体货币对美元月度波动的标准差

货币种类	2002 年 1 月—2007 年 9 月	2007 年 10 月—2009 年 6 月	2009 年 7 月—2013 年 6 月
人民币	0.27	0.57	0.29
港元	0.12	0.18	0.10
印尼盾	2.09	5.12	1.23
韩元	1.63	5.20	1.95
马来西亚林吉特	0.57	1.85	1.56
菲律宾比索	1.18	2.55	1.26
新加坡元	0.91	1.86	1.17
泰铢	1.37	1.62	1.33
欧元	2.12	3.46	2.42
日元	2.05	3.25	3.25

资料来源：根据 IMF 数据库相关数据计算。

5.2.4 亚洲新兴经济体经济发展模式"脱钩"的阻碍因素

尽管从真实脱钩角度看，亚洲新兴经济体仿佛减轻了对发达国家的依赖。但是，亚洲新兴经济体在短时期内要同发达国家完全脱钩还存在以下几大制约因素，这些因素制约了亚洲新兴经济体经济发展模式脱离出口导向型战略，以实现全面转型。

1. 经济增长模式对外部需求过度依赖

亚洲区域内制造业分工是亚洲经济增长的关键，来自美国等发达国家的需求是这条分工链条繁荣的来源。虽然 2008 年全球金融危机后亚洲区域内贸易有所增加，但区域内贸易占亚洲新兴经济体对外贸易总额的比重不到 40％。这意味着区域外的需求，特别是发达国家的需求仍旧主导着亚洲新兴经济体的增长。从贸易活动的内容上看，这个 40％的比重很大程度上体现了亚洲产业内分工：众多亚洲新兴经济体特别是东南亚国家的出口围绕着中国大陆这个区域组装工厂而扩张。因而亚洲内部贸易增加的本质是中间品贸易额增加而不是最终品贸易额增加。Sathirathai（2011）[①] 构造了"有效出口多元化指数"来验证亚洲区域内贸易增长的实质。实证结果发现，大部分亚洲新兴经济体的出口并未有效多元化，美国和欧盟仍是主要出口目的地；亚洲区域内贸易的增加与这些经济体同中国大陆的零部件等中间品贸易增加有关。因而，亚洲新兴经济体内部贸易增加将有助于加深区域内经济走势的共同运动，当大多数贸易是中间品而并不被任何一个经济体所消费时，则共同运动效应将更大一些[②]。

因而，"美国经济打喷嚏，其他国家就感冒"所体现的经济相关性在很大程度上依然存在。图 5-11 所示为 2002 年第一季度以来美国非石油进口增长率和亚洲新兴经济体出口增长率的走势。该图展现了一个与亚洲出口地理方向变动趋势相反的现象：亚洲新兴经济体出口的变动与美国非石油进口的变动紧密同步。2008 年全球金融危机爆发前，亚洲新兴经济体出口与美国非石

---

① Santitam Sathirathai，2011. Asian Decoupling: Is Intra－Asia Trade Overrated? http://www. credit－suisse. com/reasearchandanalytics.

② Asian Development Bank，2012. Asian Economic Integration Monitor (July).

油进口时不时在 1~3 个季度左右的时间段上有短暂的背离；但自从全球金融危机爆发以来，二者明显以相同频率变动。进入全球经济复苏阶段后，二者的同步性相对金融危机期间进一步增强。Kim 等（2011）[①] 将这种现象归因于亚洲内部贸易背后所反映的区域一体化本质，即亚洲内部贸易增长在很大程度上是由区域内垂直一体化生产链所主导的，由此导致了亚洲区域内贸易比例上升并不能使亚洲独立于外部需求的冲击。因而，支持脱钩假说的区域内贸易量大幅增长仅仅是统计的结果。

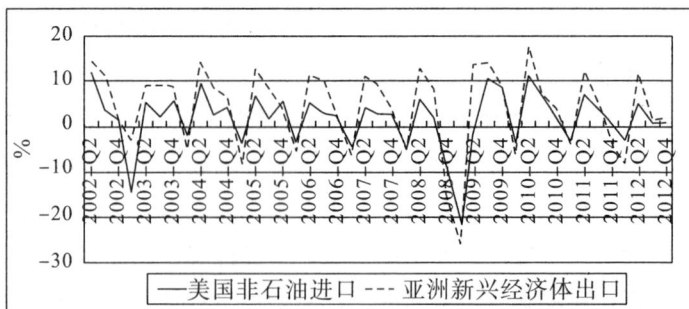

图 5—11　美国非石油进口增长率与亚洲新兴经济体出口增长率的同步性

资料来源：美国非石油进口数据来自美国经济分析局，亚洲新兴经济体出口数据来自 IMF 数据库。

2. 有助于重大脱钩的内生驱动因素不稳定

内生增长是脱钩的重要驱动因素。但是自从 2008 年全球金融危机以来，亚洲新兴经济体经济的内生增长因素并不稳定。内生增长可以用一国的总需求衡量，一国总需求等于私人总需求和政府支出之和。

---

　　① Soyoung Kim，Jong－Wha Lee and Cyn－Young Park，2011. Emerging Asia：Decoupling or Recoupling. The World Economy，34（1）：23－53.

  Cutrini 和 Galeazzi（2012）[①] 认为，相对于出口增长，内部需求增长得越快，国内驱动因素推动经济增长的重要性越大，则脱钩的可能性越大。表 5-5 所示为 2009—2011 年亚洲新兴经济体内需增长率和同时期出口增长率。可见，2009 年上半年为 2008 年全球金融危机末期，亚洲新兴经济体的出口集体受到重创，出口增长率严重下滑，特别是泰国、菲律宾、中国大陆和中国香港。中国大陆为应对全球金融危机做出了异常迅速的反应，2008 年年底、2009 年年初推出一揽子刺激计划，因此 2009 年中国大陆内需增长率高达 16.9％。2010 年，在本币贬值等多种因素的作用下，各经济体出口相继恢复并且超过内需增长。2011 年，以出口推动经济增长的情况延续，但是菲律宾、中国香港和新加坡除外。这 3 个经济体在 2011 年的出口增长率没能跑赢内需增长率，可能与前一年出口增长率过高有关。就内需本身来看，除了中国香港外，各经济体的内需增长也不稳定。2010 年，应对全球金融危机的刺激内需方案在各经济体产生了积极效果；但是一旦刺激政策退出市场，2011 年，大部分经济体的内需增长率都不同程度地下降了。

表 5-5 2009—2011 年亚洲新兴经济体内需增长率和出口增长率（％）

经济体	2009 年		2010 年		2011 年	
	内需增长率	出口增长率	内需增长率	出口增长率	内需增长率	出口增长率
中国大陆	16.9	−10.3	0.7	27.7	4.9	8.8
中国香港	1.3	−10.2	6.5	16.8	7.5	4.1
印尼	4.3	−9.7	4.1	15.3	3.6	13.6

---

  ① Eleonoram Cutrini and Giorgio Galeazzi，2012. Can Emerging Economies Decouple from the US business Cycle? http://www2. unimc. it/sviluppoeconomico/wpaper/wpaper00041.

续表5-5

经济体	2009 年		2010 年		2011 年	
	内需增长率	出口增长率	内需增长率	出口增长率	内需增长率	出口增长率
韩国	1.3	−1.2	4.8	14.7	2.0	9.5
马来西亚	1.3	−10.9	5.2	11.3	0	4.2
菲律宾	3.3	−7.8	3.4	21.0	5.6	−4.2
新加坡	−1.1	−7.8	4.7	19.1	3.7	2.6
泰国	0.3	−12.5	4.9	14.7	1.1	9.5

资料来源：世界银行数据库。

3. 亚洲脱钩中的"中国因素"尚未显著凸显

中国大陆强劲的经济增长和综合国力的提高提升了地缘辐射能力，被视为亚洲新兴经济体脱钩过程中领头羊和潜在的经济增长极。尽管中国大陆没有幸免于 2008 年全球金融危机的影响，真实 GDP 增长率从 2007 年 14.2％下降到 2013 年 7.7％，但这一增长率仍在全球独占鳌头。越来越多的证据表明，亚洲内部贸易增加主要来自中国大陆。目前，中国大陆不仅是区域内分工的最后组装者，也是亚洲最终产品的进口需求者。Dees 和 Vansteenkiste（2007）[1] 发现，亚洲新兴经济体的经济周期已经日益独立于美国，大部分是因为中国大陆的进口贡献。但是，中国大陆需求增加远不足以弥补美国需求锐减而留下的空白。况且，中国大陆大部分进口需求并没有转化为国内消费需求，而是递延到出口商品上。

中国大陆的进口需求可细分为初级品（SITC 0 ＋ 1 ＋ 2 ＋ 3 ＋ 4 ＋ 68 ＋ 667＋ 971）和制造品（从 SITC 5 到 SITC 8，其中

---

[1] Stephane Dees and Isabel Vansteenkiste，2007. The Transmission of US Cyclical. http://www. ecb. europa. eu/home/html/index. en. html.

不包括 667 和 68），图 5-12 所示为 2000—2012 年中国大陆从亚洲内部进口制造品的情况。柱状图为亚洲主要新兴经济体对中国大陆制造品出口占区域内总出口的比重。自 2004 年起，中国大陆从区域内进口的制造品比重在 40％以上；2009—2012 年进一步增加到 49％以上，接近区域内制造品交易的一半。即使在 2008 年全球金融危机期间，该比重仍在稳步上升。折线图为主要亚洲新兴经济体对中国大陆制造品出口的年增长率情况。亚洲对中国大陆制造品年增长率在很大程度上受到世界经济景气的影响。2003 年世界经济高涨时期，亚洲主要新兴经济体对中国大陆制造品的出口年增长率高达 36.6％。由于全球金融危机，2009 年亚洲主要新兴经济体对中国大陆的出口增长率下降为 −6.1％，但中国大陆经济快速恢复又使得这一指标迅速在第二年转正为 31％。此后，全球经济缓慢复苏，中国大陆进口亚洲主要新兴经济体的制造品的年绝对增长率虽然为正数，但增幅剧烈下滑。总的来说，中国大陆对最终产品的需求确实推动了亚洲主要新兴经济体内部的出口增长。但是中国大陆的需求不稳定，而且其自身的经济发展与全球经济走势紧密相连，还不能像美国那样能够作为独立的需求中心以支持亚洲的增长。

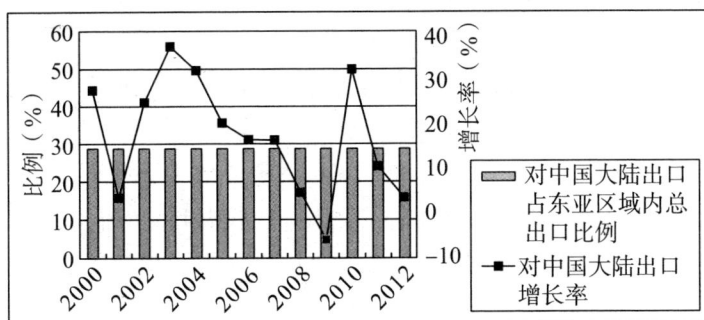

图 5-12　亚洲主要新兴经济体对中国大陆制造品的出口

注：亚洲主要新兴经济体指除中国大陆外的其他 8 个东亚新兴经济体。

资料来源：根据 UNCTAD Stat 的相关数据计算。

综上所述，2008年全球金融危机后，各种因素或强化或抵消了亚洲新兴经济体的脱钩进程。到目前为止，亚洲新兴经济体并没有同发达国家完全脱钩，只是部分程度上显示出更大的经济独立自主性。新兴经济体脱钩至少满足两个基本条件：内生的国内增长驱动因素得到强化和新兴经济体之间的更高贸易比重（Cutrini and Galeazzi，2012）①。对于亚洲新兴经济体而言，这两个条件可以归结为一枚硬币的两面，这枚硬币就是亚洲经济增长模式。由于亚洲新兴经济体在2008年全球金融危机后没有放弃出口导向型经济增长战略，因此目前经济增长仍然在很大程度上仍依赖外部需求特别是来自美国的需求，相应地导致亚洲区域内贸易增长的来源是外部市场。正是因为这个原因，摩根士丹利首席经济学家罗奇担忧2008年全球金融危机后亚洲新兴经济体将踏入"后泡沫时代的陷阱"。

除了内需不足和增长不稳定外，亚洲经济体还存在其他一些内部不稳定因素，尤其是银行体系的系统性风险在2008年全球金融危机以后加大。亚洲新兴经济体在2008年金融危机期间推出的宽松货币政策鼓励了信贷扩张，有可能导致银行体系高杠杆化和资产负债表恶化。而最近国际流动性方向突然逆转又加剧了亚洲新兴经济体的信用扩张压力。

因此，通过真实脱钩和金融脱钩两方面的比较可以发现，在2008年全球金融危机后，亚洲新兴经济体真实经济领域和金融市场之间出现了割裂。它们在真实经济领域出现了部分脱钩，产出虽然受到国际金融危机冲击，但下降比较温和。然而，它们的金融市场却一直与发达国家特别是美国金融市场有着高度的同步

---

① Eleonoram Cutrini and Giorgio Galeazzi，2012. Can Emerging Economies Decouple from the US Business Cycle? http://www2. unimc. it/sviluppoeconomico/wpaper/wpaper00041.

性。即使亚洲的内生力量仿佛在增强，但这只是表象，亚洲仍受制于发达国家。脱钩是缓冲外部周期性波动负外部效应的一种方法，能够将亚洲隔离于外部冲击。但是，只要亚洲新兴经济体不进行经济增长模式转变和改变区域内贸易结构，继续执行现有经济增长模式，那么亚洲的经济和货币政策独立性将一直为发达经济体的需求所绑架。因而，亚洲新兴经济体不可能在近期出现任何实质性的脱钩。

5.3 国际金融危机后亚洲新兴经济体经济周期性变动分析[①]

根据脱钩假说理论，检验亚洲新兴经济体经济发展模式在国际金融危机后的变化的方法之一就是检验亚洲新兴经济体经济周期性的同步性。从经济周期角度来看，经历了第二次石油危机所在的经济周期以及亚洲金融危机和 2008 年全球金融危机所处的两轮经济周期，亚洲新兴经济体的经济稳定性不断加强，应对外部冲击的能力也逐步提高。但是，每一次重大国际金融危机对亚洲新兴经济体的经济发展模式的冲击还是有所不同的。IMF (2008)[②] 认为，2008 年以后世界经济放缓对亚洲的影响比之前的全球放缓更为显著，这是因为亚洲经济体更加广泛的贸易和金融一体化。本小节考查 1980—2014 年间亚洲新兴经济体经济周期的波动性和非对称性、区域内经济周期的同步性以及各经济体与世界经济周期的同步性等特征，特别强调了亚洲新兴经济体面

---

① 本小节的内容主要来自本书所依据的课题组成员王悦的阶段性成果。具体参见王悦：《东亚新兴经济体经济周期特征分析》，《亚太经济》，2012 年第 9 期，第 25~31 页。

② IMF，2008. Regional Economic Outlook：Asia and Pacific，April.

对两次金融危机冲击的同步性问题。

5.3.1 亚洲新兴经济体经济周期同步性的表现

1980—2014 年间，中国大陆等 9 个主要亚洲新兴经济体的经济周期波动大体上是一致的，经济周期表现出较强的同步性，经济周期波动基本保持同样的形态①。这跟亚洲新兴经济体经济发展模式的高度相似有关。

为了更好地观察在长达 34 年的长周期中亚洲新兴经济体经济发展模式的变动，首先可粗略地把 1980—2014 年这一段时期划分为 20 世纪 80 年代、90 年代以及 2000 年以后三个阶段。学术界普遍认为，在一个经济周期中，从谷底到波峰的期间为扩张期间（Expansion），从波峰到谷底的期间为收缩期间（Contraction），而两个相同转折点（波峰—波峰或谷底—谷底）之间的期间为一个周期（董文泉等，1998）②。考虑到在 1980—2014 年间，亚洲经济处于美国主导的世界经济周期的大环境中，而 1991 年和 2001 年分别是 20 世纪 90 年代以后美国的两轮朱格拉经济周期的波谷转折点。因此，将这三个阶段进一步调整为：1980—1991 年、1992—2001 年以及 2002—2014 年三个阶段。亚洲新兴经济体在这三个阶段经历了三个完整的经济周期（大部分经济体的三个经济周期时间段分别为 1982—1990 年、1991—2000 年以及 2001—2009 年③），每个经济周期为典型的长度为十

---

① 王悦：《东亚新兴经济体经济周期特征分析》，《亚太经济》，2012 年第 9 期，第 25～31 页。

② 董文泉、高铁梅、姜诗章等：《经济周期波动的分析与预测方法》，吉林大学出版社，1998 年。

③ 亚洲新兴经济体这三轮经济周期的谷峰和谷底并没有完全重合，但由于各经济体的经济周期波峰和谷底的时间点超前和滞后没有超过三期，仍可认为是同步（同期）的。

年左右的朱格拉周期。

　　1980—1991 年，受第二次石油危机的冲击和影响，欧美等发达国家陷入衰退，外部需求的萎缩使样本经济体出现了较长的下降期，分别于 1982 年（中国大陆和韩国除外）和 1985 年（中国大陆除外）出现萧条。在这个阶段，中国香港、新加坡、马来西亚、印尼、菲律宾和泰国等经济体均于 1982 年同时到达周期谷底；紧接着，韩国、中国香港、新加坡、马来西亚、印尼、菲律宾和泰国等经济体于 1985 年再次同时达到了周期的谷底，呈现出一个主周期中长度为三年左右的基钦短周期，这个短周期波动的同步性显然十分明显。1985 年以后，各经济体的经济周期逐步回升至波峰再下降到谷底。大部分经济体的谷底时间是 1991 年和 1992 年，中国大陆是 1990 年，韩国和中国香港是 1989 年。各经济体触及第一轮朱格拉周期的谷底时间点虽然没有重合，但相差在三期以内，其经济波动仍可视为具有同期性。

　　1991—2001 年，各经济体的经济增长率先由低点上升，在相继到达周期波峰后又都出现了同步回落的趋势。由于受 1997—1998 年亚洲金融危机的影响，除中国大陆以外的其他亚洲新兴经济体经济在 1998 年均呈现负增长，并于 1998 年都到达了经济周期（基钦短周期）的谷底，之后又开始回升。继而由于全球网络经济泡沫的破裂和持续走高的油价压力，各经济体都出现了不同程度的衰退，并于 2001 年到达该轮经济周期中主周期——朱格拉主周期的谷底①。

　　2001 年以后，亚洲新兴经济体经济周期波动走势的同步性更加明显。各经济体的经济走出 2001 年的谷底，进入经济周期

---

　　① 美国经济周期也于 2001 年进入谷底，与亚洲新兴经济体的谷底重合。这一方面是由于两者都受到世界经济大环境的影响；另一方面，也说明了美国经济周期波动影响了亚洲新兴经济体经济周期的波动，使两者具有同步性。

的上升期，直到 2007 年美国次贷危机使各经济体同时到达该轮经济周期的波峰转折点，随后各经济体经济进入下降期，并于 2009 年同时到达谷底，2010 年进入新一轮朱格拉经济周期的上升期。

从以上观察和分析可以看出，不管是从平均长度为 9～10 年的主周期（朱格拉中周期）角度，还是从平均长度为 3～5 年的短周期（基钦周期）角度来看，亚洲新兴经济体的经济周期同步性现象都是比较明显的（尤其是 2001 年以后），几次经济周期波动的波峰谷底都基本重合在一个时间点。即便有的波峰谷底转折点没有重合在一个时间点，某些经济体的谷底或波峰可能比其他经济体领先或滞后，但领先或滞后时间都在三期以内，可视为同步。

5.3.2 亚洲新兴经济体经济周期的波动性与非对称性特征

表 5-6 是对亚洲新兴经济体经济周期波动性的统计分析。下面逐一对它们在不同时期的统计性特征进行剖析。

由于亚洲新兴经济体的经济在 20 世纪 90 年代才真正进入加速阶段，它们的经济周期的真正形成是在 20 世纪 90 年代（刘树成，2006）[①]。为了便于观察 1997—1998 年亚洲金融危机以及 2008 年全球金融危机对亚洲新兴经济体的影响，重新将样本区间分为 1980—1991 年、1992—1997 年、1998—2007 年三个阶段。同时，仍按前文的标准将样本区间分为 1980—1991 年、1992—2001 年以及 2002—2014 年以后三个阶段，以便比较各个阶段亚洲新兴经济体的经济周期波动性和非对称性的变化特征。

---

① 刘树成：《中国经济周期研究报告》，社会科学文献出版社，2006 年。

表 5-6　亚洲新兴经济体实际 GDP 增长率变动的统计量

经济体	1980—1991 年			1992—1997 年			1998—2007 年		
	标准差	波动系数	偏度	标准差	波动系数	偏度	标准差	波动系数	偏度
中国大陆	3.569	0.371	−0.078	2.118	0.162	−0.078	2.179	0.208	0.752
韩国	3.910	0.427	−1.707	1.436	0.184	0.358	4.380	0.892	−1.133
中国香港	3.996	0.547	−0.069	1.502	0.277	−0.980	4.475	1.095	−1.016
新加坡	3.836	0.466	−1.344	1.856	0.194	0.574	4.183	0.724	−0.910
泰国	3.175	0.396	0.699	4.039	0.566	−1.484	5.068	1.397	−2.359
马来西亚	3.320	0.492	−1.137	1.025	0.102	−1.147	4.580	0.997	−1.849
印尼	2.220	0.356	−0.255	1.337	0.171	−1.111	5.777	2.003	−2.354
菲律宾	4.703	2.393	−1.197	2.099	0.510	−0.744	2.114	0.480	−0.972

经济体	1980—1991 年			1992—2001 年			2002—2014 年		
	标准差	波动系数	偏度	标准差	波动系数	偏度	标准差	波动系数	偏度
中国大陆	3.569	0.371	−0.078	2.453	0.239	0.624	1.2924	0.170	0.917
韩国	3.910	0.427	−1.707	4.490	0.703	−1.881	1.618	0.479	−0.414
中国香港	3.996	0.547	−0.069	3.858	1.051	−1.493	2.0743	0.885	−0.492
新加坡	3.836	0.466	−1.344	4.334	0.672	−1.097	5.0755	0.878	0.132
泰国	3.175	0.396	0.699	5.912	1.353	−1.580	3.4404	0.673	−1.144
马来西亚	3.320	0.492	−1.137	5.380	0.813	−1.845	1.0248	0.621	−1.385
印尼	2.220	0.356	−0.255	6.163	1.500	−2.196	0.5401	0.165	−0.340
菲律宾	4.703	2.393	−1.197	2.301	0.796	−0.429	1.566	0.406	−0.314

1. 波动性特征

波动性可用标准差和波动系数等统计指标来衡量。标准差的计算方法比较基础，这里着重介绍波动系数。波动系数是对标准差的标准化，具体指某一经济指标的实际值偏离其长期趋势（以均值衡量）的度量。它衡量了实际值围绕平均增长趋势上下波动的情况。计算出来的波动系数绝对值越大，说明该经济指标的实际值偏离历史趋势的程度越大，该指标具有较强的不稳定性；相反，波动系数绝对值越小，意味着该指标的实际值偏离长期趋势的程度越小，该指标相对稳定[①]。

因而，波动系数 V 的计算公式如下：

$$V = \delta / \bar{Y} \qquad\qquad (5-1)$$

其中，$\bar{Y} = \dfrac{1}{n} \sum_1^n Y$，$\delta = \sqrt{\dfrac{1}{n} \sum_1^n (Y - \bar{Y})^2}$。

以上公式中，V 表示波动系数；Y 为某经济指标的实际值；$\bar{Y}$ 为 Y 的算术平均数，表示一定历史时期内该指标的平均趋势；δ 为 Y 的波动性衡量，即标准差；n 为实际值的样本数。

按式（5-1）计算出表 5-6 所示各亚洲新兴经济体不同时期 GDP 增长率的波动系数。比较该表中 1980—1991 年以及 1992—1997 年两个阶段的数据可以发现，在 1997 年亚洲金融危机发生之前，除泰国外，其他亚洲新兴经济体的经济周期波动性在减弱，且微波化趋势非常明显。1998—2007 年的数据显示，1997 年以后，由于亚洲金融危机的影响，大部分样本经济体的经济周期波动明显加剧，但是中国大陆和菲律宾在危机前后的经济周期波动性没有太大变化。比较 1991—2001 年和 1980—1991 年两个阶段的数据可以看出，1991—2001 年间，除中国大陆和菲律宾外，其他经济体的经济周期明显比 1980—1991 年期间波

---

① 罗光强，段慧兰，莫鸣：《农业大省农业经济波动与国民经济波动关系的研究——以湖南为例》，《南方经济》，2006 年第 4 期，第 91~101 页。

动性更强了，从中可以发现亚洲金融危机对区域经济周期波动性的影响非常显著。进一步考查 2001—2014 年的数据可见，除新加坡外，其他亚洲新兴经济体的经济周期波动都明显比 1991—2001 年间减弱，这说明亚洲新兴经济体的经济皆不同程度地受到了 1997—1998 年亚洲金融危机冲击。同时，作为一个区域集团，由于区域内贸易比重逐年增大，因此来自该区域的外部冲击（如 2008 年全球金融危机）对亚洲新兴经济体的影响相对于区域内部冲击（如 1997—1998 年亚洲金融危机）的影响要小，由此出现了 2001—2014 年比 1991—2001 年波动性明显减弱的现象。

图 5-13 是亚洲新兴经济体波动系数的分阶段雷达图。从图中可以明显看出，在 1980—1991 年间，菲律宾的波动性最大，中国大陆等其他经济体的波动性较小，经济比较稳定。在 1991—2001 年间，除中国大陆经济比较稳定外，其他经济体的经济波动性均增大，受亚洲金融危机的影响非常明显。而在 2001—2014 年间，除中国香港和新加坡外，其他经济体的波动性都明显减小，说明虽然该阶段爆发了全球性金融危机，但这场金融危机对区域经济周期的波动性影响远远小于爆发于区域内部的亚洲金融危机。

此外，在图 5-13 所示的三个阶段，中国大陆经济的波动性相对最小。这是因为，一方面，中国大陆的宏观经济稳定政策效果明显；另一方面，中国大陆改革开放不断深入，抵御外界各种冲击的能力也不断加强，使得中国大陆经济的稳定性在亚洲新兴经济体中名列前茅。

图 5-13　亚洲新兴经济体经济周期波动系数的分阶段雷达图

注：图中 China、Korea、Hongkong、Singapore、Thailand、Malysia、Indonisia、Philipine 分别表示中国大陆、韩国、中国香港、新加坡、泰国、马来西亚、印尼和菲律宾 8 个样本经济体。

2. 非对称性特征

学术界一般用"偏度"这一统计指标来测度经济周期的非对称性特征。随着古典经济周期波动的逐渐消失，增长型经济周期的出现引发了大量关于经济周期非对称性模式和成因的经验研究。相关理论认为，如果经济周期是对称的，那么经济周期的上升阶段时间长度（即经济周期谷底至峰顶的距离）与下降阶段时间长度（即经济周期峰顶至谷底的距离）相等，偏度为零；若谷底至峰顶和峰顶至谷底两者的平均距离不相等，经济周期就具有非对称性，偏度不为零。进一步地，偏度为负表明经济增长的上升阶段长于下降阶段，而偏度为正则说明经济增长的上升阶段短于下降阶段。

同样，从图 5-13 可看出，亚洲新兴经济体的经济周期波动是非对称的，特别是 20 世纪 80 年代中期以后，这些经济体的朱格拉经济周期呈现出一个明显的特征，即经济周期波动的上升阶段（扩张期）很长，而下降阶段（收缩期）很短。这与世界经济周期的非对称性特征是一致的，也与表 5-6 中的偏度统计量值一致：各亚洲经济体的经济波动是非对称的，并且在任何一个样

本区间中，大部分经济体的偏度都为负。自 1997—1998 年亚洲
金融危机以后，韩国和新加坡的偏度均由正变为负，说明这两个
国家的经济增长在 1997 年前是上升阶段短于下降阶段的，而从
1997 年以后则是上升阶段长于下降阶段的。进一步可以看出，
在 1980—1991 年、1991—2001 年以及 2001 年以后三个阶段中，
大部分经济体在第二个阶段的偏度的绝对值最大。这说明在 20
世纪 90 年代由美国"新经济"推动的世界经济周期中，美国长
达十年的经济周期上升期（增长期）① 对亚洲新兴经济体的经济
影响非常大。各经济体的这轮经济周期不但上升期比下降期长且
呈现负的偏度；而且与 20 世纪 90 年代以前相比，大部分经济体
的经济周期的上升期延长了许多，使得非对称性加剧。

　　从以上分析可以看出，亚洲新兴经济体的经济波动有不断减
弱的趋势，即微波化趋势。当然，在一些突发事件如亚洲金融危
机等的影响下，经济波动会加剧，但这并不影响总的趋势。此
外，亚洲新兴经济体经济周期波动是非对称的，大多数经济体的
非对称性都表现为经济周期波动的上升阶段长于下降阶段，这与
世界经济周期的非对称性特征是一致的。

5.3.3　亚洲新兴经济体之间经济周期的同步性

　　从长期看，亚洲新兴经济体的 GDP 增长率走势具有高度的
同步性。尤其明显的是，受 1997—1998 年亚洲金融危机影响，
所有亚洲新兴经济体的经济皆有不同程度的衰退。1998 年，除
中国大陆外，其他经济体的 GDP 增长率均为负数。2002 年以

---

　　① 美国经济自 1991 年 3 月从谷底攀升，开始了新一轮经济增长，并于 2001 年
11 月再次到达谷底，从而推动世界经济周期进入衰退期。按照"谷—谷"的经济周
期测度方法，美国从 1991 年到 2001 年以"新经济"为特点的朱格拉中周期持续时间
为 128 个月，其中增长期为 120 个月，刚好 10 年，而衰退期仅为 8 个月。

后，亚洲新兴经济体的经济持续增长，经济增长率的走势明显具
有同步性。东盟（ASEAN）创始五国即泰国、菲律宾、印尼、
新加坡、马来西亚的 GDP 增长率周期波动曲线图见图 5－14。
可以清楚地看到，这 5 个经济体的经济增长率走势具有非常强的
同步性，经济周期的转折点都重叠得很好，如 1998 年亚洲金融
危机使得各经济体进入阶段性的谷底①以及 2007 年美国次贷危
机的爆发使得各经济体到达该轮经济周期的波峰转折点。

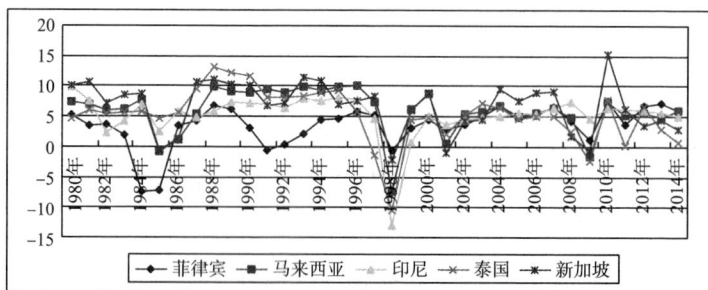

图 5－14　1980—2014 年东盟创始五国 GDP 增长率周期波动曲线图（％）

资料来源：IMF 数据库。

下面，分阶段对主要亚洲新兴经济体的经济周期进行相关性
分析，各经济体的相关系数分别见表 5－7 至表 5－11。

表 5－7　1980—2014 年亚洲新兴经济体的经济周期相关系数表

经济体	中国大陆	韩国	中国香港	新加坡	泰国	马来西亚	印尼	菲律宾
中国大陆	1.000							
韩国	0.197	1.000						

---

① 1997—1998 年的亚洲金融危机可被看作是世界经济宏观运行中干扰经济正
常波动的一个非周期性因素，它导致亚洲经济步入短时的下降周期。

经济体	中国大陆	韩国	中国香港	新加坡	泰国	马来西亚	印尼	菲律宾
中国香港	0.288	0.502	1.000					
新加坡	0.144	0.441	0.680	1.000				
泰国	0.107	0.675	0.533	0.645	1.000			
马来西亚	0.095	0.523	0.534	0.792	0.755	1.0001		
印尼	0.109	0.354	0.561	0.519	0.666	0.744	1.000	
菲律宾	−0.344	−0.126	0.144	0.350	0.192	0.336	0.267	1.000

表5-8　1980—1991年亚洲新兴经济体的经济周期相关系数表

经济体	中国大陆	韩国	中国香港	新加坡	泰国	马来西亚	印尼	菲律宾
中国大陆	1.000							
韩国	0.303	1.000						
中国香港	0.210	0.105	1.000					
新加坡	−0.342	−0.125	0.312	1.000				
泰国	−0.353	0.290	−0.090	0.513	1.000			
马来西亚	−0.363	−0.096	0.062	0.842	0.600	1.000		
印尼	−0.465	−0.508	0.401	0.505	0.201	0.556	1.000	
菲律宾	−0.639	−0.091	0.224	0.547	0.489	0.415	0.293	1.000

表5-9　1991—2001年亚洲新兴经济体的经济周期相关系数表

经济体	中国大陆	韩国	中国香港	新加坡	泰国	马来西亚	印尼	菲律宾
中国大陆	1.000							
韩国	0.188	1.000						
中国香港	0.479	0.792	1.000					
新加坡	0.588	0.714	0.864	1.000				
泰国	0.593	0.847	0.770	0.706	1.000			
马来西亚	0.527	0.871	0.903	0.894	0.888	1.000		
印尼	0.549	0.811	0.835	0.739	0.905	0.925	1.000	
菲律宾	−0.030	0.441	0.345	0.442	0.248	0.436	0.460	1.000

表5-10　2001—2010年亚洲新兴经济体的经济周期相关系数表

经济体	中国大陆	韩国	中国香港	新加坡	泰国	马来西亚	印尼	菲律宾
中国大陆	1.000							
韩国	0.268	1.000						
中国香港	0.639	0.576	1.000					
新加坡	0.590	0.646	0.881	1.000				
泰国	0.334	0.723	0.772	**0.789**	1.000			
马来西亚	0.527	0.668	0.857	**0.831**	**0.916**	1.000		
印尼	0.716	0.180	0.609	**0.678**	**0.355**	**0.629**	1.000	
菲律宾	0.569	0.604	0.902	**0.922**	**0.858**	**0.898**	**0.660**	1.000

表 5-11 2010—2014 年亚洲新兴经济体的经济周期相关系数表

经济体	中国大陆	韩国	中国香港	新加坡	泰国	马来西亚	印尼	菲律宾
中国大陆	1.000							
韩国	0.878	1.000						
中国香港	0.970	0.931	1.000					
新加坡	0.928	0.965	0.932	1.000				
泰国	0.388	0.422	0.272	0.583	1.000			
马来西亚	0.617	0.823	0.606	0.781	0.614	1.000		
印尼	0.814	0.497	0.664	0.682	0.564	0.333	1.000	
菲律宾	−0.045	0.248	−0.022	0.308	0.757	0.425	−0.037	1.000

从 5-7 至表 5-11 可见，亚洲新兴经济体经济周期的同步性有如下特点：

1980—2014 年间，8 个亚洲新兴经济体的经济增长率序列显示了比较明显的相关性。分阶段来看，1980—1991 年间，各经济体的相关性比较弱。随着经济全球化进程的加快和深入，进入 20 世纪 90 年代，尤其是 2000 年后，各经济体 GDP 增长率相关性明显提高，各经济体的经济周期波动呈现了较强的相关性和同步性。其中一个很重要的原因就是，20 世纪 80 年代中期以后，特别是 1989 年成立亚太经济合作组织（APEC）和 2002 年正式启动东盟自由贸易区（AFTA）以后，亚洲各经济体间的经贸联系不断加强，经贸协作更加顺畅，合作日益紧密，特别是东盟成员国之间。正如表 5-10 粗体显示、阴影背景的单元格内数据所示，东盟成员国之间的相关性系数普遍都比较高。

5.3.4 亚洲新兴经济体与世界经济周期的同步性

在了解了亚洲新兴经济体间的经济周期同步性后，接下来分析这些经济体同世界经济周期的同步性。

1. 相关性分析

图 5－15 和图 5－16 是 8 个亚洲新兴经济体与世界 GDP 增长率的折线图。为了看得更清楚，特将东盟五国与其他 3 个经济体分开做成两个图。

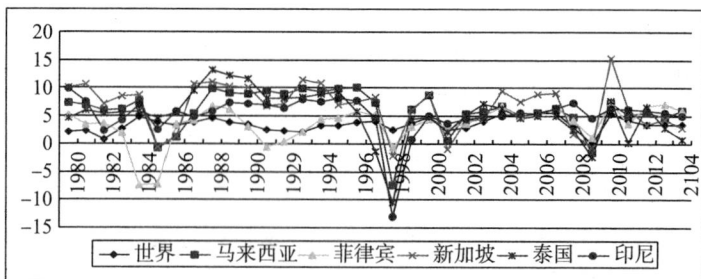

图 5－15　1980—2014 年东盟五国与世界 GDP 增长率折线图（％）

资料来源：IMF 数据库。

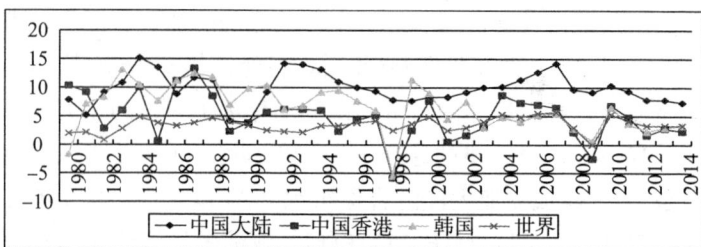

图 5－16　1980—2014 年中国大陆、韩国、中国香港与世界 GDP 增长率折线图（％）

资料来源：IMF 数据库。

180

表 5-12 是 8 个亚洲新兴经济体 GDP 增长率与世界 GDP 增长率的相关系数表。从图 5-15、图 5-16 以及表 5-12 都可以看出，1980—2010 年间，8 个亚洲新兴经济体 GDP 增长率与世界 GDP 增长率的相关性不高。可见，亚洲已经形成一个区域性集团，尤其是东盟五国之间的联系尤为紧密，它们之间的相互贸易占了其对外贸易的绝大部分。因此，这里同样印证了前面的结论：亚洲新兴经济体的经济增长对区域内冲击的敏感度高于来自区域外部的冲击。换言之，1997—1998 年亚洲金融危机对经济增长的影响超过了 2008 年全球金融危机对经济增长的影响。

表 5-12 还表明，虽然 1980—2010 年间，8 个亚洲新兴经济体与世界 GDP 增长率的相关性不高，但分阶段来看，进入 2001 年以后，正如表 5-12 阴影部分所显示的，各经济体与世界经济周期的相关性明显增强。特别是 2008 年全球金融危机期间，亚洲新兴经济体与世界经济同步性显著增强，表明本场金融危机对亚洲新兴经济体和工业化经济体有着同样的影响。

表 5-12 亚洲新兴经济体与世界 GDP 增长率的相关系数

年份	中国大陆	韩国	中国香港	新加坡	泰国	马来西亚	印尼	菲律宾
1980—2010 年	0.279	0.268	0.41	0.407	0.274	0.277	0.097	0.216
1980—1991 年	0.407	0.401	0.164	−0.038	0.409	−0.055	0.049	−0.315
1991—2001 年	−0.365	0.317	0.286	0.339	−0.061	0.237	0.078	0.763
2001—2014 年	**0.672**	**0.684**	**0.948**	**0.857**	**0.862**	**0.902**	**0.587**	**0.923**

2. 时差相关分析

本研究从时间序列间的关系出发，将经济周期同步性定义为两个经济时间序列有较强的正的相关性，且二者的变动几乎是同期的或者说经济周期持续时间基本一致，具体而言，即其超前和滞后关系在三期以内。一般来说，经济时间序列之间的相关性越强，其同步性就越强（李天德等，2009）[①]。根据这一定义，我们需要确定多国经济周期波动的超前和滞后关系，这时就要用到时差相关分析（Cross－Correlation）[②] 技术。该方法可以用于确定各经济体周期波动的一致关系，很适合用来进行经济周期波动的同步性（协同性）分析。

前面的相关性分析表明，进入 2001 年以后，亚洲新兴经济体与世界经济周期的相关性明显增强。为了考察这一新特征，需引入时差相关分析方法。图 5－17 是亚洲新兴经济体与世界经济周期的时差相关分析图。以泰国为例，从时差相关分析图中可以看出，2001—2010 年间，泰国与世界经济周期波动序列超前滞后零期（即原始序列）时相关系数最大，为 0.86（见图 5－17 中的第 1 个小图），因此，泰国与世界经济周期波动具有同期（同步）性。其他经济体也一样，与世界经济周期是完全同步的，不存在超前和滞后关系（见图 5－17 中的其他 7 个小图）。这说明，进入 2001 年以后，来自亚洲新兴经济体区域外部的冲击，即世界经济周期波动对各经济体的影响变大，使得世界经济的波动与各亚洲新兴经济体的经济波动有较强的同步性。

---

① 李天德，王悦，陈明伟：《世界经济非周期性波动影响因素分析》，《财经科学》，2009 年第 5 期，第 96～102 页。

② 有时又被称为交叉相关分析。

WORLD,THAILADN(-i) WORLD,THAILADN(+i)	i	lag	lead
	0	0.8619	0.8619
	1	0.3148	0.0313
	2	0.1290	-0.1276
	3	0.1205	-0.0364
	4	-0.0095	-0.0176
	5	0.0000	0.0000
	6	0.0000	0.0000
	7	0.0000	0.0000
	8	0.0000	0.0000

WORLD,CHINA(-i) WORLD,CHINA(+i)	i	lag	lead
	0	0.6721	0.6721
	1	0.2076	0.3543
	2	-0.1127	0.1853
	3	-0.1813	0.1500
	4	-0.1416	-0.0898
	5	0.0000	0.0000
	6	0.0000	0.0000
	7	0.0000	0.0000
	8	0.0000	0.0000

WORLD,HONGKONG(-i) WORLD,HONGKONG(+i)	i	lag	lead
	0	0.9484	0.9484
	1	0.3392	0.2719
	2	0.0946	0.0165
	3	-0.0089	-0.0806
	4	-0.1125	-0.0985
	5	0.0000	0.0000
	6	0.0000	0.0000
	7	0.0000	0.0000
	8	0.0000	0.0000

WORLD,INDONISIA(-i) WORLD,INDONISIA(+i)	i	lag	lead
	0	0.5874	0.5874
	1	-0.1816	0.3956
	2	-0.0771	0.2289
	3	-0.2534	0.0884
	4	-0.1792	-0.0543
	5	0.0000	0.0000
	6	0.0000	0.0000
	7	0.0000	0.0000
	8	0.0000	0.0000

WORLD,KOREA(-i) WORLD,KOREA(+i)	i	lag	lead
	0	0.6843	0.6843
	1	0.2241	-0.0163
	2	0.0554	0.0144
	3	0.0306	0.0230
	4	0.1366	-0.0143
	5	0.0000	0.0000
	6	0.0000	0.0000
	7	0.0000	0.0000
	8	0.0000	0.0000

WORLD,MALYSIA(-i) WORLD,MALYSIA(+i)	i	lag	lead
	0	0.9018	0.9018
	1	0.1522	0.1835
	2	0.1100	0.0069
	3	0.0241	-0.0198
	4	-0.0523	-0.0366
	5	0.0000	0.0000
	6	0.0000	0.0000
	7	0.0000	0.0000
	8	0.0000	0.0000

WORLD,PHILIPINE(-i) WORLD,PHILIPINE(+i)	i	lag	lead
	0	0.9229	0.9229
	1	0.1589	0.2092
	2	0.0423	-0.0142
	3	0.0106	-0.0058
	4	-0.1076	-0.0107
	5	0.0000	0.0000
	6	0.0000	0.0000
	7	0.0000	0.0000
	8	0.0000	0.0000

WORLD,SINGAPORE(-i) WORLD,SINGAPORE(+i)	i	lag	lead
	0	0.8572	0.8572
	1	0.3436	0.1363
	2	0.0302	-0.0112
	3	-0.0864	-0.0199
	4	-0.1022	-0.0519
	5	0.0000	0.0000
	6	0.0000	0.0000
	7	0.0000	0.0000
	8	0.0000	0.0000

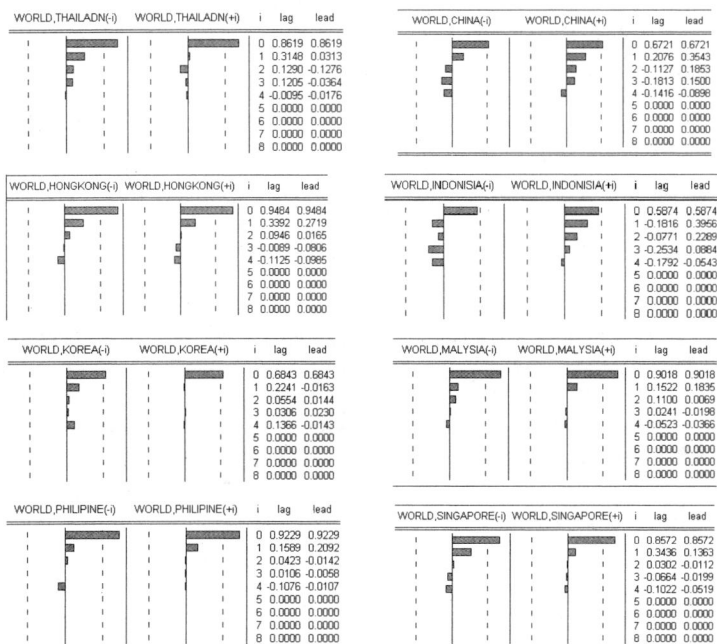

图 5—17　2001—2014 年亚洲新兴经济体与世界经济周期的时差相关分析图

注：本图中 8 个小图分别为泰国、中国大陆、中国香港、印尼、韩国、马来西亚、菲律宾和新加坡等与世界经济周期的时差相关分析图。

本小节运用直接法等经济周期测定方法以及图示法、相关性分析方法、时差相关分析法等方法对 1980—2014 年间亚洲新兴经济体经济周期波动的特征进行专门分析，确定了亚洲新兴经济体的经济周期波动有如下基本特征：

（1）亚洲新兴经济体均存在长度为 10 年左右的朱格拉中周期和 3 年左右的基钦短周期。

（2）亚洲新兴经济体经济周期的波动性有不断减弱的趋势，即微波化趋势。当然，在一些突发事件如国际金融危机等的影响下，经济波动可能会加剧，但并不影响总的趋势。另外，亚洲新兴经济体经济周期波动是非对称的，大多数经济体的非对称性都表现为经济周期波动的上升阶段长于下降阶段，这与世界经济周期的非对称性特征是一致的。

（3）1980—1991年间，亚洲新兴经济体的经济周期波动相关性比较弱。随着经济全球化进程的加快和深入，进入20世纪90年代，尤其是2000年后，各经济体相关性明显提高，各经济体的经济周期波动呈现出较强的相关性和同步性。各亚洲新兴经济体对两次重大国际金融危机冲击的同步性也非常一致。

（4）亚洲新兴经济体区域的外部冲击即世界经济波动较区域内部冲击对各经济体的经济波动影响要小。但是进入2001年以后，来自亚洲新兴经济体区域外部的冲击，即世界经济周期波动对各经济体的影响变大，使得二者的波动有了较强的同步性。

这些结论与前面两小节的定性分析结论一致。因此可以得到如下启示：亚洲新兴经济体与世界经济周期波动的相关性越来越强，区域外部的冲击对各经济体的影响日益增加。亚洲新兴经济体应该改革当前经济发展模式，增强内生性因素所提升的经济实力，积极拉动内需，加强区域合作和区域融合，深化区域内贸易一体化，促进区域经济增长的可持续性，以提高应对来自区域外的负面冲击的能力。

6 后国际金融危机时期亚洲新兴经济体经济发展模式面临的挑战

2008 年全球金融危机全面结束后，亚洲新兴经济体率先恢复增长而被寄予挑起世界经济恢复大梁的希望，但不久全球经济环境恶化迫使该地区的经济增长不得不放缓。在这当中，作为最大的亚洲新兴经济体，中国已承认经济发展步入新常态，强调经济发展模式的转型。可以说，国际金融危机暴露了亚洲新兴经济体经济发展模式背后隐藏的大量缺陷，亚洲模式的可持续性既受到自身结构性缺陷的制约，也受到 2008 年全球金融危机后国际环境突变的制约。具体而言，在后国际金融危机时期，亚洲经济发展模式面临着经济增长质量、出口结构和外部需求三大因素的制约，其中，前两项制约来自该模式本身的结构性缺陷，最后一项制约来自外部环境。

6.1 经济增长质量面临的挑战——基于单要素贸易条件的度量

亚洲新兴经济体经济发展模式的可持续性面临的首要挑战来自增长质量。关于亚洲高速增长之谜的一个中心议题是，要素投入或生产率增长是不是亚洲新兴经济体经济增长的主要来源

(Perkins and Rawski，2008)[①]。Krugman（1994）[②] 在批评"亚洲奇迹"时指出，亚洲的增长应该更令人感到冒冷汗而不是鼓舞人心，因为亚洲的增长由数量驱动，缺乏强烈的创新导向型生产率增长支持，增长模式很可能最终崩溃。亚洲科学院协会（AASA，2011）[③] 比较了 1950—1973 年发达经济体和 1960—1994 年亚洲新兴经济体经济增长要素的贡献率，结果发现日本的全要素生产率对经济增长的贡献度在发达经济体中最低，为39.1％。但这一数字仍高于亚洲新兴经济体中全要素生产率贡献度最高的中国香港，中国香港为 32.9％。而菲律宾在该时期全要素生产率的贡献度居然为－10.5％。亚洲增长模式意味着经济增长质量不高；纯粹追求经济增速的结果，可能造成生产能力过剩。事实上亚洲已经出现了制造业生产能力过剩的危机。2008年全球金融危机爆发再次引发了人们对亚洲新兴经济体经济发展模式可持续性的争议。但是这些争论往往基于内生增长模型，考虑的是净贸易条件波动与经济增长的关系，而净贸易条件[④]仅仅反映了相对价格冲击对经济增长的影响，没有考虑技术进步的作用。实际上，单要素贸易条件特别是以全要素生产率作为单一要素为基础而计算的贸易条件指标，能够更加全面地衡量国际商品价格和出口部门技术变动对经济增长的影响。考虑到亚洲近些年连续两次经历了重大国际金融危机，其贸易条件和以外向型为主导的经济发展模式可能发生了变动，那么测算基于全要素生产率

① Dwight Perkins and Thomas Rawski，2008. Forecasting China's Economic Growth to 2025. In Loren Brandt and Thomas Rawski，ed.，China's Great Economic Transformation. Cambridge University Press.

② Paul Krugman，1994. The Myth of Asia's Miracle. Foreign Affairs，73（6）：62－78.

③ The Association of Academies of Sciences in Asia，2011. Towards a Sustainable Asia. Springer Press.

④ 所谓净贸易条件，为一国出口商品价格与进口商品价格的比价。

的单要素贸易条件，分析它的波动对亚洲新兴经济体经济发展模式下增长质量的影响则非常重要。

6.1.1　亚洲新兴经济体单要素贸易条件变动趋势

目前常用的贸易条件概念有三类：第一类为净贸易条件（或称为价格贸易条件，net barter terms of trade），是一国出口价格指数与进口价格指数之比。这一概念粗略地表明了单位出口商品可以换回的进口商品数量，但没有考虑到投入和产出的关系。第二类为收入贸易条件（income terms of trade）。其计算方法为净贸易条件指数乘以出口数量，表明了"出口对进口的总购买力"[①]。收入贸易条件指数改善了净贸易条件指数，因为它考虑了一国出口部门产出数量的变化，但忽略了这一部门投入数量变化。第三类为单要素贸易条件（single factorial terms of trade）。这个概念仍建立在净贸易条件指数概念基础之上，以净贸易条件乘以出口部门某种要素的生产率得到，它表明一国单位劳动力在单位时间内生产的出口品能够交换的利益。这一概念比前两类概念涵盖了更多现实意义，因为该指数上升意味着以进口商品价值衡量的该国出口部门劳动生产率上升。一国净贸易条件下降并不意味着单要素贸易条件下降，因为该国出口部门劳动生产率上升没有被前者完全抵消，即出口价格相对进口价格下跌并没有抵销出口部门技术进步的全部成果[②]。因而，单要素贸易条件表明，一国"出口部门生产率提高所引起的实际国民收入增长可以改善

---

① 陈孝兵，方国平：《出口导向发展战略的绩效分析》，《当代经济研究》，2000年第12期，第14～21页。

② Kenneth Reinert，Ramkishen Rajan and Amy Glass，etc.，2010. The Princeton Encyclopedia of the World Economy. Princeton University Press：1085.

'二元经济'结构的负面影响"①。

计算单要素贸易条件的关键是估测某一行业的劳动生产率。首先，由于很少有国家专门统计出口部门的劳动生产率，大部分文献便以全员劳动生产率或工业行业劳动生产率来替代出口部门的劳动生产率。但是，劳动生产率指数仅考虑了劳动力这一投入要素对产出的贡献，而忽略了其他投入要素如资本的投入增长以及生产率增长对产出的贡献，因此高估了劳动生产率的贡献度。其次，即使存在关于出口部门劳动生产率的统计数据，但出口部门劳动生产率的改善并不必然来源于该部门内部，也可能是向出口部门提供投入品的其他部门劳动生产率改善了。因此，为了更加准确和全面地衡量出口部门生产率的综合回报情况，这里使用全要素生产率（TFP）指数来取代一般的劳动生产率指数，从而得到修正的单要素贸易条件。

自从 Solow 在 1957 年进行了开创性工作以来，全要素生产率一直被认为是促进增长的主要因素，成为效率特别是技术效率的关键衡量指标，具有重要的政策含义。它的优点是涵盖了一国出口部门所有生产要素投入－产出的生产效率综合情况。除了表明投入－产出成本外，全要素生产率还表明了某一部门或一国的"技术效率、分配效率和规模效率"②。全要素生产率可以反映技术进步的特点，明确区分了贸易条件冲击的技术效应与价格效应。以全要素生产率为基础的单要素贸易条件指数 TOT_{SF} 计算公式为：

$$TOT_{SF} = TOT_N \times TFP = (P_X/P_Y) \times TFP \quad (6-1)$$

① 胡靖，郭玉琴：《质疑我国贸易条件恶化的假说——基于要素贸易条件的考证》，《经济管理》，2009 年第 10 期，第 141~152 页。

② Euan Fleming，2007. Use of the Single Factorial Terms of Trade to Analyse Agricultural Production. The Australian Journal of Agricultural Resource Economics，51（2）：113-119.

其中，TOT_N 为净贸易条件指数，TFP 为全要素生产率指数，P_X 和 P_Y 分别为出口价格指数和进口价格指数。以全要素生产率为基础的单要素贸易条件指数正向增大，意味着收入、福利相对于一国之前的情况得到了改善，或者该国生产要素配置效率提高和技术有所进步。可见，修正后的单要素贸易条件指数有助于识别开放经济体的增长是要素投入型增长还是技术进步型增长，从而为经济增长的可持续性评估打下基础。利用现有的关于亚洲新兴经济体净贸易条件和全要素生产率统计数据，再根据公式（6－1）可计算出亚洲新兴经济体的单要素贸易条件指数。其中，净贸易条件统计数据来自联合国贸易和发展会议数据库（2000 年＝100）[①]；全要素生产率统计数据主要来自 UNIDO 数据库[②]，个别较早年份缺失的数据由 CBTE 数据库[③]补齐。

为了分析 1980—2011 年间亚洲新兴经济体单要素贸易条件变动趋势，引入半对数回归模型。在半对数回归模型中，以各经济体单要素贸易条件 TOT_{SF} 为因变量，时间 t 为自变量，进行线性回归。由于单要素贸易条件取自然对数形式，自变量 t 的系数被解释为，自变量一个单位百分比变化导致因变量 TOT_{SF} 系数百分比变化的倍数，即某个亚洲新兴经济体在样本期间单要素贸易条件的年度增长率。回归结果表明，除菲律宾和新加坡的时间序列系数不显著外，其他大部分经济体的系数显著性水平均在 90％以上，具体结果见图 6－1。除了新加坡，其他经济体的单要素贸易条件在近 30 年来都有不同程度的改善。其中，单要素贸易条件年增长率最高的是马来西亚，为 5.4％；其次是中国大陆，年增长率为 5.0％；新加坡的单要素贸易条件年增长率为负数，但数值较

---

① http://unctadstat. unctad. org/TableViewer/tableView. aspx? ReportId = 16421.

② http://www. unido. org/data1/wpd/Index. cfm.

③ http://www. conference－board. org/data/economydatabase/.

小，仅为-0.3%且在统计上不显著。单要素贸易条件的总体状况与那些关于亚洲新兴经济体净贸易条件恶化的文献结论相反。从单要素贸易条件上看，随着各经济体技术进步并运用在出口产品上，全要素生产率增长有助于抵消贸易品相对价格的逆向运动，亚洲新兴经济体并没有陷入所谓的 Prebisch—Singer 命题下"贫困化增长"（Bhagwati，1958）[1]。最后，图 6-1 表明尽管大部分亚洲新兴经济体单要素贸易条件年增长率呈正增长趋势，但是在区域水平上呈发散而不是收敛态势。

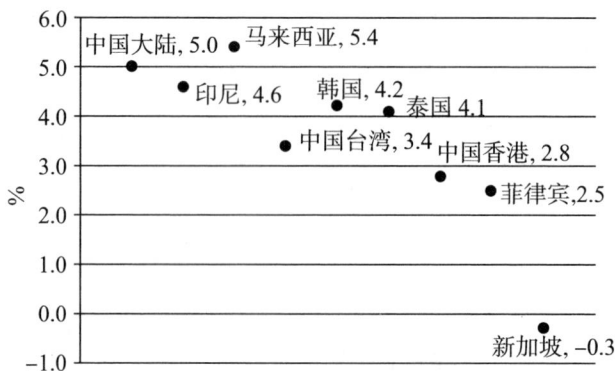

图 6-1　1980—2011 年亚洲新兴经济体单要素贸易条件年度增长率（％）

　　资料来源：根据联合国贸易和发展会议、UNIDO 和 CBTE 等数据库的数据自行计算。

　　表 6-1 比较了 1980—2011 年间亚洲新兴经济体净贸易条件和单要素贸易条件波动情况。纵向看，前 20 年大部分经济体的净贸易条件得到了改善，但后 10 多年，除了印尼外，其他经济体的净贸易条件总体上均呈恶化态势（灰色阴影表示相比前一时期恶化）。但是，单要素贸易条件的变化则相反，除了印尼和新加坡出现恶化趋势外，其他经济在过去 31 年中一直呈改善的态

────────────

① 关于 Prebisch—Singer 命题和"贫困化增长"，参见：Jagdish Bhagwati，1958. Immiserizing Growth：A Geometric Note. Review of Economic Studies，25：201-205.

势——这一统计结果与前面线性回归得到的单要素贸易条件年增长率结果基本一致。这说明在亚洲新兴经济体纷纷采取出口导向型增长战略的初期和中期，大部分经济体单位出口商品换回的进口商品数量在增加，同时伴随着出口部门的技术进步和劳动生产率提高。而后 10 来年，大部分亚洲新兴经济体的出口价格相对进口价格下降，但是出口部门仍保持技术进步和提高劳动生产率，从而在一定程度上弥补了净贸易条件恶化。该地区单要素贸易条件与净贸易条件波动的另一个差异在于，从 2000 年起亚洲新兴经济体的净贸易条件有较强的收敛趋势；但单要素贸易条件绝对值同其年度增长率指标一样，呈发散状态。

表 6-1 1980—2011 年亚洲新兴经济体贸易条件的波动

经济体	1980—1989 年		1990—1999 年		2000—2011 年	
	净贸易条件	单要素贸易条件	净贸易条件	单要素贸易条件	净贸易条件	单要素贸易条件
中国大陆	101.67	5.21	104.22	8.10	87.84	21.72
中国香港	99.81	66.31	100.89	83.92	98.37	91.77
中国台湾	96.67 *	38.63 *	97.65	56.66	81.92	65.35
印尼	137.21	14.13	88.26	11.87	112.51	36.54
韩国	124.47	40.36	128.99	59.82	79.25	50.51
马来西亚	78.12	22.93	108.37	39.57	101.02	54.51
菲律宾	84.99	14.86	84.95	11.80	82.64	21.71
新加坡	123.68	75.18	107.51	75.85	88.15	73.72
泰国	128.73	16.44	115.86	21.47	95.57	30.46

注：* 表示由于数据缺失，中国台湾的两项指标为 1983—1989 年的平均数据。

数据来源：净贸易条件数据来自联合国贸易和发展会议数据库。其中，2000 年＝100。单要素贸易条件：利用联合国贸易和发展会议、UNIDO 和 CBTE 数据库根据公式（6-1）计算。

6.1.2 单要素贸易条件波动影响经济增长的理论模型

根据国际经济学基本理论，贸易条件改善和经济增长之间存在良性循环的关系。贸易条件向好有利于改善一国的资源配置，使得资源从低效率部门流向高效率部门，提高一国生产率，从而促进经济增长。而经济增长允许一国将更多的资源分配到研发上，改善了产品的质量，使得该国受益于更高的出口价格；更高的出口价格又促使其贸易条件进一步改善（Jawaid and Waheed，2011）[1]。理论模型也证实了贸易条件对经济增长有显著的影响。Kaneko（2000）[2] 使用了两种要素（实物资本和人力资本）和两种商品（一种纯粹消费商品和一种既用于消费又用于投资的商品）的内生增长模型。模型推导发现，贸易条件显著地影响着增长：当一国在消费商品方面专业化时，贸易条件指数越高，增长率越高；反之亦然。Eicher 等（2007）[3] 则构建了关于贸易条件恶化对经常项目和产出影响的代际模型。该模型表明，在短期内贸易条件指数下降对收入和财富有负效应，但在长期内贸易条件变化对经济增长没有影响。

在实证方面，大量文献证实了经济增长与贸易条件存在相关

---

① Syed Jawaid and Abdul Waheed，2011. Effects of Terms of Trade and Its Volatility on Economic Growth. Transit Study Review，18（2）：217−229.

② Akihiko Kaneko，2000. Terms of Trade，Economic Growth，and Trade Patterns：A Small Open−economy Case. Journal of International Economics，52（2）：169−181.

③ Theo Eicher，Stefan Schubert and Stephen Turnovsky，2007. Dynamic Effects of Terms of Trade Shocks：The Impact on Debt and Growth. Journal of International Money and Finance，27（6）：876−896.

性。Blattman 等（2007）[1] 的论文及前期几篇工作报告对 1870—1939 年间 35 个样本国家进行了不同角度的考察，所有论文都得出了同样的结论：贸易条件对经济增长有显著的正向影响，但这种影响具有非对称性，即贸易条件长期变化对边缘国家经济增长的作用比对中心国家更大。Mendoza（1997）[2] 检验了 1971—1991 年间贸易条件对 9 个工业化国家和 31 个发展中国家经济增长的影响，结果仍显示贸易条件对经济增长有正面影响。Wong（2010）[3] 专门研究了包括贸易条件及其波动在内的多项因素对日本和韩国人均真实 GDP 的影响，发现人均真实 GDP 和贸易条件相互决定，但韩国这类小型开放经济体更容易遭受贸易条件变动的冲击。总体而言，更为有利并且波动更小的贸易条件对这两类经济体的经济增长都很重要。Jawaid 和 Waheed（2011）[4] 利用 2004—2008 年间 94 个发达国家和发展中国家的数据，采用跨国最小二乘法研究了贸易条件及其波动对经济增长的效应。其研究结论同上述文献一样：贸易条件及其波动均对经济增长有显著的正效应。但是少量的实证文献认为贸易条件与经济增长之间的关系是模糊的。同样研究时期为第二次世界大战前长达一个世纪

---

① Christopher Blattman, Jason Hwang, and Jeffrey Williamson, 2007. Winners and Losers in the Commodity Lottery: The Impact of Terms of Trade Growth and Volatility in the Periphery 1870－1939. Journal of Development Economics, 82 (1): 156－179.

② Enrique Mendoza, 1997. Terms of Trade Uncertainty and Economic Growth. Journal of Development Economics, 54 (2): 323－356.

③ Hock Tsen Wong, 2010. Terms of Trade and Economic Growth in Japan and Korea: An Empirical Analysis. Empirical Economy, 38 (1): 139－158.

④ Syed Jawaid and Abdul Waheed, 2011. Effects of Terms of Trade and Its Volatility on Economic Growth. Transit Study Review, 18 (2): 217－229.

的情况，Hadass 和 Williamson（2003）[①] 的结论与 Blattman 等
（2007）相反：贸易条件运动有利于初级产品出口国的出口，但
减少了这些国家的经济增长。孙伟忠（2008）[②] 对中国 1981—
2004 年间净贸易条件指数波动对经济增长的影响进行了分析，
其结论是中国贸易条件波动以及进出口价格指数波动对中国经济
增长没有显著影响。杨海余和吴金铎（2007）[③] 则基于贸易条件
的一般均衡模型和比较优势理论，解释了中国贸易条件恶化但经
济持续增长的原因。

　　上述研究中的贸易条件均为净贸易条件，并且没有考虑到技
术变化对贸易条件的影响，进而也忽略了其对经济增长产生何种
作用。目前，仅有 Fleming（2007）[④] 分析了以全要素生产率为
基础的单要素贸易条件对澳大利亚农业部门生产和农民福利的影
响。与 Fleming 类似，本书使用全要素生产率计算的单要素贸易
条件取代了一般研究所运用的净贸易条件，分析了亚洲新兴经济
体单要素贸易条件与经济增长之间的关系。与其他同类文献的不
同在于，本研究特别关注了两次重大国际金融危机——1997—
1998 年亚洲金融危机和 2008 年全球金融危机期间中单要素贸易
条件变动对亚洲新兴经济体经济增长的影响。最后，本书对每一
个经济体的时间序列分别进行回归分析，而不是将亚洲新兴经济

---

　　① Yael Hadass and Jeffrey Williamson，2003. Terms of Trade Shocks and
Economic Performance，1870 − 1940：Prebisch and Singer Revisited. Economic
Development Cultural Change，51（3）：629−656.

　　② 孙伟忠：《价格贸易条件波动对经济增长的实证研究》，《北华大学学报（社
会科学版）》，2008 年第 5 期，第 42～45 页。

　　③ 杨海余，吴金铎：《我国贸易条件恶化与经济持续增长并存的原因》，《四川
大学学报（哲学社会科学版）》，2007 年第 4 期，第 98～103 页。

　　④ Euan Fleming，2007. Use of the Single Factorial Terms of Trade to Analyse
Agricultural Production. The Australian Journal of Agricultural Resource Economics，
51（2）：113−119.

体视为一个整体采用截面数据回归，避免了许和连和赖明勇（2002）批评截面数据回归忽略了样本中不同经济体的特殊特征问题[1]。通过这些改进，本研究识别了在当前国际金融危机频繁爆发的环境下，单要素贸易条件与亚洲新兴经济体经济增长之间的关系，从而判断亚洲未来经济发展模式应该继续坚持要素（特别是劳动）投入型的出口导向增长战略，还是进行经济发展模式的根本转型。

Fox 和 Kohli（1997）[2] 强调贸易条件的变动对经济增长的影响与技术变动类似。一方面，贸易条件改善类似于技术进步，因为它使得一国在任何给定国内投入数量上增加了净产出。另一方面，贸易条件恶化等于技术退步，它减少了一国从给定投入所获得的净商品数量。实际上，由于以全要素生产率计算的单要素贸易条件已经将技术变动考虑进来了，因此单要素贸易条件波动能够更为直接地鉴别价格相对运动、技术变化对一国经济增长的影响。由于亚洲新兴经济体的经济增长是典型的出口导向型增长，本书运用检验出口导向型增长假说传统的方法，来检验单要素贸易条件变化对亚洲新兴经济体经济发展模式的影响。出口导向型增长假说检验方法以柯布-道格拉斯生产函数为基础，在经典的劳动力投入和资本投入中，加入了出口变量，因而考察劳动力投入、资本投入和出口与经济增长的关系。一些研究者用贸易条件指数取代了上述模型中出口这一自变量。但这类文献使用的都是净贸易条件指数，无法说明出口导向型增长假说中技术进步因素的作用。本小节用基于全要素生产率的单要素贸易条件指数

---

① 许和连、赖明勇：《出口导向经济增长（ELG）的经验研究：综述与评论》，《世界经济》，2002 年第 2 期，第 43～49 页。

② Kevin Fox and Ulrich Kohli, 1998. GDP Growth, Terms－of－trade Effects, and Total Factor Productivity. Journal of International Trade & Economic Development, 7（1）：87—110.

取代了普通的净贸易条件指数。

将柯布－道格拉斯生产函数各变量取自然对数，并考察单要素贸易条件的影响，则有：

$$\ln Y = a_0 + a_1 \ln L + a_2 \ln K + a_3 \ln TOT_{SF} + \varepsilon \quad (6-2)$$

其中，Y 是某经济体人均 GDP 的美元值，L 为劳动力数量，K 是固定资本形成的美元值，TOT_{SF} 是单要素贸易条件指数。各数据序列以同样的基础年份即 2000 年＝100 来消除价格的影响。

不过，式（6-2）是关于贸易条件的传统模型，不能体现出一个经济体是否遵循出口导向型增长，可在式（6-2）中引入一个新的解释变量即出口，以此考察出口和该经济体经济增长是否存在正向关系。为了明确 1997—1998 年亚洲金融危机和 2008 年全球金融危机对单要素贸易条件变动的扰动进而对亚洲出口导向型增长的影响，在式（6-2）中还引入表示金融危机的虚拟变量 D 。因此，式（6-2）修正为：

$$\ln Y = a_0 + a_1 \ln L + a_2 \ln K + a_3 \ln EX + a_4 \ln TOT_{SF} +$$
$$a_5 (D_1 \times \ln TOT_{SF}) + a_6 (D_2 \times \ln TOT_{SF}) + \varepsilon$$
$$(6-3)$$

其中，EX 是某一经济体以 2000 年为基期的出口美元值。$D_1=1$，表明处于亚洲金融危机时期；$D_1=0$，表明处于非亚洲金融危机时期。$D_2=1$，表明处于 2008 年全球金融危机时期；$D_2=0$，表明处于非 2008 年全球金融危机时期。需要说明的是，由于使用年度数据，因此将 1997—1998 年视为亚洲金融危机时期，2008—2009 年视为 2008 年全球金融危机时期。其他符号的含义同式（6-2）。

从理论上讲，劳动力和资本增长率实际上是一个经济体的资本深化程度，二者的系数符号被预期为正数。出口的系数表明了经济增长与出口增长的关系，即如果该系数为正数，则验证了在样本期间内确实为出口导向型经济增长。单要素贸易条件的系数符号有待于验证。为了得到每一个亚洲新兴经济体单要素贸易条件与出口导向增长的关系，利用最小二乘法对除中国台湾外的其他 8 个亚洲新兴经济体 1980—2011 年间的年度数据分别验证依据式（6-3）构建的模型[①]。人均 GDP、固定资本形成和出口数据均来自世界银行数据库，所有时间序列都以 2000 年为基期的美元计值[②]。由于世界银行数据库关于亚洲新兴经济体劳动力的统计数据仅始于 1990 年，因此用该数据库统计的某一经济体 15~64 岁人口占比与其总人口数的乘积作为劳动力的代理变量。

6.1.3 单要素贸易条件波动影响的实证检验

1. 实证检验

由于实证模型中各变量事先已经取了自然对数，使时间序列的趋势线性化，因此消除了异方差性。根据式（6-3），对 8 个亚洲新兴经济体分别进行线性回归。回归结果表明，模型无异方差、无序列相关和无多重共线，达到了进行古典线性回归的要求。且大部分模型的拟合度非常好，各变量系数的符号符合预期。对各经济体回归的具体结果如表 6-2 所示。

表 6-2 亚洲新兴经济体经济增长与单要素贸易条件指数关系的回归结果

经济体	劳动力	资本	出口	单要素贸易条件	D_1	D_2	调整的 R^2	D. W.
中国大陆	0.249 (0.445)	0.291 * (7.012)	0.090** (2.730)	0.075 (1.420)	0.001 (0.318)	0.004*** (1.739)	0.707	1.900
中国香港	0.676 (1.077)	0.102*** (1.745)	0.260 * (3.942)	0.030 (0.173)	−0.072*** (−2.040)	−0.001 (−0.036)	0.654	2.059

---

① 由于中国台湾的劳动力和固定资本形成数据缺失，本小节无法对中国台湾进行验证。

② http://data.worldbank.org/indicator。部分经济体早期的美元计值数据缺失，因此以 2000 年美元为基期，对该经济体进行汇率换算。

续表6－2

经济体	劳动力	资本	出口	单要素 贸易条件	D_1	D_2	调整的 R^2	D. W.
印尼	4.748** (2.495)	0.106*** (1.769)	0.148* (2.634)	0.228** (2.351)	0.011*** (1.777)	−0.001 (−0.119)	0.538	1.876
韩国	1.440** (3.225)	0.413* (12.958)	0.017 (0.393)	0.092** (1.750)	−0.007** (−2.272)	−0.001 (−0.382)	0.954	2.148
马来西亚	2.596*** (1.889)	0.501* (17.117)	0.122*** (1.794)	0.137** (2.297)	−0.011** (−2.535)	0.005 (1.340)	0.942	1.882
菲律宾	1.461 (0.495)	0.371* (7.166)	0.672* (8.642)	0.336 (1.480)	0.009 (1.226)	0.003 (0.434)	0.833	2.026
新加坡	0.702** (2.205)	0.077*** (2.008)	0.336* (4.983)	0.023 (0.310)	−0.003 (−0.873)	−0.008*** (−1.792)	0.680	1.985
泰国	0.880 (0.689)	0.129* (7.887)	0.132* (4.177)	0.226 (1.268)	−0.010** (−1.316)	−0.003 (−1.316)	0.915	2.060

注：***、**、* 分别表示显著性为1％、5％和10％。

表6－2表明，各经济体劳动力、资本的系数符合事先经验预测，即都为正数，且数值较大，在统计上较为显著。由此可见，与传统观点一致，物质资本积累解释了亚洲新兴经济体绝大部分的经济增长。另外，除了韩国外，其他亚洲新兴经济体出口同其经济增长正相关并且几乎所有经济体的统计显著性在10％以上。这说明出口导向型增长模式对亚洲新兴经济体国民经济发展有较大促进作用，证实了在样本期间这些经济体确实采取了出口导向型增长模式。实际上，韩国的出口对经济增长同样也为正贡献，但是不仅系数数值最小（仅为0.017），统计上也不够显著。

接下来分析体现技术发展水平的单要素贸易条件对亚洲新兴经济体出口导向型增长的影响。所有亚洲新兴经济体的单要素贸易条件系数为正，表明近30多年来亚洲出口导向型增长中技术进步改善了单要素贸易条件，从而有利于出口贸易扩张，出口贸易则进一步推动了国民经济发展。但是从系数的数值上看，各经济体单要素贸易条件对经济增长的贡献度差异较大：最高的为菲律宾，该国单要素贸易条件每增加1个百分点，导致经济增长

0.3%；最低的为新加坡，其单要素贸易条件每增加 1 个百分点，导致经济增长仅为 0.02%。并且仅有印尼、韩国和马来西亚的单要素贸易条件系数在统计上比较显著，其他经济体都不显著。因此，单要素贸易条件或者说通过国际贸易实现的技术赶超对经济增长的影响并没有人们通常所期望的那样大。

在两次重大国际金融危机中，单要素贸易条件对亚洲新兴经济体经济增长的影响也各不相同。亚洲金融危机恶化了大部分经济体的单要素贸易条件，中国大陆、印尼和菲律宾是例外。但即使在这 3 个经济体中，仅印尼的单要素贸易条件系数显著性水平在 10% 以上，其他两个经济体并不显著。中国香港、韩国、马来西亚和泰国的单要素贸易条件指数在该时期较为严重地抑制了经济增长（对经济增长造成了 0.01% 左右的负效用），这与这些经济体在亚洲金融危机期间发生了金融危机的事实一致。对比之下，从总体上看，2008 年全球金融危机期间，亚洲新兴经济体单要素贸易条件对经济增长的负面影响较亚洲金融危机期间要小得多。不过，仅有中国大陆和新加坡在此期间单要素贸易条件的系数较为显著，均呈现 10% 以上的显著性水平。在 2008 年全球金融危机中，新加坡单要素贸易条件对出口导向型经济增长的贡献为负数，并且它是单要素贸易条件冲击经济增长为最严重的亚洲新兴经济体。这一结果恰好与图 6-1 中的直观结论吻合。中国大陆则相反，其单要素贸易条件在 2008 年全球金融危机中有所好转，这说明以技术进步为特征的全要素生产率增长推动了中国大陆出口导向型经济增长。

2. 实证检验结论

总之，实证的结果是大部分亚洲新兴经济体的单要素贸易条件和技术水平在对外开放的 40 年中呈现改善态势，并且对各经济体的经济增长有一定推动作用。根据实证结果，可以得出以下结论：

第一，亚洲新兴经济体单要素贸易条件与经济增长呈同步运动，该贸易条件指数的改善在一定程度上推动了亚洲经济的增长。根据贸易条件改善有利于经济增长的科学论断（Grimes，2007）[①]，较高的单要素贸易条件将推动经济增长。本小节关于单要素贸易条件和经济增长关系的实证分析也得出了类似结果。因此，单要素贸易条件并没有使得亚洲新兴经济体陷入"贫困化增长"的陷阱，相反它可能部分抵消了亚洲新兴经济体净贸易条件的恶化，体现了技术进步对经济增长的推动作用。事实上，制造品占亚洲总出口比重从 1977 年的 78.3％上升到 2007 年的87.4％[②]，足以证明亚洲新兴经济体出口部门的技术进步和单要素贸易条件已经有了较大改善。但是，尽管各经济体的单要素贸易条件对经济增长有一定促进作用，其贡献度仍远小于传统资本投入品的作用。Yusuf 等（2003）曾指出，亚洲新兴经济体经济增长模式所面临的真正挑战是不能仅依靠要素的积累来不断推动未来经济增长[③]。更何况单纯依靠资本要素积累的粗放型经济发展模型已经出现了与自然环境平衡发展的巨大矛盾，环境污染日益成为亚洲新兴经济体经济可持续发展的一大挑战。

第二，短期内亚洲新兴经济体不会将增长模式调整到单纯的内需增长模式。实证结果表明，亚洲新兴经济体各项生产要素对经济增长的贡献仍为正数，单要素贸易条件也是促进经济增长的重要因素之一。因此，尽管亚洲经济发展模式的出口导向型倾向

---

① 转引自刘先锋，刘飞：《我国工业制成品贸易条件的影响因素分析》，《国际贸易问题》，2008 年第 5 期，第 3～9 页。

② Prema－chandar Athukorala and Archanum Kohpaiboon，2009. Intra－Regional Trade in East Asia：The Decoupling Fallacy，Crisis，and Policy Challenges. ADB Working Paper No. 177：7.

③ Shahid Yusuf，Anjum Altaf and Barry Eichengreen，et al.，2003. Innovative East Asia：The Future of Growth. http://documents. worldbank. org/ curated/en/2003/03/2373378/innovative－east－asia－future－growth.

长期受到各种诟病（特别是 2008 年全球金融危机以来），甚至被断言该模式利好已经消失殆尽，但如同赵江林和张中元（2012）[①]指出的，2008 年全球金融危机之后，亚洲出口导向型增长模式仍具有可持续性，只不过因为国际需求的不足将会有一些弱化。

第三，国际金融危机以贸易条件波动为关键传递机制之一，对亚洲新兴经济体经济增长模式造成了冲击，但是必须区分这种冲击是熊彼特所谓的创造性破坏还是一般性破坏。亚洲新兴经济体经历了两次重大国际金融危机，每一次危机期间代表技术进步的单要素贸易条件对经济增长的影响不同。亚洲金融危机导致大部分亚洲新兴经济体出口价格恶化效应超过技术进步效应，拖累了经济增长。为了对区域需求下降和价格下降做出反应，亚洲新兴经济体将出口的重点市场转向了美国和欧盟。其结果是强化了出口导向型增长，导致亚洲新兴经济体创新的动态调整，即全球生产和分销体系从西方工业化国家转向新兴经济体的结构性转型。2008 年全球金融危机对亚洲新兴经济体单要素贸易条件的冲击不大，体现了技术进步对要素贸易条件的改善。当然，这同时得益于该时期商品出口价格的反弹。亚洲新兴经济体的出口收益不下跌反而增加，因此亚洲新兴经济体在短期内没有太多动力调整出口导向型增长。但是不能由此得出 2008 年全球金融危机后亚洲新兴经济体可以维持原有经济发展模型不变的结论，因为直到最近几年，这场金融危机的负面影响才开始在新兴经济体中日益显现。Bloch 和 Sapsford（2009）认为目前的状态是，这场全球金融危机是创造性破坏的一个较量回合[②]。或许，这正是调

[①] 赵江林，张中元.《后危机时代东亚出口导向型增长模式会发生异动吗?》,《亚太经济》，2012 年第 4 期，第 10～15 页。

[②] Harry Bloch and David Sapsford, 2009. Terms of Trade Movements and the Global Economic Crisis: Implications for the Asia-Pacific Region. https://crawford.anu.edu.au/acde/events/past/tradeandindustry/papers/Paper_14_Bloch.pdf.

整亚洲新兴经济体经济发展模式的一个契机。

6.2 经济增长平稳性面临的挑战——基于以出口为支柱的增长模式衡量

自从世界银行在 1993 年提出了"亚洲奇迹"论断后，亚洲新兴经济体采用的以出口为支柱的增长模式俨然成为新兴经济体成功发展的典范和创造"奇迹"的载体。出口导向型增长模式与传统的内生因素主导增长模式不同，它依赖于外部需求，是一种典型的外生因素主导增长模式。出口导向型增长模式最早起源于第二次世界大战后的德国和日本，在 20 世纪 80 年代和 90 年代，亚洲新兴经济体纷纷加入了该阵营。1997—1998 年亚洲金融危机严重冲击了亚洲新兴经济体，人们纷纷质疑亚洲经济发展模式的可持续性以及亚洲奇迹是不是真正的经济增长奇迹。然而，亚洲迅速从那次金融危机重创中复苏，虽然经济发展经历了美国 2001 年信息技术泡沫破灭的影响，但是直到 2008 年全球金融危机爆发前一直在享受出口导向型增长模式所带来的利益。这一期间持续高涨的经济增长证实了出口导向型增长确实有利于新兴经济体的发展。2008 年全球金融危机后，亚洲新兴经济体因为欧美的需求急剧下降而受到冲击，面临十分不利的外部环境。在外部需求不足的萧条环境中，人们再次反思新兴经济体出口导向型发展模式的可持续性。许多人认为发达国家重返经济再平衡之路，使得依赖发达市场需求的新兴经济体出口导向型增长模式难以为继，亚洲新兴经济体必须从出口导向型的外生性增长模式转向内需导向型的内生性增长模式。但是，2008 年全球金融危机后，事实真是如此吗？本小节试图深入研究这个问题。

6.2.1 关于亚洲新兴经济体出口导向型模式的主要争论

新古典经济学支持贸易和经济增长之间具有强烈联系的观点。Balassa（1978）、Feder（1982）、Helpman 和 Krugman（1985）等指出贸易对出口增长有单向因果关系：贸易增长特别是出口增长是经济增长的主要驱动因素，因为对外贸易具有规模经济、生产专业化、改善生产率、"干中学"等促进经济增长的效应。Balassa 等学者构建的发展经济学理论为出口导向型增长假说的形成打下了理论基础，而出口导向型增长假说理论的成功运用则出现在亚洲新兴经济体腾飞的过程中。早在亚洲金融危机爆发前，大量的文献将出口导向型增长视为亚洲新兴经济体经济发展的重要因素。较早将出口总结为亚洲新兴经济体成功的重大因素之一是 Kuznets（1988）[1]。但是，使得亚洲出口导向型增长家喻户晓的是世界银行 1993 年出版的《东亚奇迹：经济增长和公共政策》一书。

1997—1998 年亚洲金融危机后，许多人宣称出口导向型增长模式终结。Stiglitz 和 Yusuf（2001）[2] 首先展开了对东亚奇迹的系统性批判。Blecker（2002）[3] 强调出口导向型增长模式的本

---

① Paul Kuznets，1988. East Asian Model of Economic Development：Japan，Taiwan，and South Korea. Economic Development and Cultural Change，36（3）：11−43.

② Joseph Stigilitz and Shahid Yusuf，ed，2001. Rethinking the East Asia Miracle. New York：Oxford University Press.

③ Robert Blecker，2002. The Diminishing Returns to Export−led Growth. In Walter Mead and Sherle Schwenninger，ed. The Bridge to a Global Middle Class：Development，Trade and International Finance. Boston：Kluwer Academic Publishers for the Miken Institute.

质缺陷是，在全球需求给定的条件下，发展中国家制造品的出口市场受制于工业化国家吸收相应进口品的能力和意愿。Palley（2002）[①] 以合成谬误、竞次竞争、金融不稳定、增长依赖出口扩展等 4 个"病症"详细地批判了出口导向型发展模式，鼓吹发展中国家需要寻求基于内部市场发展的增长。

尽管大量学者认为亚洲金融危机是亚洲出口导向型增长模式的缺陷导致的，但亚洲金融危机过后亚洲新兴经济体的出口导向型增长模式得到迅速恢复，并且取得了前所未有的良好表现。正如 Hunt（2008）所宣称的，"1997—1998 年亚洲危机为中国和其他新兴市场当前出口导向型增长战略做好了准备"[②]。直到 2008 年全球金融危机情形有所改变，亚洲新兴经济体经济增长过度依赖出口已成为许多人对出口导向型增长模式可持续性的批判焦点。中国香港金管局的专家 He 等（2007）[③] 指出，亚洲新兴经济体的增长长期受到美国增长的影响，中国大陆的所谓重商主义习惯以及东亚累积的巨额贸易盈余，都说明出口导向型增长模式在本次金融危机后不可持续。出口导向型增长模式的坚定批评者 Palley（2011）[④] 更是老调重弹，在各种场合下强烈批评出口导向型增长模式。他不仅重新强调了长期所坚持的观点，并且特别指出当前支持出口导向型增长的条件已耗尽。在全球需求的

---

① Thoms Palley，2002. A New Development Paradigm：Domestic Demand－led Growth. http://www. thomaspalley. com/docs/articles/economic _ development/ new _ development _ paradigm. pdf.

② Chris Hunt，2008. Financial Turmoil and Global Imbalances：The End of Bretton Woods II? In Reserve Bank of New Zealand：Bulletin，71（3）：44－55.

③ Dong He，Lilian Cheung and Jian Chang，2007. Sense and Nonsense about Asia's Export Dependency and the Decoupling Thesis. Hong Kong Monetary Authority Quarterly Bulletin，June：19－33.

④ Thomas Palley，2011. The End of Export－led Growth：Implications for Emerging Markets and the Global Economy. http://library. fes. de/pdf－files/bueros/ china/11402. pdf.

结构性短缺和新兴经济体间的激烈竞争环境下，出口无法对作为一个整体的新兴经济体起促进增长的作用。

但是一部分人认为，否定出口导向型增长模式是有问题的。He 和 Zhang（2010）[1] 认为用出口或贸易盈余作为增长模式转换的依据是有问题的，因为它混淆了对外贸易对一个经济体的周期性发展效应和长期增长潜力。他们特别提醒人们注意，出口导向型增长并不必然意味着要么存在贸易盈余要么存在贸易赤字，经由贸易产生的技术溢出和制度转变才是经济增长的关键。Jimenez 和 Razmi（2013）[2] 将出口导向型增长模式细分为传统的净出口导向型增长、可贸易品部门导向型增长、制造品出口导向型增长和集中于工业化国家出口导向型增长这 4 种战略，检验了 43 个亚洲发展中国家和 23 个工业化国家在 1953—2009 年间的增长战略。他们得出的结论是，亚洲发展中国家对工业化国家的出口增长最为强劲并正向地伴随着亚洲发展中国家的增长。但是他们警告，由于 2008 年全球金融危机爆发前全球失衡主要涉及工业化国家的贸易赤字，因此全球金融危机后工业化国家收入增长放缓很可能导致亚洲对工业化国家的出口恶化。赵江林和张中元（2012）[3] 基于国民收入恒等式，将净出口作为外需，将私人消费、政府消费与总投资等项目作为内需，比较了 1988 年以来 9 个亚洲新兴经济体内需和外需增长率与 GDP 增长率的大小。当外需增长率超过 GDP 增长率时，则定义为出口导向型增长。

[1] Dong He and Zhang Wenlang, 2010. How Dependent is the Chinese Economy on Exports and in What Sense has Its Growth been Export-led? Journal of Asian Economics, 21 (1): 87-104.

[2] Gonzalo Hernandez Jimenez and Arslan Razmi, 2013. Can Asia Sustain an Export-led Growth Strategy in the Aftermath of the Global Crisis? Exploring a Neglected Aspect. Journal of Asian Economics, 29 (11): 45-61.

[3] 赵江林，张中元：《危机时代东亚出口导向型增长模式会发生异动吗?》，《亚太经济》，2012 年第 4 期，第 10~16 页。

其结论是，长期以来，即使受到 2008 年全球金融危机的冲击，亚洲出口导向型增长模式仍然是可持续的。但是 2008 年全球金融危机之后，亚洲新兴经济体的经济增长战略发生了一些变化，转为弱内需导向型模式和出口导向型模式的混合。

最后一种研究结论是混合的。Medina－Smith（2001）[①] 对 20 世纪 60 年代末期—90 年代末期 42 篇实证文献进行了梳理，发现各类证据表明出口并不必然引起增长，换言之，出口与经济增长间的关系不明朗。Dreer 和 Herzer（2013）[②] 为了克服出口本身是 GDP 重要构成部分这一影响，检验了出口对扣除出口后的国民收入（非出口增长）的影响，得出的结论是在 1971—2005 年间，短期内被检验的 45 个发展国家显示了出口与非出口GDP 之间存在正相关；但从长期平均意义上看，出口增加导致了发展中国家非出口 GDP 的减少。这一组在研究方法上不同于其他组的一个突出特点是，实证所依据的理论模型不是传统经济增长的需求函数而是生产函数，即在生产函数中引入第三个解释变量即出口，将出口看作生产函数中全要素生产率的代表。

从以上的研究成果来看，人们对亚洲出口导向型增长模式存在诸多争议。总体上而言，大部分学者倾向于认为出口导向型增长模式对亚洲腾飞起了重要作用，但认为这种模式不可持续，或者说必须随着全球环境的变化而修正。以上研究存在以下问题。第一，大部分文献基本上从统计数据角度或理论角度对亚洲出口导向型增长模型进行了验证。小部分实证研究文献要么仅对单个国家进行检验，要么仅仅将少数几个亚洲新兴经济体作为发展中

① Emilio Medina－Smith，2001. Is Export－led Growth Hypothesis Valid for Developing Countries? A Case Study of Costa Rica. http://unctad. org/SearchCenter/Pages/Results. aspx?.

② Christian Dreer and Dierk Herzer，2013. A Further Examination of the Export－led Growth Hypothesis. Empirical Economics，45（1）：39－60.

国家的一部分来研究，少有对亚洲新兴经济体地区的发展模式进行面板研究。第二，这些文献基本忽略了 2008 年全球金融危机对亚洲新兴经济体出口导向型增长的影响程度研究。大部分实证研究的样本没有延伸到 2008 年全球金融危机期间。即使 Jimenez 和 Razmi（2013）的样本数据截止日期为 2009 年，但仍没有专门考虑全球金融危机的冲击。一小部分文献虽然考虑了 2008 年全球金融危机的影响，但进行的仅仅是学理上的分析，如 Palley（2011）；或者只是简单的统计分析，如赵江林和张中元（2012）。第三，大部分实证研究依据的是传统的结构性一般均衡模型（如国民收入恒等式），或者直接分析经济增长与出口（或贸易平衡）间的因果关系，忽略了出口导向型增长模式本身蕴含的技术进步因素。然而，亚洲新兴经济体出口导向型增长的重要特征之一是具有较高竞争力的制成品出口。换言之，亚洲新兴经济体之所以能够长期维持高增长，出口带来的技术溢出效应是不可或缺的。为了显示出口带来的技术进步和生产效率提高，本小节从扩展的 Cobb-Douglas 生产函数角度，利用具有更高解释力的动态面板数据分析方法，考察 21 世纪以来在 2008 年全球金融危机的影响下 9 个主要亚洲新兴经济体出口导向型增长一般性特点的变化。

6.2.2　出口对亚洲新兴经济体经济增长的贡献

以东亚为代表的亚洲新兴经济体在 20 世纪 90 年代迅速崛起，乃至成为世界经济增长引擎之一。从发展经济学的角度看，其经济发展战略具有强烈的外向型或对外依赖特征，贸易特别是出口业已成为亚洲新兴经济体近些年经济增长的主要驱动因素。出口对亚洲新兴经济体经济增长的贡献不仅体现在国外市场的需求直接促进了 GDP 增长上，也体现在出口通过其他机制导致的经济增长间接效应上。

1. 出口对经济增长的直接贡献

亚洲国家已经经历了数年的出口快速增加和经济增长，出口对经济增长的直接贡献非常显著。根据对出口导向型增长假说的传统理解，出口导向型增长国家的一个典型特征是经济增长依赖出口，出口构成了总需求的重大来源。因此，出口快速增长是亚洲出口导向型增长的主要特征。如果以 2008 年全球金融危机为界线，可以比较亚洲主要新兴经济体在本场金融危机前后的出口平均增长率。

亚洲新兴经济体在全球金融危机爆发前都维持着较高的出口增长率。中国大陆的出口增长最为显著，2000—2006 年年均增长率高达 26.5%。受 2008 年全球金融危机的影响，所有经济体的出口增长率在 2007—2009 年间显著下降，中国香港、马来西亚、菲律宾在金融危机期间的出口甚至为负增长。其中菲律宾下降最为严重，在危机时期平均年出口增长率为 -6.0%。但是随着全球经济逐渐复苏，到了 2010 年，亚洲新兴经济体的出口开始恢复。马来西亚和菲律宾的出口增速甚至超过全球金融危机爆发之前，当然这与金融危机期间出口严重下滑有关。其他经济体的出口增长虽然依旧为正数，但增长率低于或者略低于全球金融危机爆发前。特别是中国大陆在金融危机后的年均出口增长率为 17.4%，尽管远高于其他亚洲新兴经济体，但仍显著低于金融危机爆发前[①]。总之，出口快速增长仍然是 21 世纪以来亚洲新兴经济体经济增长的重大特征，而且在非危机时期亚洲主要新兴经济体出口增长明显比 GDP 增长快。另外，亚洲最近十多年的增长经历也暴露了出口导向型增长模式的一个重大缺陷——经济增长对外部市场的需求变化非常敏感，一旦全球金融危机引致全球

---

① 数据来源：根据 Wind 数据库相关数据计算。

需求崩溃，将导致出口严重缩水。

2. 出口对经济增长的间接贡献

亚洲新兴经济体之所以能够长期维持高增长率，不仅仅是由于出口增长本身的直接贡献，更重要的是出口间接促进了经济发展。出口导向型增长的生命力在于强调出口产品的国际竞争力，为此必须提高劳动生产率，从而间接地扩大总需求和推动经济增长。长期以来，亚洲新兴经济体坚定执行以出口带动发展的赶超战略，以欧美等发达国家为主要出口市场，因此出口产品大部分为工业制成品。Melitz（2003）指出，亚洲新兴经济体的出口商品在发达经济体市场上激烈竞争，有利于技术溢出和先进管理技术转移，促进了劳动生产率的改善，因而出口成为生产率增长的来源[1]。

表6－3表明，除印尼和中国香港[2]外，2000年以来，其他6个亚洲新兴经济体的制成品出口占总出口的平均比重均在50%以上。中国台湾、中国大陆和菲律宾的制成品出口占比在90%以上或者接近90%，马来西亚、韩国和泰国的制成品出口占比在70%以上。同样，以2008年全球金融危机为分水岭，可以发现菲律宾和中国台湾的制成品出口比重在本次金融危机前后几乎维持了同样的高水平。新加坡、韩国、中国大陆的制成品出口比重在全球金融危机以后反而增加了，特别是新加坡和韩国分别较本次金融危机前增加了近20个百分点和近6个百分点。该指标轻微下降的是泰国，与2008年全球金融危机爆发前的水平相比下降了近3个百分点。印尼和马来西亚的出口制成品比重下降得比较厉害，均下降了大约6个百分点。从这里可以推断，与出口

---

① Marc Melitz，2003. The Impact of Trade on Intra－industry Reallocations and Aggregate Industry Productivity. Econometrica，71（6）：1695－1725.

② 中国香港的情况比较特殊，由于该地区主要以服务贸易出口和转口贸易出口为主，因此没有专门统计其制成品出口。

增长率显著下降不同，大多数亚洲新兴经济体在 2008 年全球金融危机后，出口对经济增长的间接推动效应并没有严重下降，个别新兴经济体出口的正外溢作用得到了强化。

表 6-3　2000 年第一季度—2013 年第二季度亚洲新兴经济体制成品出口占总出口比重（%）

时间	中国大陆	印尼	韩国	马来西亚	菲律宾	新加坡	泰国	中国台湾
2000 年第一季度—2009 年第二季度	92.8	43.2	73.4	80.9	89.8	47.4	75.4	98.7
2009 年第三季度—2013 年第二季度	95.0	36.6	79.0	75.2	88.2	67.2	72.5	98.8
总平均值	93.6	41.0	75.3	79.0	89.4	54.2	74.4	98.7

数据来源：根据 Wind 数据库相关数据计算。

直观的制成品数据并不能够完全反映出口对一个经济体的劳动生产率的推进作用，因为制成品所包含的技术水平并不一致。显然，高技术含量的出口制成品对劳动生产率的推动更为显著。世界银行每年都会公布大多数经济体的高科技产品占制成品出口比重。图 6-2 比较了亚洲唯一一个发达经济体而且也是世界重要出口大国——日本的高科技产品出口比重与亚洲新兴经济体高科技产品出口比重。由于世界银行没有统计中国台湾的这一指标，这里根据沙加亚·劳尔（2002）[1] 和魏浩等（2011）[2] 等文献中给出的基于 SITC 三位数出口制成品分类方法，将中国台湾电子和电力制成品（11 种）及其他产品（7 种）视为高科技产

---

[1]　沙加亚·劳尔：《中国对亚洲制成品出口竞争影响》，《南开经济研究》，2002 年第 1 期，第 9~15 页。

[2]　魏浩，王露西，李翀：《中国制成品出口比较优势及贸易结构研究》，《经济学（季刊）》，2011 年第 7 期，第 1281~1310 页。

品，具体包括办公用品、数据处理、电信设备等。根据 Wind 数据库提供的中国台湾出口商品分类数据，计算出高技术产品出口金额，然后计算其占制造品总出口的比重。图 6−2 显示了令人惊讶的比较结果：在 2000—2016 年，除了中国香港和印尼出口制造品的科技含量长期显著低于日本外，其他亚洲经济体出口品中的高科技含量均长期高于日本。菲律宾、新加坡、马来西亚和中国台湾受 2008 年全球金融危机影响，高科技产品出口的比重相比本次金融危机爆发前有显著下降，但在整个 16 年里均明显高于日本 2～3 倍。中国大陆在 2000—2002 年间出口产品的高科技含量低于日本，但从 2003 年起超过了日本，二者呈现出了剪刀差趋势。这种明显的差别表明，大多数亚洲新兴经济体之所以长期倚重出口导向型增长，是因为出口特别是高科技产品出口确实改善了经济增长的质量。

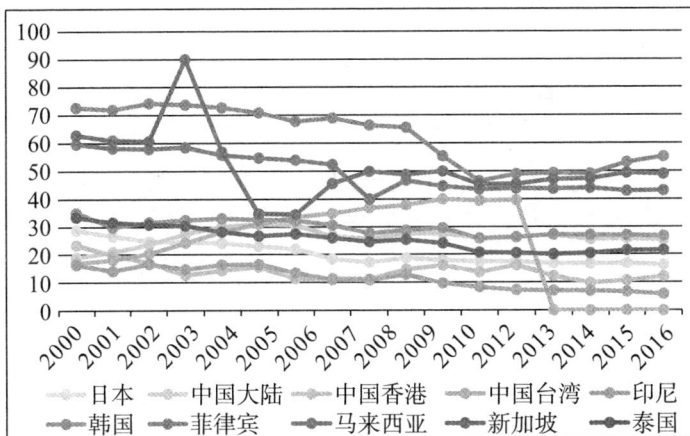

图 6−2　2000—2016 年日本及亚洲新兴经济体
高科技产品出口占制造品出口比重（％）

注：中国台湾数据截至 2012 年。

数据来源：世界银行数据库和 Wind 数据库。

6.2.3 出口导向型增长的理论框架

出口贸易提高了国内生产效率，但是如何衡量出口推动了国内经济更为强劲的增长？出口导向型增长的实证研究主要有以下两种方法。

传统的出口导向型增长实证检验一般基于支出法的国民收入恒等式。这种实证方法存在两个主要问题。第一，基于"消费+投资+净出口"的国民收入恒等式检验出口对 GDP 的贡献度，这是纯粹的国民收入恒等式核算方式变化，没有表明出口与经济增长间存在因果关系或理论支持（He and Zhang，2010）[①]。况且，国民收入恒等式表明，出口本身就是总需求的组成成分，因此二者间不具有直观的同期正相关关系（Dreer and Herzer，2013）[②]。第二，需求法框架下的国民经济核算方法适宜于分析短期经济波动，而以供给框架为基础的生产函数方法适于分析长期的经济增长[③]。劳动力、资本等投入要素以及生产效率改善是亚洲新兴经济体维持长期增长的重要决定性因素。

最近比较流行的实证方法强调检验出口增长和经济增长的因果关系。但是，因果检验方法忽略了出口增长和经济增长间的理论关系，并且在实证检验过程中忽略了除出口外其他可能影响经济增长的因素。而产出的差异反映了生产率的差异不仅仅是贸易

---

① Dong He and Wenlang Zhang，2010. How Dependent is the Chinese Economy on Exports and in What Sense has Its Growth been Export－led? Journal of Asian Economics，21（2010）：87－104.

② Christian Dreer and Dierk Herzer，2013. A Further Examination of the Export－led Growth Hypothesis. Empirical Economics，45（1）：39－60.

③ 张明：《全球危机下的中国变局》，中国金融出版社，2013 年，第 294～295 页。

条件的变化①。出于上述理由，这里使用生产类型函数来实证检验出口增长对亚洲新兴经济体经济的增长影响。

1. 扩展的柯布－道格拉斯模型

出口导向型增长假说表明，出口通过提高生产率最终推动经济增长。因此，一国经济增长不仅仅产生于该经济体投入的劳动力和资本数量，也取决于出口扩张。为了克服传统国民收入恒等式的缺陷即无法体现出口带来的外部性，Feder（1982）② 最早运用两部门模型来反映出口贸易可能对生产率和经济增长的影响。Medina－Smith（2001）③ 以扩展的柯布－道格拉斯生产函数（augmented Cobb－Douglas function）来检验出口导向型增长假说，认为除了劳动力、资本等国内投入要素影响经济增长，出口所带来的外部性投入要素也影响增长。Dreer 和 Herzer（2013）采用类似的思想，考察了出口对不包含出口的经济增长的影响。类似地，本小节以前人的研究结论作为基础，建立包含出口的扩展型柯布－道格拉斯生产函数模型，即除劳动力和资本这两种传统投入要素外，将出口作为生产的第三个投入要素并作为全要素生产率的替代变量。

（1）扩展的柯布－道格拉斯函数原型。

扩展的柯布－道格拉斯生产函数建立在简单的两部门增长模型基础上。这个理论框架有如下几个假设：第一，一个经济体仅仅由两个部门构成，每一个部门仅生产单一商品。出口部门为国

---

① Dale Jorgenson and Khuong Vu, 2009. Growth Accounting within the International Comparison Program. The ICP Bulletin, 6（1）: 3－13.

② Gershon Feder, 1982. On Exports and Economic Growth. Journal of Development Economics, 12（2）: 59－73.

③ Emilio Medina－Smith, 2001. Is Export－led Growth Hypothesis Valid for Developing Countries? A Case Study of Costa Rica. http://unctad. org/SearchCenter/Pages/Results. aspx?.

外市场生产贸易品，而非出口部门则完全为国内市场生产非贸易品。第二，两个部门从该经济体获得生产所必需的投入要素。第三，两部门间存在显著的生产率差异，出口部门要素的边际生产率比非出口部门高。第四，非出口部门的产出不仅依赖于劳动力和资本等国内基本生产要素，也依赖于出口（Medina－Smith，2001）。显然，两部门间的不同生产率导致了资源并非最优配置，从而伴随出口产生了独一无二要素外部性和正溢出。这正是传统的国民收入恒等式框架无法抓住的重要一点。

简单的柯布－道格拉斯模型如下：

$$Y_{i,t} = A_{i,t} L_{i,t}^{\beta_1} K_{i,t}^{\beta_2} \qquad (6-4)$$

其中，$Y_{i,t}$、$L_{i,t}$ 和 $K_{i,t}$ 分别是第 i 国在时间 t 的产出、劳动力和资本，$A_{i,t}$ 是全要素生产率参数。

为了衡量出口如何通过技术转移和溢出机制来促进对外开放国家的经济增长，假设全要素生产率参数可以表示为出口 $X_{i,t}$ 的函数：

$$A_{i,t} = a_0 + f(X_{i,t}) = a_0 + X_{i,t}^{\beta_3} \qquad (6-5)$$

将式（6－5）带入式（6－4），并对等式两边取自然对数，则得到了扩展的柯布－道格拉斯生产函数对数形式：

$$\ln Y_{i,t} = a_0 + \beta_1 \ln L_{i,t} + \beta_2 \ln K_{i,t} + \beta_3 \ln X_{i,t} \qquad (6-6)$$

其中，系数 β_1、β_2 和 β_3 分别表示第 i 国产出对劳动力、资本和出口的弹性。

到此为止，建立的理论框架似乎是合乎逻辑的。但是 He 和 Zhang（2010）、Dreer 和 Herzer（2013）等指出，由于出口通过国民收入恒等式成为产出的天然组成部分，因此即使出口没有生产率效应，出口和产出间不可避免地存在伪正向相关关系。因而 Dreer 和 Herzer（2013）提出用出口衡量产出的生产率效应是不准确的。他们建议用国民收入恒等式中扣除出口得到的非出口产出来取代（6－6）式中的总产出 Y_{it}，即非出口产出 N_{it}：

$$N_{i,t} = Y_{i,t} - X_{i,t} \qquad (6-7)$$

从而得到估计方程：

$$\ln N_{i,t} = a_0 + \beta_1 \ln L_{i,t} + \beta_2 \ln K_{i,t} + \beta_3 \ln X_{i,t} \qquad (6-8)$$

根据 Dreer 和 Herzer（2013）的理论，$\beta_3 > 0$，则表明出口的增长效应超过了单纯出口数量的增加，因而通过提高生产率而增加了 GDP；$\beta_3 = 0$，则表明出口仅在 GDP 总额中占了一定份额，但没有对生产率产生任何影响；$\beta_3 < 0$，则表明出口对 GDP 的贡献比出口数额增加的贡献小，即出口不但没有增加生产率反而降低了生产率。

（2）对理论框架的修正。

针对亚洲新兴经济体经济增长的特性，对式（6-8）构建的模型进行以下修改：

第一，以制成品出口 MX_t 取代模型中的出口 X_t。贸易与生产率间的关系是近些年贸易理论中的核心思想。出口导向型增长假说认为，贸易可对一国施加国际竞争、技术溢出、专业化和规模经济等外部性因素影响，刺激经济增长。因而出口成为技术变革的载体，也是生产率改善和经济增长的载体。Jimenez 和 Razmi（2013）认为这种情况导致对出口导向型增长的因素探讨转向了供给方因素，即必须考虑出口导致技术进步这种潜在本质，并最终提出了制造品出口导向型增长战略假说[1]。制成品出口在亚洲新兴经济体总出口的比重基本上超过了 50%，而亚洲新兴经济体能够长期维持出口导向型增长的根本原因在于，相对其他发展中国家，亚洲新兴经济体出口结构中制成品的科技含量较高。因而本小节将式（6-8）等号左边的非出口产出改为扣除

---

[1] Gonzalo Hernandez Jimenez and Arslan Razmi, 2013. Can Asia Sustain an Export-led Growth Strategy in the Aftermath of the Global Crisis? Exploring a Neglected Aspect. Journal of Asian Economics，29（11）：45-61.

制成品的总产出，即 $N_{i,t} = Y_{i,t} - MX_{i,t}$。

第二，将突发性的外部冲击变量（以 D 表示）加入模型，以考虑外部冲击从出口传递至经济增长的过程。出口导向型增长是一种外向型增长，因此外部需求冲击或者外部价格冲击通常影响甚至决定了国内政策。带有强烈出口导向增长特征的亚洲新兴经济体一直严重暴露于外部冲击[①]，先后经历了 1997—1998 年亚洲金融危机和 2008 年全球金融危机的冲击。因而在构造理论模型时，必须考虑外部冲击，如国际金融危机对出口贸易的冲击以及对经济增长的影响。

第三，将静态面板模型改为动态面板模型，考虑动态增长效应。式（6-8）给出的扩展的柯布—道格拉斯生产函数是静态模型，仅反映了变量间短期的关系。为了体现所有解释变量对产出的长期和短期影响，引入被解释变量的滞后期，将式（6-8）变为动态模型。

最终，本小节检验的理论模型如下：

$$\ln N_{i,t} = \alpha_0 + \alpha_1 \ln N_{i,t-i,(t-1)} + \beta_1 \ln L_{i,t} + \beta_2 \ln K_{i,t} + \beta_3 \ln MX_{i,t}$$
$$+ \beta_4 (D_t \ln MX_{i,t}) + \eta_i + \varepsilon_i \qquad (6-9)$$

其中，$(D_t \ln MX_{i,t})$ 代表制成品出口 MX 和虚拟变量 D_t 的相互作用项，旨在抓住 2008 年全球金融危机结束后制成品出口对经济体 i 增长的影响。第一个乘项 $(D_1 \ln MX)$ 衡量 2008 年全球金融危机期间的作用程度，第二个乘项 $(D_2 \ln MX)$ 衡量本次金融危机后的作用程度。遵循大多数文献的划分标准，将 2007 年第二季度—2009 年第二季度定义为 2008 年全球金融危机爆发期间，2009 年第三季度起为全球经济复苏阶段。因此，当 t 在

---

① Jarko Fidrmuc and Iikka Korhonen，2010. The Impact of the Global Financial Crisis on Business Cycles in Asian Emerging Economies. Journal of Asian Economics，21（3）：293-303.

2007 年第二季度—2009 年第二季度时，$D_{1t} = 1$；否则，$D_{2t} = 0$。类似地，当 $t \geqslant 2009$ 年第三季度时，$D_{2t} = 1$；否则，$D_{3t} = 0$。尽管亚洲新兴经济体制成品出口类别的相似度较高，但由于各地情况不同，出口对产出的生产率效应可能在各经济体间有所不同，因此用 η 表示经济体固定效应。最后一项 ε 是残差项，并且假设所有解释变量与残差项不相关。

关于解释变量系数的经济学含义，由于本小节关注的是制成品出口对经济增长的影响，因此制成品出口 MX 为主要解释变量，β_3 可解释为出口的短期弹性，$\beta_3 / (1 - \alpha_1)$ 可解释为出口的长期弹性。

2. 数据说明及样本期间

所有时间序列的数据主要来自 Wind 数据库，样本期间为 2000 年第一季度—2014 年第二季度。N 为扣除了制造品的 GDP 总额，L 用就业劳动力（单位：千人）表示[①]，K 用总资本形成表示，MX 为制成品出口额。除了就业劳动力外，其他的变量均用 2000 年不变价的美元表示，并且单位都为百万美元。同时，根据模型设定，所有变量取对数形式，从而消除了异方差。其中，需要说明的时间序列如下：

第一，中国香港主要以转口贸易为主，没有专门的制造品出口统计，因此以中国香港产品出口值作为中国香港制造品出口的代理变量。

第二，对于 Wind 数据库没有专门制成品统计数据的经济体——韩国和新加坡，根据各经济体海关统计，用分类商品出口的 SITC 类别中 5、6、7 和 8 之和作为制成品出口统计量，或者用 HS 分类中的制成品来统计。Wind 数据库关于马来西亚制成

---

① 因为季度总人口数变动不大，故以季度就业劳动力代表季度劳动力投入。

品出口数据为年度数据，但是马来西亚央行统计了制造品出口的季度数据，因此马来西亚制成品出口数据来自该国央行网站。

第三，中国大陆 GDP 季度数据和固定资产形成月度数据来自中国统计局网站。为了获得季度数据，将资本形成的月度累计值转换为增加值并在每个季度进行加总。

第四，Wind 数据库没有关于菲律宾和新加坡的季度就业劳动力统计数据，因此用该数据库关于这些经济体的季度失业率或就业率数据和世界银行统计的 15 岁以上劳动力年度人口数据推算季度就业劳动力人口。印尼的就业劳动力数据来自 IMF 数据库。

6.2.4 出口导向型增长的实证检验

由于亚洲新兴经济体的经济发展缺乏收敛性并且国家规模大小不一，为了防止体量过大的经济体对实证结果的干扰，以及避免面板检验掩盖了单个国家的特征问题，首先对单个亚洲新兴经济体的出口导向型增长进行截面检验。

1. 单个经济体出口导向型增长的检验

（1）关于时间序列平稳性的检验。

在进行单个经济体出口导向型增长的实证之前，需要对每个亚洲新兴经济体的时间序列平稳性进行检验，以避免伪相关关系。对于时间序列进行单位根检验，一般用 ADF 检验方法。检验结果如表 6-4 所示，可见，所有时间序列在原水平上围绕均值都不平稳，经过 1 阶差分后则变平稳。

表6-4　时间序列单位根检验

经济体	变量	原水平				1阶差分			
		ADF统计值	临界值			ADF统计值	临界值		
			1%水平	5%水平	10%水平		1%水平	5%水平	10%水平
中国大陆	lnN_t	-0.979	-3.580	-2.930	-2.600	-2.625	-3.577	-2.928	-2.599
	lnL	1.574	-3.580	-2.930	-2.600	-4.112	-3.573	-2.926	-2.598
	lnK	-1.639	-3.580	-2.930	-2.600	-2.804	-3.577	-2.928	-2.599
	lnMX	-2.432	-3.580	-2.930	-2.600	-2.774	-3.579	-2.929	-2.600
中国香港	lnN_t	-0.122	-3.580	-2.930	-2.600	-2.760	-3.579	-2.929	-2.600
	lnL	0.726	-3.580	-2.930	-2.600	-3.141	-3.579	-2.929	-2.600
	lnK	-1.230	-3.580	-2.930	-2.600	-2.749	-3.577	-2.928	-2.599
	lnMX	-0.558	-3.580	-2.930	-2.600	-3.771	-3.579	-2.929	-2.600
印尼	lnN_t	-1.770	-3.580	2.930	-2.600	-3.635	-3.576	-2.928	-2.599
	lnL	/	/	/	/	/	/	/	/
	lnK	-0.466	-3.587	-2.933	-2.601	-3.006	-3.580	-2.930	-2.600
	lnMX	-1.035	-3.587	-2.933	-2.601	-3.990	-3.580	-2.930	-2.600

续表6—4

经济体	变量	原水平				1阶差分			
		ADF统计值	1%水平	5%水平	10%水平	ADF统计值	1%水平	5%水平	10%水平
韩国	$\ln N_t$	-1.489	-3.587	-2.933	-2.601	-2.989	-3.587	-2.933	-2.601
	$\ln L$	1.051	-3.580	-2.930	-2.600	-3.146	-3.587	-2.933	-2.601
	$\ln K$	-1.811	-3.587	-2.933	-2.601	-2.892	-3.594	-2.936	-2.602
	$\ln MX$	-2.299	-3.579	-2.929	-2.600	-2.737	-3.587	-2.933	-2.601
马来西亚	$\ln N_t$	-1.034	-3.580	-2.930	-2.600	-3.273	3.587	-2.933	-2.601
	$\ln L$	0.456	-3.750	-3.000	-2.630	-2.852	-3.723	-2.989	-2.625
	$\ln K$	-0.121	-3.580	-2.930	-2.600	-3.517	-3.579	-2.929	-2.600
	$\ln MX$	-1.426	-3.587	-2.933	-2.601	-3.082	-3.594	-2.936	-2.602
菲律宾	$\ln N_t$	-0.711	-3.580	-2.930	-2.600	-3.001	-3.579	-2.929	-2.600
	$\ln L$	0.968	-3.580	-2.930	-2.600	-2.982	-3.579	-2.929	-2.600
	$\ln K$	0.385	-3.580	-2.930	-2.600	-3.232	-3.580	-2.930	-2.600
	$\ln MX$	-1.013	-3.587	-2.933	-2.601	-3.200	-3.594	-2.936	-2.602

续表 6-4

经济体	变量	原水平				1阶差分			
		ADF统计值	临界值			ADF统计值	临界值		
			1%水平	5%水平	10%水平		1%水平	5%水平	10%水平
新加坡	$\ln N_t$	-2.153	-3.580	-2.930	-2.600	-2.801	-3.587	-2.933	-2.601
	$\ln L$	0.653	-3.580	-2.930	-2.600	-3.206	-3.579	-2.929	-2.600
	$\ln K$	-0.830	-3.580	-2.930	-2.600	-2.656	-3.579	-2.929	-2.600
	$\ln MX$	-2.088	-3.594	-2.936	-2.602	-3.135	-3.587	-2.933	-2.601
泰国	$\ln N_t$	-1.515	-3.580	-2.930	-2.600	-2.928	-3.580	-2.930	-2.600
	$\ln L$	-1.732	-3.607	-2.941	-2.605	-2.750	-3.580	-2.930	-2.600
	$\ln K$	-1.931	-3.580	-2.930	-2.600	-3.718	-3.579	-2.929	-2.600
	$\ln MX$	-1.832	-3.580	-2.930	-2.600	-2.802	-3.587	-2.933	-2.601
中国台湾	$\ln N_t$	-0.751	-3.580	-2.930	-2.600	-3.253	-3.587	-2.933	-2.601
	$\ln L$	-0.585	-3.580	-2.930	-2.600	-2.896	-3.574	-2.927	-2.598
	$\ln K$	-1.682	-3.580	-2.830	-2.600	-3.789	-3.587	-2.933	-2.601
	$\ln MX$	-1.662	-3.580	-2.930	-2.600	-3.408	-3.587	-2.933	-2.601

注：印尼的劳动投入要素数据严重缺失。

（2）单个经济体出口导向型增长的检验。

式（6－9）的等号右边包括了被解释变量的滞后一期时间序列，存在自相关问题。因此对出口导向型增长进行截面检验时，常见的普通最小二乘法不适用，可行广义最小二乘法（FGLS）检验在此处更为合适。表6－5为用可行广义最小二乘法对单个亚洲新兴经济体的检验结果。

表6－5　对单个亚洲新兴经济体进行 FGLS 检验的结果

解释变量	中国大陆	中国香港	印尼	韩国	马来西亚	菲律宾	新加坡	泰国	中国台湾
$\ln N_{t-1}$	1.11*** (10.26)	0.38*** (3.45)	−2.04*** (−2.70)	−0.65 (−0.83)	0.28*** (3.81)	−0.52*** (−5.12)	−0.10 (−0.77)	−0.18 (−1.64)	0.08 (0.88)
$\ln L$	2.30*** (3.11)	6.45*** (2.75)	/	0.76 (0.26)	0.46 (0.77)	1.51 (0.114)	0.96** (2.03)	2.14*** (4.10)	1.12 (0.68)
$\ln K$	0.35*** (8.37)	0.26** (2.74)	0.77*** (8.67)	0.45*** (10.54)	0.20** (2.55)	0.41*** (3.72)	0.08 (1.47)	0.06 (0.57)	0.38*** (6.10)
$\ln MX$	0.32*** (2.70)	0.24*** (5.36)	0.25*** (3.36)	0.081 (1.32)	0.43*** (6.25)	0.19 (1.56)	0.19*** (3.34)	0.44*** (3.80)	0.04 (0.69)
$D*\ln MX$	0.44*** (2.90)	0.06 (0.44)	−0.18 (−1.24)	0.035 (0.36)	0.19 (1.49)	−0.31** (−2.09)	−0.02 (−0.12)	−0.06 (−0.44)	0.01 (0.08)
调整的 R^2	0.80	0.59	0.72	0.74	0.85	0.61	0.40	0.53	0.73
F 统计量	34.42	14.71	32.07	32.86	35.92	18.31	6.51	10.76	31.36
DW 值	1.77	2.13		1.98	1.98	1.94	1.90	1.92	2.25
残差平方和	1.26	0.401	0.26	0.13	0.05	0.84	0.24	0.31	0.11

注：1. ***为显著性水平在1％以上，**为显著性水平在5％以上。

2. 印尼的劳动投入要素没有汇报，因为数据严重缺失，因此在回归时取消了。

从总体上看，调整的 R^2、DW 值、F 统计量和残差平方和的值都表明各个经济体的模型拟合程度较好。除了韩国、中国台湾和菲律宾外，大部分经济体的出口制成品系数显著性在1％以上。韩国和中国台湾处于出口导向型增长模式发展的第二阶段，可能由于采取出口驱动经济发展时期较早（在20世纪80年代开始），因此经过30多年的发展，出口虽然仍然重要，但内需对经济的推动作用更大。菲律宾的制成品出口弹性不显著，应该与

2008 年全球金融危机后制成品出口特别是高科技制成品出口比重下降有关。此外，在这些制成品出口弹性系数较为显著的经济体中，大多数经济体制成品出口系数均显著低于资本投入的弹性系数，显然它们更依赖传统投入要素。

中国大陆各个变量的系数在统计上的显著性都在 1％以上。检验结果显示，中国大陆的出口导向型经济发展模式与其他中小型亚洲新兴经济体相比，既有相似点也有不同点。相同点是，在控制了资本形成、劳动力等经济增长影响因素后，在样本期间，制成品出口也对中国大陆国民经济增长产生了正的贡献并且提高了中国大陆经济增长的效率。中国大陆制成品出口每增加 1％，中国大陆经济就增长 0.32％。但是中国大陆制成品出口对中国大陆经济增长的正溢出程度显然远高于中小型亚洲新兴经济体（为 0.18％）的贡献度，这是第一个不同点。第二个不同点在于，2008 年全球金融危机期间，中国大陆制成品出口数量有所下降，但是本场金融危机爆发后不久，中国大陆高科技制成品出口很快恢复，一直维持在 2004 年的水平上。因而 2008 年全球金融危机后，中国大陆制成品出口对经济增长的推动作用比危机前以及危机期间都加大了，为 0.44％，高于整个样本期间的平均水平。第三个不同点在于，中国大陆制成品出口的生产弹性（0.32）与资本形成的生产弹性（0.35）非常接近。这意味着中国大陆经济增长是双因素共同驱动的，即不仅仅是资本投入增加的结果，而且投入要素的使用效率也相对较高，促进了经济增长。制成品出口和资本形成的生产弹性均远远低于劳动力的生产弹性（2.30）。这说明中国大陆近年来劳动力技术水平和熟练程度得到了极大的提高。但是随着中国大陆已经显现出"未富先老"的人口红利急剧下降趋势，因此出口导向型增长不可能靠丰富劳动力供给而无限地持续下去。第四个不同点在于，中国大陆制成品出口对经济增长的短期效应为 0.76，对经济增长的长期效应为 0.68。这两个指标水平在亚洲新兴经济体中都相对比较高。

2. 对亚洲新兴经济体的面板检验

为了对亚洲经济发展模式的共同特征进行分析，接下来对式（6-9）采用动态面板的检验方法。动态面板方法较其他实证检验方法有自身的独特优点。第一，相比关于经济增长与出口之间关系的单个国家检验或截面数据检验而言，面板检验有更高的解释力。因为面板方法既使用时间序列数据又使用跨部门维度数据。第二，动态面板相对于静态面板的好处是考虑了个体的动态行为，诸如经济增长等变量具有持续性，其当前行为可能受到过去行为较为强烈的影响。关于面板数据的估计方法，常见的有固定效应模型和随机效应模型。但是由于式（6-9）包含了被解释变量的滞后值，并且制成品出口可能潜在地内生于经济增长中，因此可能存在内生性问题，传统的固定效应模型和随机效应模型等面板估计失效。为了解决动态面板固有的内生性问题，必须采用更为合适的估计方法。本书的研究对象仅为亚洲 9 个主要新兴经济体，重点关注 2000 年以来这些经济体的经济增长模式变化，因此面板数据呈现出典型的长面板特点，截面特征（即个体效应）是分析的重点。对于动态长面板数据同时可能存在的个体效应和内生性问题，纠偏的最小二乘虚拟变量法（LSDV）相比其他动态面板检验方法更加合理。

（1）面板单位根检验。

对于面板检验，同样首先要检验面板数据的平稳性，只不过面板数据单位根检验所使用的检验工具与时间序列数据不一样。这里使用单位根 IPS 检验方法。如表 6-6 所示，检验结果表明，所有时间序列在原水平上都接受了存在单位根的原假设；经过 1 阶差分后则都在 1% 的显著性水平上变为平稳，因此是 $I(1)$ 序列。

表 6-6　面板数据单位根检验

变量	原水平		1 阶差分	
	IPS 统计值	P 值	IPS 统计值	P 值
$\ln N_t$	2.531	0.9943	−14.275	0.0000***
$\ln L$	3.480	0.9997	−12.81	0.0000***
$\ln K$	2.259	0.9881	−14.617	0.0000***
$\ln MX$	0.330	0.6291	−13.330	0.0000***

注：***为显著性水平在 1%以上。

（2）亚洲 9 个新兴经济体的动态面板检验。

现在用纠偏 LSDV 方法对式（6-9）进行检验。为了获得标准差，纠偏 LSDV 中选取"自举法"（bootstrap）选项，并且取值规定为 100。检验结果见表 6-7。由于纠偏 LSDV 模型不能使用 Sargan 检验滞后变量估计值的合理性，表 6-7 同时还给出了衡量个体特征的固定效应模型模拟结果和不考虑个体特征的面板普通最小二乘法（OLS）估计结果。如果纠偏 LSDV 模型的滞后项系数在面板 OLS 估计系数（上限）和固定效应模型系数（下限）之间，则该方法的估计结果是合理的。

表 6-7　亚洲 9 个新兴经济体动态面板检验结果

解释变量	纠偏 LSDV		固定效应		面板 OLS	
	系数	标准误差	系数	标准误差	系数	标准误差
$\ln N_{t-1}$	0.52*** (15.56)	0.03	0.50*** (4.44)	0.11	0.75*** (45.17)	0.02
$\ln L$	0.43*** (4.07)	0.11	0.45 * (2.27)	0.20	0.02*** (2.81)	0.01
$\ln K$	0.15*** (8.49)	0.02	0.16 * (2.00)	0.08	0.20*** (14.63)	0.01

解释变量	纠偏 LSDV		固定效应		面板 OLS	
	系数	标准误差	系数	标准误差	系数	标准误差
E	0.21*** (5.60)	0.04	0.22** (2.94)	0.07	0.02 * (1.67)	0.01
$\ln MX$	0.15*** (6.18)	0.02	0.16** (2.30)	0.07	0.02 * (1.77)	0.01
$D_1 * \ln MX$	0.001 (0.99)	0.00	0.001 (0.45)	0.00	0.00 (0.40)	0.00
$D_2 * \ln MX$	0.002** (2.18)	0.00	0.002 (0.82)	0.00	0.00 (0.76)	0.00

注：1. 括号里的数字是 z 值。

2. ***、**和 * 分别表示显著性水平在 1% 以上、5% 以上和 10% 以上。

表6-7表明，纠偏 LSDV 模型中滞后变量 $\ln N_{t-1}$ 的系数为 0.52，在面板 OLS 模型和固定效应模型估计值之间，从而纠正了 GMM 估计在截面数目较小时的估计偏差。从三个模型的系数显著性及符号上看，纠偏 LSDV 模型比固定效应模型理想，固定效应模型比面板 OLS 模型理想。

第一，纠偏 LSDV 检验的结果表明，亚洲新兴经济体制成品出口的规模效应为 0.21，即制成品出口贸易规模对亚洲新兴经济体的整体经济增长贡献度为 21%，促进了经济增长。相比而言，亚洲新兴经济体的制成品出口技术溢出效应的系数为 0.15，意味着在样本期间亚洲新兴经济体制成品出口规模每增加 1%，其技术溢出效应使得该地区整体经济增长 0.15%。这表明出口导向型增长模式确实对亚洲新兴经济体的经济增长有着正溢出，提高了经济增长效率。但是在样本期间，亚洲新兴经济体制成品出口对经济增长的技术溢出效应（0.15）小于规模效应

（0.21）。

第二，2008 年全球金融危机期间，亚洲新兴经济体制成品出口技术溢出对经济增长的弹性系数非常小且统计上不显著。本次危机后，尽管制成品出口技术溢出效应变得显著，但数值非常小，几乎可以忽略。这表明亚洲新兴经济体制成品规模扩大对经济增长的技术溢出效应主要来自 2008 年全球金融危机爆发前；自本场金融危机爆发以来，制成品出口的技术溢出效应对该地区经济增长的推动作用较为乏力。

第三，模型的拟合结果表明，制成品出口技术溢出对经济增长的短期弹性为 0.15，而长期弹性为 0.31 $[0.15/ (1-0.52)]$，即长期弹性大于短期弹性。可见，在过去数十年间，亚洲新兴经济体制成品出口的技术溢出对经济的长期贡献相对比较高。这可能是长期以来该地区愿意坚持以出口导向型增长战略为主导的亚洲经济发展模式的重要原因之一。

第四，对于亚洲新兴经济体而言，固定资本形成这一生产要素的生产弹性为 0.43，远远超过制造品出口的劳动生产率推动效应（0.15）。这表明，尽管在亚洲新兴经济体经济增长过程中，制造品出口的技术正溢出作用不可被否定，但显然该地区经济增长在 21 世纪以来并没有改变依赖资本投入的增长驱动这一现象。这一结论部分与 Krugman（1994）在 20 世纪 90 年代的著名论断一致。

3. 实证结论

基于上面的实证检验，关于亚洲经济发展模式面临的挑战，可以得出如下结论：

第一，亚洲新兴经济体出口导向型增长仍旧能够促进经济增长，在可以预见的短期内亚洲新兴经济体不会立刻转向所谓的完全内需推动型增长模式。实证结论显示，21 世纪以来出口仍然是亚洲新兴经济体经济增长的重要驱动因素。即使最近一次全球金融危机极大地冲击了亚洲的出口，在金融危机后出口对经济增长的效率产生了负溢出，但是这种负效应非常小。实际上，最近这次全球金融危机是周期性金融危机，从短期看对全球分工格局没有造成实质性改变，"当前国际分工格局仍然具有很大的合理空间"（聂志红，2011）[①]。因此，到目前为止，亚洲新兴经济体的出口导向型增长在一定程度上依然是可持续的。

第二，亚洲新兴经济体出口导向型增长实际上是制成品出口导向型增长。对扩展的柯布－道格拉斯函数进行验证，结果表明亚洲新兴经济体制成品出口对产出的长期弹性接近 0.31。这说明以制成品为主要出口产品的亚洲新兴经济体之所以能够维持 10 多年来的高速增长，是因为制成品出口促进了技术进步和技术传播，具有提高全要素生产率的作用。因此，从劳动生产率角度看，在 2008 年全球金融危机结束后，发达国家经济放缓和进口需求下降并没有对亚洲新兴经济体经济增长施加太大的约束。亚洲新兴经济体可以继续追求 Jimenez 和 Razmi（2013）提出的所谓的制成品出口导向型增长模式。

第三，尽管制成品出口是亚洲经济增长的驱动因素，但资本投入仍是亚洲新兴经济体地区经济增长的最主要驱动因素。亚洲新兴经济体资本投入对经济增长的弹性是制成品出口对经济增长弹性的 3 倍左右，这暴露了亚洲新兴经济体经济发展模式的另一个弊端：虽然目前的亚洲新兴经济体经济增长模式能够很好地实现工业动态发展所需要的大量投资，但制成品出口的正技术溢出对于已建成工业体系的回报还不够。其根本原因在于，该地区的制成品出口以低技术的劳动密集型产品为主，技术创新动力不

---

① 聂志红：《超越东亚模式：非均衡中国经济的现实选择》，《理论月刊》，2011年第 1 期，第 83～86 页。

足。因此 Weber（2009）[①] 指出，对于大多数亚太经济体而言，投资冲击能比出口冲击带来更高的增长效应。因此，该地区各新兴经济体内部的供给冲击作用更为强烈，将亚洲经济发展模式等同于出口导向型增长模式的观点是不准确的。更为准确的说法应该是，长期以来亚洲经济发展模式是以投资驱动为主导、以出口驱动为重要辅助的新兴经济体增长模式。

第四，中国大陆的出口导向型增长与中小型亚洲新兴经济体有所不同。在中国大陆的出口导向型增长过程中，制成品出口同样发挥了重要作用，制成品出口的生产率促进作用远高于其他亚洲新兴经济体。但是在当前全球经济不景气，外部需求萎缩的情况下，中国大陆制成品出口的驱动力增长正受到严重威胁。不仅如此，中国大陆制成品出口的经济增长弹性与其资本投入的经济增长弹性大小非常接近，但劳动力投入的经济增长弹性远超过前两者。此外，中国大陆制成品的技术溢出作用在短期和长期内都非常大，有力地促进了中国大陆生产率的提高。

6.3　国际环境改变的挑战

亚洲经济发展模式的前景依赖于全球经济进一步一体化。但是，2008 年全球金融危机结束以来，亚洲新兴经济体面临的国际环境与之前亚洲金融危机面临的国际环境大相径庭。亚洲金融危机结束后，美国作为世界经济的引擎地位未曾消失，这是亚洲从金融危机中恢复的核心机制，也是亚洲经济发展模式得以持续的关键所在。但是最近这场金融危机及随之而来的全球经济大萧条，改变了亚洲经济发展模式运行的国际环境。虽然在长期内，

---

① Enzo Weber，2009. Common and Uncommon Sources of Growth in Asia Pacific. Journal of the Japanese and International Economies，23（1）：20－36.

出口将仍然是亚洲新兴经济体经济发展的主要推动力量，但是国际环境的巨大变化表明传统的外向型经济发展模式面临着巨大挑战。

6.3.1 发达国家需求的结构性减速

由于经济发展水平较低，国内消费能力相对偏低，因此亚洲经济发展模式取得成功的重要条件之一是需要存在一个巨大的国际吸纳市场（赵春明，2000）[①]。亚洲新兴经济体出口的最大市场是美国和欧洲。从亚洲金融危机后到 2008 年全球金融危机爆发前，美国和欧洲的进口倾向一直在增加。然而 2008 年全球金融危机爆发以后，欧美的财富效应被破坏导致其进口倾向下降，消费市场萎缩。自 2011 年以来，全球经济反弹趋势减弱，经济复苏前景一直不明朗，亚洲新兴经济体面临着萧条的外部环境。尽管美国增长前景是所有发达经济体中最好的，但是 2014 年第一季度的糟糕经济表现说明美国的复苏具有不确定性。IMF 在 2013 年 10 月份的报告中修改了对全球全景的判断，指出全球经济受制于下行风险，发达国家和新兴经济体的增长都趋于放缓[②]。

图 6-3 是 G3 国家 2008—2014 年 GDP 同比增长率变动情况。该图表明作为全球经济增长火车头的三大经济体，它们在 2008 年全球金融危机后的经济发展态势不太乐观。堪称是拉动世界经济前进的火车头——美国自 2010 年以来经济增长明显复苏甚至加速，但在美国经济强劲增长的势头下，悬挂着一支达摩克利斯之剑——债务上限和家庭债务饱和问题，这将会抑制美国

---

① 赵春明：《东亚经济发展模式的历史命运与发展前景》，《世界经济与政治》，2000 年第 12 期，第 61~66 页。

② IMF，2013. World Economic Outlook，October.

的企业投资支出和消费。同时，美国经济增长不稳定，2013 年和 2014 年均出现减速态势。日本的复苏受制于外部需求不振和国内长期的经济疲软。日本新一届领导上台后对货币、汇率和财政政策都进行了调整，但是收效甚微，2008、2009 和 2011 年甚至出现了负增长。因此日本经济发展前景不明朗。发达国家复苏的关键风险来自欧洲（ADB，2014）[1]。欧洲在 2010 年和 2011 年都实现了 2% 以上的增长。但是由于经济结构性问题和希腊、西班牙等欧盟成员国债务问题，经济发展停滞不前，2012 年和 2013 年 GDP 增长率分别仅为 0.43% 和 0.84%。这使得欧洲一直笼罩在成员国相继爆发债务危机的阴影下。可以预期，尽管发达国家的经济在缓慢回暖，但经济增长较为缓慢或波动性较大，西方曾经繁荣的消费市场正在消失，因此全球需求缺口在短期内难以弥补。

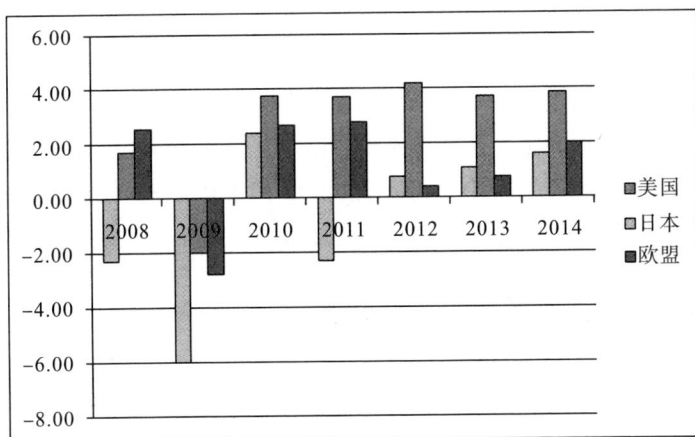

图 6-3 美国、日本、欧盟 GDP 同比增长率（%）

数据来源：Wind 数据库。

---

[1] Asian Development Bank，2014. Asian Economic Integration Monitor，Nov.

为了促进经济复苏，欧美国家与新兴经济体一样，都需要进行经济结构调整。近年来，以消费推动经济增长的美国已转变为部分由廉价能源和再工业化驱动经济增长。根据汇丰银行的数据，自 2006 年以来，美国在亚洲出口中所占的比率从占亚洲 GDP 的 10％降至 5％，缩减了一半。美国供应管理协会的数据也显示，尽管美国的经济日趋回暖，但是其制造业的增长尚未传导到亚洲新兴经济体的生产线上。欧洲地区饱受债务危机和财政紧缩问题折磨。德国和日本面临内需不振、人口老龄化等严重问题，必然专注于出口推动经济增长。这些现象表明全球最大的商品消费市场出现了结构性的转变。

总之，发达国家的产值水平短期内难以恢复到 2008 年前的水平，而且复苏也不是以增加进口贸易为主要方式，发达国家的需求结构转型导致了全球需求短缺的总体结构状况。除此之外，前 IMF 副总裁朱民（2017）指出，全球贸易复苏艰难，因为发达国家收入对进口品的需求弹性在下降[①]。亚洲新兴经济体对西方延迟复苏的敏感性和经济周期结构性调整的敏感性，意味着该地区在一定程度上仍被西方经济所绑架（Magnus，2012）[②]。亚洲经济体需要经济转型，"现在，是中国等依靠出口带动经济增长的亚洲经济体改变其增长模式的时候了"[③]。

6.3.2　发达国家去杠杆化趋势

2008 年全球金融危机的导火索是发达国家资产过度证券化，

---

① 朱民：《全球经济面临三大结构性变局》，英国《金融时报》中文网，http://www.ftchinese.com/story/001071550?page=rest，2017-02-28.

② George Magnus, 2012. Asia: Is the Miracle over? Economic Insights, (9)：1-27.

③ 丁学良：《辩论"中国模式"》，社会科学文献出版社，2011 年，第 159 页。

即高度金融杠杆化：家庭借款者（主要是购房者）的杠杆、衍生
产品的杠杆和金融部门的杠杆[1]，此外还必须加上政府部门的宏
观杠杆。在 2008 年全球金融危机爆发的前几年，许多发达国家
的金融机构加大了金融行业的杠杆化程度。1997 年，美国的金
融业资产占 GDP 的比重达到 70%[2]。2007 年，这一比值达到了
441.8%（见表 6-8）。这种高杠杆化现象不仅仅发生在美国。
在 2008 年全球金融危机爆发前，除家庭杠杆率外，欧盟的企业
杠杆率、金融部门杠杆率和宏观杠杆率等都高于美国，2007 年
欧盟的金融杠杆化率为 548.8%。2007 年日本的杠杆化比值也比
美国高，为 495.7%。G3 经济体的金融资产总值占 GDP 的比重
远超过全球金融资产总值占全球 GDP 的比重。发达国家金融机
构不断以原始的资产证券化产品为基础，开发各式各样的金融衍
生品，进一步推动金融系统进入高杠杆化时代和泡沫严重积累时
代，但国际评级机构却低估了这些金融创新的风险。同时，发达
国家政府部门债务沉重，宏观杠杆畸高。1990 年发达国家政府
负债总额占 GDP 的比重为 60% 左右，但 2011 年接近 110%[3]。
最终，发达经济体为过度使用杠杆付出了沉重代价。

表 6-8　2007 年发达国家/集团金融杠杆化情况

地区	国内生产总值（GDP） （万亿美元）	金融资产总值 （万亿美元）	金融资产总值占 GDP 百分比（%）
美国	13.8	61.0	441.8
欧盟	15.7	86.1	548.8

---

①　余永定：《新兴市场的金融危机后遗症》，英国《金融时报》中文网。
http://www.ftchinese.com/story/001062233?page=4，2015-5-28.
②　杨明秋：《发达国家金融系统的去杠杆化趋势及其影响》，《中央财经大学学
报》，2011 年第 2 期，第 33～38 页。
③　丁学良：《辩论“中国模式”》，社会科学文献出版社，2011 年，第 145 页。

地区	国内生产总值（GDP） （万亿美元）	金融资产总值 （万亿美元）	金融资产总值占 GDP 百分比（%）
日本	4.4	21.7	495.7
全球	**54.5**	**229.7**	**421.1**

注：一国金融资产总值＝该国股票市值＋债券市值＋银行资产。

资料来源：沈联涛著，杨宇光、刘敬国译：《十年轮回：从亚洲到全球的金融危机》，上海远东出版社，2013年，第281页。

在2008年全球金融危机后，发达国家决定进行结构性改革，其主要内容之一就是广泛地去杠杆化，发达经济体的金融市场融资规模从2010年起就开始急剧萎缩[1]。发达国家的"去杠杆化"倾向加剧了对亚洲新兴经济体经济增长的挑战。去杠杆化首先在银行体系和债券市场中展开，以恢复金融市场的信用机制。本场金融危机后，美国从金融和房地产等部门回归实体经济，积极进行金融去杠杆化，导致三大主要资产——股票、债券、房地产的价格全面下跌，金融机构的资本充足率也严重下降。英国和欧元区在2008年年底也将其后两年的损失准备提到了当前，有形资本已近乎耗尽，英国和欧元区的有形资本充足率分别仅为0.4%和-0.2%[2]。发达经济体的商业银行为了满足资本充足率的监管要求必须紧缩信贷，居民、企业贷款的难度变大，使得企业投资减少、居民消费下降，投资减少和消费下降的财富效应进一步影响到经济增长。去杠杆化行为也在宏观部门展开。发达国家政府削减赤字，减少宏观杠杆率，进一步加大了去杠杆力度。于是去杠杆化的影响从金融系统传递到了实体经济，但是故事并没有

---

[1] 孙立行：《国际金融发展新格局下的中国金融监管改革战略研究》，《世界经济研究》，2013年第12期，第14～19页。

[2] IMF，2008. Global Financial Stability Report 2008.

到此结束。发达经济体去杠杆化行为引发世界连锁反应：首先，它引致了全球原材料价格的下跌，使得依赖进口原材料进行加工的亚洲新兴经济体出现存货调整。其次，它引发了发达经济体家庭财富效应的下降，直接对亚洲新兴经济体经济增长模式造成巨大挑战。

6.3.3 新兴经济体国际资本流动盛宴结束

自亚洲新兴经济体加入"雁行模式"、参与国际分工后，世界经济系统性变化产生了巨大的资本国际流动。1990—2008 年这近 20 年时间里，全球资本流动随着世界经济的发展一直稳步增长，仅在 2001 年稍微下滑，2002 年又迅速回升。世界银行的数据显示，2007 年发展中国家私人资本净流入高达 6800 亿美元，是 2005 年的两倍多。亚洲新兴经济体是这场资本流动的最主要目的地，因为亚洲快速增长的贸易需要巨大的投资流动来支持。2007 年，流入亚洲新兴经济体的私人净资本为 2044 亿美元，占发展中国家私人资本净流入总额的 30%[①]。Heng (2010)[②] 甚至认为，20 世纪 90 年代，亚洲新兴经济体的最基本变化是国际资本流入，国际资本流入的动机是在这些高增长经济体生产的利润中分一杯羹。不可否认的是，国际资本在这些年的确为亚洲新兴经济体的高速发展提供了巨大的资金支持。亚洲新兴经济体在过去 20 多年的增长战略上取得成功，除了工业增长和经济转型的驱动，很大部分原因可以归结为全球经济对该地区的吸收和大型 FDI 及其他国际投资的流入。国际资本流入对推

---

① 根据以下来源数据计算：IMF，2012. World Economic Outlook，Aprial：201.

② Siam-Heng Heng，2010. The 2008 Financial Crisis and the Flying Geese Model. East Asia，27（4）：381-394.

动亚洲新兴经济体的经济发展起了重要作用，为该地区提供了必要的技术、资源和管理技能①。

美国为了应对次贷危机引起的全球金融危机，先后推出了四轮量化宽松货币政策。然而，随着美国经济向好和美联储开展去杠杆化行为，美国短期利率上升，再加上本场金融危机后国际投资者避险情绪加重而寻求资金安全港，国际资本由量化宽松期间从美国流向新兴经济体转为当前流动逆转，即国际资本从新兴经济体回流到发达经济体以寻求高收益率。表6－9表明了2013年和2014年国际资本出入新兴经济体的情况。如该表所示，2008年全球金融危机爆发后，基于美联储酝酿实施每月850亿美元的资产购买的预期，大量资本逃离新兴经济体，流回发达经济体。从2013年到2014年，新兴经济体的股票基金流出额从267亿美元增长到410.6亿美元。其中，2013年流出亚洲的国际资本为172亿美元，占撤离新兴经济体国际资本的41.8%；2014年第一季度流出亚洲的资本就达155.5亿美元，几乎赶上2013年全年的资本流出量。相反，发达经济体的股票基金在2013年和2014年却分别流入3851亿美元和956亿美元。虽然发达经济体2014年的流入额大大低于其2013年的流入额，但是总体来说，国际资本是流向发达经济体的。显然，正如哈佛大学莱因哈特（Reinhart）教授断言的，有史以来持续时间最长的资本流动盛宴已经结束②，国际资本流动新的不平衡出现了。

① Rashid Amjad and Muslehud Din，2010. Economic and Social Impact of Global Financial Crisis：Implications for Macroeconomic and Development Policies in South Asia. PIDE Monograph Series 1.

② 转引自戴维·皮林：《亚洲变了》，英国《金融时报》中文网，http://www.ftchinese.com/story/001056378?page=2，2014－05－23.

表6-9 2013—2014年新兴经济体国际资本流动情况
（百万美元）

私募基金来源	2014年第一季度净流入	2013年第一季度	2013年流动
GEM（全球经济监测）	(20261)	23270	10120
亚洲（不含日本）	(15549)	8766	(17197)
拉丁美洲	(3534)	(714)	(11891)
EMEA（欧洲、中东及非洲）	(1712)	(1537)	(7733)
所有新兴市场股票基金	**(41058)**	**29784**	**(26702)**
美国	26242	58165	181244
日本	8702	11023	44896
西欧	31503	1730	54259
德国	(470)	(1645)	(8065)
全球	31315	43087	117965
所有发达市场股票基金	**95608**	**112441**	**385173**
货币市场基金	(77499)	(115649)	(37217)
美国	(69801)	(106327)	6719
欧洲	4560	(6922)	(55462)

注：不带括号的数字表示净流入，带括号的数字表示净流出。

资料来源：FastFT：《新兴市场外流资金创纪录》，英国《金融时报》中文网，http://www.ftchinese.com/story/001055633＃s＝p，2014－04－04。

国际资本以前所未有的水平从新兴市场逆向流入发达经济体，对亚洲新兴经济体的经济发展造成了极大冲击。

首先，经济比较脆弱的一些新兴经济体可能因为缺乏稳定的资本流入，无力偿还债务而陷入债务违约境地。Wind数据库的数据显示，在2007—2013年，中国香港、马来西亚、泰国、新加坡和韩国的信贷占 GDP 的比重分别为 208％、222％、187％、105％、103％。信贷占 GDP 的比重上升是关于投资回报减弱、资本错配和过度贷款的警告信号（Magnus，2012)[1]。这些债务中，以外币（特别是美元）计值的外债比重在上升，加大了对外部冲击的脆弱性。国际清算银行的统计数据表明，2012 年年底—2014 年年初，亚洲企业对外负债超过 1.5 万亿美元，而美国经济复苏导致美元持续升值将加剧这种脆弱性。

其次，资本外逃或 FDI 流入减少将引起亚洲新兴经济体经济发展减缓，经济转型减慢。印尼、泰国已经因为资本外逃出现了严重经济问题。并且国际资本流动逆转引起的经济减缓有可能在亚洲新兴经济体间相互传染，推动该场金融危机转化为新兴经济体集团中的金融危机。

6.3.4 去全球化思潮抬头和亚洲地区地缘政治紧张

随着苏联的瓦解，全球两大阵营冷战也随之结束，20 世纪 90 年代，在美、欧、中、俄等大国多极相互制衡中，全球形成了相对稳定的地缘政治态势，和平和发展一直是 20 多年来的主题。比较稳定的地缘政治促成了比较稳定的地缘经济，全球化带来了长期的、普遍的全球经济繁荣。在 WTO 和欧盟等一系列国际性、区域性贸易和经济金融规则安排下，全球经济一体化、区域经济一体化蓬勃发展。但是 2008 年全球金融危机放大了全球化大潮下发达国家内部、发达国家与落后国家间收入差距日益扩大的矛盾，导致全球地缘政治和地缘经济持续动荡，去全球化或

---

① George Magnus，2012. Asia：Is the Miracle Over? Economic Insights，9 (2012)：1—27.

者说逆全球化有反弹趋势。邝梅（2011）[1] 认为 2008 年全球金融危机是迄今为止经济全球化的"第一场危机"，有可能导致经济全球化的进展变得更为曲折。中国等亚洲新兴经济体是 20 世纪 80 年代以来全球化的重要推动力，也是全球化的重要受益者，去全球化趋势将对亚洲的经济发展带来巨大挑战。

首先，世界主要大国因为政治更迭，未来前景不明朗，给地缘政治的稳定和全球化的进程蒙上了一层阴影。2008 年全球金融危机爆发后，世界政坛先后出现两大所谓的"黑天鹅"事件。2016 年 6 月 23 日英国全民公决脱欧，被视为欧洲反全球化的一个具体体现[2]。英国脱欧事件对于经济复苏乏力的欧洲具有示范效应，不排除欧盟其他主要成员国法国、德国和荷兰等在将来相继举行脱欧公投，这些行为的叠加将加快欧盟一体化的倒退甚至崩溃。2016 年 11 月美国总统大选，极具民粹主义特征的特朗普逆势而上，当选为美国第 45 届总统。自就任以来，特朗普采取了一系列与全球化相悖的政策：反对美国加入 TPP，对进口贸易征收高额关税，挑起与中国的贸易摩擦，等等。在特朗普政策的影响下，欧盟可能会因为美国的贸易保护主义影响，而增强对外贸易壁垒。由于世界大国领导人的政策主张发生了巨大变化，中国社科院世界经济研究所所长张宇燕（2017）[3] 指出，今后"贸易与投资保护主义将成为经济全球化的主要掣肘"。

其次，就亚洲地区而言，地缘政治竞争在最近几年愈加激化，亚洲国家间关系紧张。南海领土争端、钓鱼岛问题、独岛争

---

① 邝梅：《美国金融危机：新政治经济学分析》，中国社会科学出版社，2011年。

② 史炜：《对英国脱欧的必然性分析及英国未来经济社会走向的展望》，《国际金融》，2016 年第 12 期，第 10～16 页。

③ 张宇燕：《纷繁复杂世界背后的机理》，《经济导刊》，2017 年第 1 期，第 60页。

端、朝鲜半岛政治问题此起彼伏。中日关系处于建交以来最低点，日韩关系紧张，马来西亚和菲律宾在中美的政治博弈中态度摇摆不定，以美国为首的西方国家不断插手亚洲事务，韩国国内政治事件持续发酵……这些亚洲地缘政治问题在 2008 年全球金融危机后日渐凸显，不稳定的地缘政治关系显然不能为亚洲新兴经济体经济发展提供稳定的国际环境，将阻碍亚洲区域内部分工和经贸往来。

7 全球金融危机后中国经济发展模式转变对亚洲新兴经济体的影响

一些经济学家认为没有所谓的单一亚洲经济发展模式。实际上，亚洲经济发展模式是针对亚洲新兴经济体经济发展过程中相似部分的总结和概括，不同经济体的具体经济发展模式有着各自的特点。1978 年以后，作为亚洲大国的中国实行改革开放政策，经济得到巨大发展，综合国力迅速增强，其经济发展速度和总量几乎超过了所有亚洲经济体。因而，中国成为 20 世纪 80 年代以来变化最迅速的亚洲新兴经济体。同样作为赶超型经济体，中国的经济发展模式和亚洲经济发展模式具有许多共同点，但是中国在亚洲金融危机和 2008 年全球金融危机中受到的创伤显著低于其他亚洲新兴经济体，这又从侧面反映出中国的经济发展模式和典型的亚洲经济发展模式具有一定的区别。随着后金融危机时期的到来，中国的经济发展模式正在发生一定的变化，尤其是GDP 高增速逐渐被中高增速的"新常态"代替，从而伴随着出口、投资、消费全方位的调整。目前，中国已经超过日本成为亚洲地区最大的经济体，对周边国家的影响力日益增强，中国新政策的溢出和示范效应也更加明显。随着中国经济发展模式的转变，其对亚洲其他国家也会造成深远的影响。

7.1 中国式现代化新发展格局与亚洲经济发展模式的关系

亚洲新兴经济体采取的经济发展模式由于共同背景和发展道路等共性，形成了所谓的亚洲经济发展模式。Kwon 和 Kang (2011)[①] 指出，没有任何模式像亚洲模式那样能够更加简洁和成功地解释中国经济的发展故事，中国的发展道路不是在真空中产生的，而是受到了现有亚洲经济发展模式的启发。但是同时，亚洲新兴经济体又是高度异质性和多样化的。其中，比较有独特性的经济发展模式就是近几年颇受人们关注的中国经济发展模式，它被美国学者雷默冠以"中国模式"之称。中国学者刘磊 (2012)[②] 认为，中国模式和亚洲模式虽然有相似之处，但从经济发展成就和逻辑层面上来看有着本质区别和更多优越性。中国香港学者丁学良（2011）[③] 甚至认为，中国模式是亚洲模式的一个"最新变种"，将中国模式同其周边的亚洲模式进行比较具有非常重要的意义。党的二十大报告将中国模式明确为"中国式现代化"新发展格局。正是因为中国模式具有多特性，因此 2008 年全球金融危机对中国发展模式的影响也不同于其他亚洲新兴经济体。

[①] Jene Kwon and Jung Mo Kang，2011. The East Asian Model of Economic Development. Asian—Pacific Economic Literature，25（2）：116—131.

[②] 刘磊：《论"中国模式"的内涵、成本与修正》，《经济问题探索》，2012 年第 8 期，第 1～6 页。

[③] 丁学良：《辩论"中国模式"》，社会科学出版社，2011 年。

7.1.1 中国模式和亚洲模式的相似点

亚洲新兴经济体在经济起飞之前，都属于经济较为落后的地区，它们的经济要么受到战争的残酷破坏要么经济原本就很脆弱，共同的命运使它们都有振兴本地区经济的强烈愿望，这使得它们在经济发展中也有许多相似之处。

1. 振兴本地区经济的强烈愿望

亚洲新兴经济体在自然条件、文化历史、发展基础、经济结构等各方面都存在一定差异，但是也有相当大的相似性。因此，它们在振兴和发展本地区经济的过程中选择了大致相同的经济发展道路，这具有历史必然性。亚洲地区特别是东亚地区都遭受过帝国主义国家长期殖民、残酷掠夺和蹂躏，经济发展处于贫穷落后状态，人民生活在饥寒交迫的环境中。

第二次世界大战以后，亚洲前殖民地在政治上获得独立，拥有了经济发展的自主权，可以根据各自不同的情况制定相应的发展战略，实现了经济的腾飞。中国是第二次世界大战最大的受害国，长期处于半殖民状态，没有完整的经济发展权利。新中国成立以后，基于各种原因，中国的经济发展也没有得到足够重视，直到改革开放以及确立以经济建设为中心的目标，才逐渐实现经济腾飞。

2. 赶超型的经济发展模式

亚洲新兴经济体在经济起飞前经济发展水平普遍落后，因此经济发展和经济增长成为各经济体追求的首要目标。政府普遍采用各种鼓励措施将国民手中的资金集中到正规金融机构，以增加国民储蓄，提高储蓄水平，这为经济发展提供了坚实的资金基础。亚洲新兴经济体仅用30年左右的时间就走完了发达资本主义国家几百年的发展道路。通过高积累和高投入的方式，各经济体迅速推动经济高速增长，以实现赶超发达国家的目标。

3. "市场机制和政府干预"相结合的经济发展理念

在工业化的过程中，市场确认和市场替代因素同等重要[①]。但国家却不能被动等待市场自发地推动工业的发展，必须同时借助政府的推动作用。由于亚洲新兴经济体市场不完备，政府通过与经济代理人签订契约关系，实现了帕累托改善，因此亚洲经济发展更加强调政府的作用。亚洲模式的优势在很大程度上被认为是市场机制和国家宏观调控的巧妙结合。亚洲模式下，政府实施积极的产业政策，从贸易、汇率、银行贷款等多角度支持支柱产业发展。

政府主导是亚洲新兴经济体发展经济的必然选择。随着第二次世界大战后亚洲新兴经济体逐渐摆脱殖民地和半殖民地的状态，亚洲新兴经济体借助政府力量制定经济政策，选择具有比较优势的产业部门，配合各种优化资源配置的宏观干预手段，推动产业结构优化，促进经济跨越式发展。中国也通过社会主义市场经济和政府干预的模式，将优势资源集中在具有比较优势的产业上，通过国有银行为企业提供融资和补贴，为中国经济的发展创造了良好的条件。这种政府干预有效地降低了交易成本，提高了自身经济在世界经济中的地位。

4. 儒家文化指导的经济发展

亚洲独特的文化在很大程度上导致了亚洲新兴经济体发展道路与发达国家不同。在古代中国产生并发扬的儒家文化成为影响亚洲新兴经济体经济发展的文化特征，这被称为亚洲发展的"文化影响模式"。儒家文化特征强调人际关系的重要性，宣扬和谐

[①] Dic Lo, 2003. China, the "East Asian Model" and Late Development. http://www. soas. ac. uk/departments/departmentinfo. cfm?navid=11.

精神，主张用伦理道德来规范人与人的关系。这种情感性文化通过亚洲新兴经济体的领导人提倡，形成了关于人际关系和伦理道德的共同价值观，对亚洲新兴经济体的经济和政治发展起到了重要的作用。

5. 充分利用全球化带来的机遇发展出口导向型经济

19世纪末美国赶超英国，第二次世界大战后日本追赶美国，中国改革开放后实现有效追赶，都是积极地利用了全球化的资金和技术，主动参与全球经济一体化进程的结果。纵观这几次发生在不同历史时期的赶超，美国通过第二次世界大战时期英国的巨大损失以及战争利益实施赶超，第二次世界大战以后日本通过美国的大量投资发展工业实施追赶，20世纪80年代韩国、中国香港、新加坡和中国台湾通过与日本展开"三角贸易"实现经济的巨大飞跃，亚洲"四小虎"抓住产业结构调整时机来实现经济快速起飞。虽然各经济体在追赶过程中都有各自独特的原因，但主动拥抱全球化确实是一个共同的特征。中国在改革开放以后也积极地加入WTO，通过参与世界经济一体化，最终实现经济的快速发展，逐渐超越老牌资本主义强国并成为世界第二大经济体。

在参与全球化的过程中，亚洲新兴经济体纷纷采用了出口推动和吸引外资流入的经济发展模式。亚洲新兴经济体国内市场都不成熟且普遍比较狭小，若要充分发挥先进技术的作用，获得规模经济效果，就必须努力开拓国际市场（孔凡静，2003）[①]。因此，亚洲新兴经济体以美国和欧洲为主要最终产品出口市场，而以日本作为高技术设备的主要进口市场。并且同东盟国家一样，中国在区域内贸易的份额也在日益增加。

---

① 孔凡静：《日本模式、东亚模式和中国的现代化道路》，《宏观经济研究》，2003年第12期，第38～40页。

6. 以技术引进方式弥补本地区科技水平的不足

第三次科技革命在第二次世界大战后得到迅速推进，以计算机、空间技术和原子能为代表的第三次科技革命对发达国家的生产力发展起到了巨大的推动作用。亚洲新兴经济体充分利用第三次科技革命带来的机遇，在技术引进上取得巨大成功。它们不仅直接引进国外先进技术，还大量采用吸引国外直接投资的方式来间接引进国外技术。这个过程中逐渐形成了产业和技术大规模转移的"雁行模式"。最初，韩国、中国香港、新加坡和中国台湾的技术资金引进是日本产业技术升级导致的。随着韩国、中国香港、新加坡和中国台湾对日本技术的消化吸收，较高经济层次的产业开始向东南亚和中国大陆转移，这些转移刺激了东南亚国家和中国大陆经济的高速增长。因此，亚洲新兴经济体经济的繁荣本质上是引进外国先进技术的结果。

7.1.2　中国模式与亚洲模式的差异性

中国经济发展模式隶属于亚洲模式，与亚洲模式有着许多相似的地方。但是鉴于亚洲新兴经济体有着独特的历史人文等因素的差异，因此亚洲模式在各经济体的运用具有各自不同的特点。比较中国模式和亚洲模式的异同点，借鉴亚洲模式的经验教训，可在总结中国改革开放 40 年的经验基础上为中国经济发展进入"新常态"后找到科学的经济发展模式提供重要指导。

1. 中国模式形成时所面对的独特环境

20 世纪 70 年代末 80 年代初，中国走上了改革开放的道路。中国作为社会主义国家，不论是在体制上还是所处的国际环境上都与其他亚洲新兴经济体不同。从新中国成立到改革开放前，在高度集中的计划经济下，中国的重工业得到优先发展，并培育出了一批训练有素的技术工人；中国在高技术领域也拥有了一定的自主研发知识产权，这些成就为改革开放奠定了一定的工业基础。但是，由于"文化大革命"中断了经济、社会发展，总体上中国经济发展相对落后。为了继续推动社会主义建设，中国共产党十一届三中全会适时确立了对内经济改革和对外开放的基本国策，中国经济由此积极参与国际分工，并欢迎外国资本参与中国的产业升级。

中国实现跨越式增长的前进道路上必须面对一些特殊难题。首先，亟须解决经济体制如何从苏联式的中央集权计划经济向市场经济的全面转型的问题。在经济体制转型和改革开放的过程中会产生一系列问题，如怎样把占国民经济主体的国有企业改造成具有现代公司治理结构的市场化组织？如何找准政府在市场经济中的定位，从计划经济下的政府统筹变为以宏观经济调控为主的政府指导型市场经济？其次，中国的人口超过 10 亿，想要在如此人口众多的大国实现经济追赶，与仅有数千万甚至数百万人口的其他亚洲新兴经济体实现经济现代化相比，是不可同日而语的。超过 10 亿人口的生存、教育、医疗、就业该如何解决？城乡差异、东西部差别该如何缩小？这些问题都是摆在中国政府面前的难题。最后，中国发展经济所面对的国际环境发生变化。韩国、新加坡、东南亚新兴经济体对外开放和参与国际分工之际正是美苏冷战时期。西方国家为了扩大阵营，有意扶持这些新兴经济体的经济追赶，并对它们的产品出口敞开门户。而中国实施追赶型经济发展时，国际环境已经发生了变化，遭到了更多的阻碍和制约，特别是以美国为首的西方发达国家的对抗和阻挠。因此，中国模式以减少中央计划经济规模和增加以市场为基础的私人部门活动规模为目标（Palley，2006）[1]。

　　然而机会与挑战并存，中国在追赶过程中也具有独特优势。第一，当时中国人口红利不断上升，拥有数量庞大、劳动技能相对较熟练但工资成本较低的劳动力大军。第二，正是因为人口众多，中国拥有全球规模数一数二的内部市场且消费潜力巨大。全世界的投资者都在注视着中国这块"大蛋糕"，这个特点也使得中国可以不像中小型亚洲新兴经济体那样过度依赖出口而走纯粹的出口主导型经济道路。第三，中国正好搭上了信息化革命的班车，在技术进步和产业升级上面临着有利的国际技术环境。20世纪末期，在美国网络浪潮的带领下，全球步入了一场新的技术革命——全球信息化革命，当前人工智能潮进入深度学习时代，这增强了中国经济快速发展的技术的"后发优势"。尽管在以美国为首的西方发达国家限制中国经济崛起的大背景下，中国的追赶过程可能会更加复杂曲折（盛晓白，1999）[2]，但是全球信息和技术革命使得中国可以趁机谋求在国际分工中的更有利地位，加速工业化进程。

2. 中国模式的独特性

　　中国和较早加入"雁行模式"的亚洲新兴经济体在经济发展模式上具有一些共同的有利基础和发展特征，因此中国的经济发展范式从总体上讲也应该囊括在亚洲模式之中。但是，中国经济发展和经济改革也具有不同于亚洲模式的差异性（如图7-1所示），这些差异有的促进了经济发展，有的也阻碍了经济增长。

---

　　[1]　Thomas Palley，2006. External Contradictions of the Chinese Development Model：Export-led Growth and the Dangers of Global Economic Contraction. Journal of Comtemporary China，15（46）：69-88.
　　[2]　盛晓白：《东亚模式的特征及其利弊分析》，《审计与经济研究》，1999 年第 5 期，第 55~58 页。

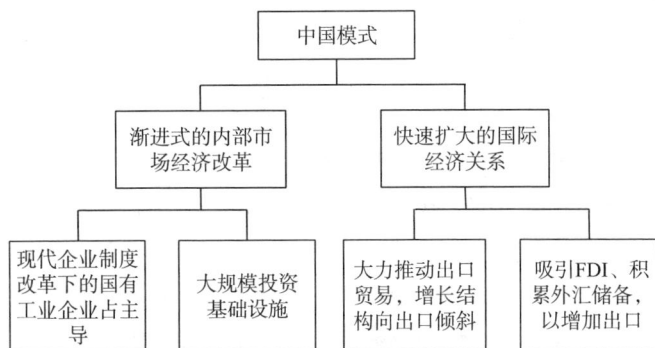

图 7-1 中国模式的主要特征

（1）国有企业是中国模式的重要参与者。

中国的国民储蓄主要由国有企业提供。尽管亚洲新兴经济体的经济增长都呈现出投资驱动增长特征，但是中国近年的国民储蓄主要是由企业特别是国有企业贡献的。马来西亚和新加坡的情况更为特殊，出于历史原因，它们的储蓄则更多地由家庭提供。

相应地，收入分配向国有资本倾斜，政府通过提供大量金融资源来干预分配。中国模式和亚洲模式一样，其增长模式都严重地倚重投资。因而，国民收入更多地分配给了资本而不是劳动力。中国在收入分配领域的不平衡现象较为严重。私人部门中，家庭收入分配最少。近年来，中国家庭储蓄率非常高，家庭储蓄占了私人部门收入的 1/4，但私人消费却仅占 GDP 大约 36%[①]。尽管在 20 世纪 80 年代以来市场经济改革浪潮的推动下，国有企业在整个国民经济中的比重相对收缩，但国有企业仍然占有绝对优势，是国民经济的支柱。因此，在国民财富分配上，其他亚洲新兴经济体大都保持了相对平等的分配水平，而中国的收入分配更集中于国有企业。同时，中国的国有企业是国有银行商业贷款

---

① 数据来源：Ayhan Kose and Eswar Prasad，2009. The Decoupling Debate is Back. http：//foreignpolicy. com/2009/06/15/the-decoupling-debate-is-back/.

的主要受益人。收入分配偏重国有企业，导致中国模式拥有独特的国有企业和非国有企业"二元经济结构"特征[①]。

（2）鼓励外国直接投资参与工业化。

中国模式与亚洲模式的第二个重要区别在于，中国一向持有更高的对外开放态度。在中国的许多经济部门中，外资比本国私人资本更受欢迎，这与一些亚洲新兴经济体不同。与其他新兴经济体大量举借外债不同，中国政府鼓励外资以直接投资的方式参与中国的经济发展，特别是海外华人资本回流。在遍布全球的海外华人拳拳报效祖国之心和中国的低工资、丰富的自然资源这两个内外因素相互作用下，华侨投资企业首先在中国东部沿海地区蓬勃发展起来。随着东部沿海开放地区的示范效应开始释放，中国吸引了越来越多的西方知名大企业来华投资，将中国经济增长推向顶峰。相比之下，韩国等亚洲新兴经济体对外国直接投资的态度并不是很友好。长期以来，除了1987—1989年外商投资高潮，在韩国的外商投资波动较大。其重要原因包括韩国政府对外商投资有着严格的行政管理和韩国民众的仇外心理（陈湘永，1995)[②]。

类似地，中国台湾对合资企业中外商投资比例上限有严格规定，行政管理手段也比较严格。1991—2000年间，中国大陆的外商投资占全社会固定资产投资的比重平均高达12.1%，远高于韩国和中国台湾腾飞期间的1.6%和2.4%[③]。

中国对外开放政策激励了外资流入，外国资本主要被导向与

---

① Seung-Wook Baek，2005. Does China Follow "the East Asian Development Model"? Journal of Contemporary Asia，35（4）：485-498.

② 陈湘永：《韩国外商投资环境简析》，《国际经济合作》，1995年第8期，第29~31页。

③ 江小涓：《中国出口增长与结构变化：外商投资企业的贡献》，《南开经济研究》，2002年第2期，第30~34页。

扩大出口有关的行业，中国出口规模扩大主要得益于从事出口加工贸易的外资企业，可以说外商投资企业极大地推动了中国成功地实施出口导向型增长战略。国家统计局的数据显示，2000年外国投资企业和港澳台投资工业企业出口交货值占中国大陆全部工业企业出口交货值的 61.86%。这一比值在 2004—2010 年曾一度达到 70.00% 上下，直到 2014 年略微下降为 65.06%（见表 7-1）。相反，国有企业或集体工业企业的出口交货值比重在十多年来，从接近 10.00% 下降到不到 1.00%。以外资企业出口生产和创汇为核心，一直是中国出口导向型增长战略的一个核心因素。这导致了在缺乏发达的内部消费市场情况下，中国一直依赖外国市场，正是外国市场为中国工厂生产的产品提供需求（Palley，2006）①。

表 7-1 按登记注册类型分规模以上工业企业出口交货值比重（%）

年份	国有企业	集体企业	私营企业	有限责任公司及股份有限公司	外商投资企业及港澳台投资企业
2000 年	8.03	9.34	4.83	12.71	61.86
2014 年	0.51	0.26	16.06	17.93	65.06

资料来源：国家统计局网站（http://data. stats. gov. cn/easyquery. htm?cn=C01）。

（3）大力发展出口加工贸易。

虽然亚洲新兴经济体都重视出口贸易，但是中国的贸易结构有着独有的特点。中国的出口结构在近些年发生了重大变化。1990 年，中国的出口产品中有近 60% 都是没有太大技术含量的产品。然而到了 2010 年，具有更高技术含量的机械及运输设备

---

① Thomas Palley，2006. External Contradictions of the Chinese Development Model：Export-led Growth and the Dangers of Global Economic Contraction. Journal of Comtemporary China，15 (46)：69-88.

已经从 1990 年占中国出口的 9.0％ 上升到 49.5％，几乎翻了 5 倍。出口结构的变化使得中国产业结构也随之升级。

然而，从贸易方式上来看，尽管中国出口结构变化推动了产业升级，但"产品间"贸易——加工贸易从 20 世纪 90 年代以来一直是最重要的贸易方式之一。加工贸易的繁荣表明，中国对外贸易规模扩张在很大程度上是利用国内廉价劳动力的结果，硬币的另一面是在华跨国公司输出大部分产出的结果。表 7-2 是 1981—2015 年中国进出口贸易按照贸易方式分类情况。该表显示，从 20 世纪 90 年代以来，中国对外贸易规模迅速扩大。其中，一般贸易和加工贸易进出口贡献度最高，分别从 1981—1985 年的 1100.97 亿美元和 93.73 亿美元，增加到 2011—2015 年的 143156.29 亿美元和 145706.34 亿美元，分别增加了 129 倍和 1554 倍。其他贸易的进出口自从 2006 年以来也急剧增加。从三类贸易方式占总进口或出口比重来看，1990 年以前，一般贸易进出口在总贸易中的比重最大，在 20 世纪 80 年代初的比重均在 90％ 以上。1990 年以后，一般贸易进出口所占比重急剧下降，1990—1995 年，一般贸易出口比重与加工贸易出口比重非常接近，分别为 49.76％ 和 47.64％；加工贸易进口比重（40.09％）甚至超过一般贸易进口比重（36.31％）。1996—2010 年，加工贸易进出口比重维持在 54％ 以上，高于一般贸易出口（41％ 左右）。同期，加工贸易进口比重也超过一般进口贸易比重。2011 年以来这种情况有所改变，加工贸易出口比重为 49.86％，略高于一般出口贸易不到一个百分点；而加工贸易进口的比重下降到 43.57％。相反，一般贸易进口比重上升到 56.29％。从上面的数字看，自 20 世纪 90 年代加入"雁行模式"、参与区域垂直分工以来，中国出口品技术含量的增加主要源于从事出口加工的外商投资企业。"两头在外"为主的贸易方式表明，外资企业的出口活动没有显著增加中国出口部门的生产率，中国出口商品中的高技术产品从属于"高端产业的低端环节"①。

表 7-2　按贸易方式分类的中国进出口情况

（亿美元）

年份	一般贸易		加工贸易		其他贸易	
	出口	进口	出口	进口	出口	进口
1981—1985 年	1100.97	1191.40	93.73	114.73	5.80	17.46
1986—1990 年	1543.72	1609.97	738.79	679.23	42.79	249.50
1991—1995 年	2579.30	1801.00	2469.80	1988.80	134.80	1170.50
1996—2000 年	3305.81	2474.51	4589.64	4311.14	15.77	21.16
2001—2005 年	9894.17	9577.75	13934.09	12120.72	39.24	31.51
2006—2010 年	28690.90	26317.84	34939.42	26396.88	337.12	62.85
2011—2015 年	143156.29	143566.27	145706.34	111107.52	3388.96	363.06

资料来源：中经网统计数据库、国家统计局统计数据库。

　　总之，尽管中国模式与亚洲模式存在很大程度上的差异，但是由于中国模式形成之时全球化浪潮席卷世界各个角落，因此中国模式具有浓厚的亚洲模式色彩。中国模式作为亚洲模式的一个组成部分或者变形，本身并没有能够脱离亚洲模式天然的内在不足。

7.2　中国成为亚洲地区重要的经济增长中心

　　中国被誉为"雁行模式"的杰出跟随者，也被预测为下一个重要的"领头雁"和亚洲模式的支柱。到了 20 世纪 90 年代，通

---

　　① 邵敏：《出口贸易是否促进了我国劳动生产率的持续增长》，《数量经济技术经济研究》，2012 年第 2 期，第 51～67 页。

过"雁行模式"，日本与亚洲新兴经济体之间业已构成了分工清晰的贸易专业化格局，并且日本在亚洲地区的专业化分工中发挥着核心作用。但是亚洲新兴经济体特别是中国的崛起，改变了"雁行模式"原有结构，撼动了日本领导者的地位。彭晓宇（2013）[1] 指出，中国和日本参与亚洲区域专业化分工的方式不同，决定了中国可能会超过日本，成为传统"雁行模式"的提升者。日本寻求的是以直接投资推动该国跨国公司在亚洲扩张；而中国则吸纳了绝大部分亚洲的投资，作为亚洲地区生产专业化的中心，最终可能引导该地区产业结构的调整。

7.2.1　经济增长率长期维持在较高水平

改革开放政策给中国经济注入了极大活力，自此中国经济进入了快速增长的通道。短短的 30 多年间，中国的综合国力持续增强，经济总量名列全球前茅，人民生活水平逐渐改善，国际竞争力和创新能力不断提升，成为全球重要的贸易大国、资本流入大国，在亚洲和全球的影响力越来越大，对全球特别是亚洲经济增长的促进作用也日益凸显。

据国家统计局公布的数据，中国 GDP 总量从 1979 年的 3624 亿元猛增到 2014 年的 636463 亿元，扩大近 1000 倍，明显高出同期世界平均水平。实际上，20 世纪 90 年代期间，中国 GDP 在全球排名基本上稳定在第六、第七位。中国巧妙地避开了 20 世纪末期亚洲金融危机的冲击，在亚洲地区的经济地位得到明显提升。进入 21 世纪以后，中国继续深化改革推进经济的持续发展。在十余年的时间，中国的经济总量陆续超过西方资本

---

① 彭晓宇：《东亚模式与中国模式》，《国外理论动态》，2013 年第 5 期，第 104～107 页。

主义大国并于 2009 年首次超越日本，成为仅次于美国的世界第二大经济体。就经济增速而言，中国一直稳居新兴经济体乃至全球榜首。表 7-3 比较了部分亚洲经济体和全球 GDP 平均增长率。在 1980—2010 年间，中国大陆的 GDP 年平均增长率在 10.00% 左右，远高于亚洲唯一发达经济体日本和全球的增长率。2008 年全球金融危机后，尽管中国大陆的经济增速下降，但在 2010—2014 年间，平均 GDP 增长率为 8.56%，高于另一个亚洲新兴市场大国——印度，远高于全球平均水平。从人均国民收入来看，根据世界银行的标准，1997 年中国终于摘掉"低收入国家"帽子，进入"中等偏下收入国家"行列；2010 年，中国荣升为"中等偏上收入国家"之列。随着经济高增长，40 年来，中国人民的生活水平也发生了历史性巨变，城市居民整体生活水平正稳步提高，农村居民人均收入大幅增长。中国现在是亚洲最大的出口贸易国，吸引了亚洲地区 80% 的 FDI，拥有世界最多的外汇储备量，已经成为亚洲经济增长的引擎之一。

相比之下，日本在 20 世纪 80 年代上半期经历了快速发展以后，进入了第一个失落的 10 年，紧接着陷入第二个 10 年的低迷与衰退。日本经济的衰退削弱了其促进亚洲经济发展的作用，撼动其在亚洲的长期经济领导地位，导致传统的"雁行模式"逐步瓦解。2010—2014 年间，日本平均 GDP 增长率仅为 0.65%。

表 7-3　日本和亚洲新兴经济体平均年度增长率（%）

经济体	1980—1989 年	1990—1999 年	2000—2009 年	2010—2014 年
日本	3.81	1.25	0.56	0.65
中国大陆	9.77	10.01	10.30	8.56
印度	5.57	5.77	6.90	7.23

续表7-3

经济体	1980—1989 年	1990—1999 年	2000—2009 年	2010—2014 年
韩国、中国香港、新加坡和中国台湾	8.29	6.17	4.50	4.16
亚洲"四小虎"	4.22	4.79	4.66	5.42
全球	3.14	2.74	2.56	2.81

注：由于泰国 1980—1990 年数据缺失，因此亚洲"四小虎"1980—1989 年平均增长率为除泰国外的"三小虎"的平均增长率。

资料来源：亚洲经济体的年度经济增长率来自亚洲开发银行一体化中心数据库，全球年度经济增长率来自 Wind 数据库。

由于日本陷入长期的衰退和中国经济蓬勃发展的势头，可以预期传统的"雁行模式"将最终结束，很可能在不久的未来会形成中国和日本"双头"共同主导的亚洲合作分工格局。

7.2.2　中国经济对外开放度远高于日本

中国经济高度对外开放，加快同世界经济一体化是最近十多年最引人注目的全球性经济事件之一。中国融入世界经济一体化，主要表现在两方面：在国际贸易中的比重快速提高，成为世界上主要的 FDI 流入国。在这两个方面，中国比日本显然更加开放。相反，日本相对更加保守，对外国资本施加种种关卡，而且其在区域贸易中的权重自 20 世纪 90 年代中期以来便已急剧下降。

1. 中国在区域内外的贸易量急剧增加

由于中日两国在亚洲区域中扮演的角色不同，中国作为世界工厂的核心地位改变了亚洲地区的贸易格局，将传统的日本和亚洲新兴经济体对外出口的贸易模式转变为以中国为核心的新"三角贸易"模式。新"三角贸易"模式是双赢的模式,即通过对中国的出口弥补了其他亚洲新兴经济体对发达国家出口的减少,因而"中国的出口增长不仅不会损害其他亚洲新兴经济体的利益,反而会推动它们的经济增长"[①]。中国已经成为亚洲区域贸易增长的引擎和全球最重要的进口国之一,也是"亚洲地区贸易一体化增长背后的原因"[②]。2005 年,在中国高达 6600 亿美元的进口商品中,有一半来自亚洲邻国,主要集中在用于加工贸易的显像管、晶体管、集成电路电子配件和矿产品、木材、纸浆和动物油脂等原材料上。正是中国在区域内的特殊加工贸易地位,使得中国对外贸易强劲增长所带来的利益由其亚洲贸易伙伴所分享。正如摩根士丹利一份报告指出的,中国的崛起在本质上不同于日本在战后的奇迹,中国在经济发展上助人为乐的特征导致其他国家很容易分享其经济增长的收益,而且这种经济增长成功共享的特征随着亚洲新兴经济体之间的依赖性增加而增加。亚洲开发银行(2014)的计算表明,中国和一些亚洲新兴经济体的相互依赖系数从 1997—1998 年亚洲金融危机爆发之初的不足 1.9,变为 2008 年全球金融危机后的 2.6[③]。

改革开放前,中国出口贸易长期占全球出口贸易的比重不足 1%;改革开放后出口贸易比重迅速增加至 1% 以上,并且呈逐年增加趋势。1998 年,中国成为亚洲最大的出口国。以 2000 年正式加入 WTO 为契机,中国出口贸易在全球出口贸易中的比重以每年递增的速度增加。2000 年中国出口占全球出口的 3.9%,

---

① 李晓,丁一兵,秦婷婷:《中国在东亚经济中地位的提升》,《世界经济与政治论坛》,2005 年第 5 期,第 7 页。

② Asian Development Bank,2012. Asian Economic Integration Monitor (July).

③ Asian Development Bank,2014. Asian Economic Integration Monitor (Nov).

到了 2014 年则占全球出口的 12.3%。在此期间，中国同样经历了两次重大国际金融危机，但是其出口占全球贸易的比重没有发生太大变化。2009 年，即使全球金融危机的阴霾笼罩，中国出口占全球贸易的比重仍超过了德国，成为仅次于美国的出口大国。2014 年，中国出口占比基本上与美国持平。根据 Kowalsi (2008)① 的测算，仅在 1996—2006 年间，中国对全球出口贸易增长的贡献度就达到 20%。相比较，日本出口在 1980 年占全球出口总额的 6.3%，20 世纪 80 年代下半期到 90 年代上半期占比维持在 9%以上，但是 1995 年以后占比快速下降，到 2014 年其出口仅占全球贸易的 3.9%。

在区域内，随着中国经济维持较高的增长，中国与其他亚洲经济体之间的贸易加速增长，主要特征是中国为其他亚洲新兴经济体提供了巨大的市场，其从亚洲邻国的进口快速翻倍。为了参与全球分工，中国进口周边国家的原材料和零部件，已在 20 世纪末取代日本成为亚洲新兴经济体的主要贸易对象。1980 年，中国出口占亚洲出口的 5.4%；2000 年翻了 2 倍多，增加到 13.6%；到了 2014 年为 36.5%，几乎是 2000 年的 3 倍。相反，日本对亚洲出口的比重在近 30 多年中呈急剧下降趋势。20 世纪 80 年代，日本的出口占亚洲总出口的 40%以上，但是 2014 年该比重下降到 11.6%，几乎仅为 20 世纪 80 年代的 1/4（图 7-2）。

---

① Preemyslaw Kowalsi，2008. China and India：A Tale of Two Trade Integration Approaches. https://www. researchgate. net/publication/23777881 _ China _ and _ India _ A _ Tale _ of _ Two _ Trade _ Integration _ Approaches.

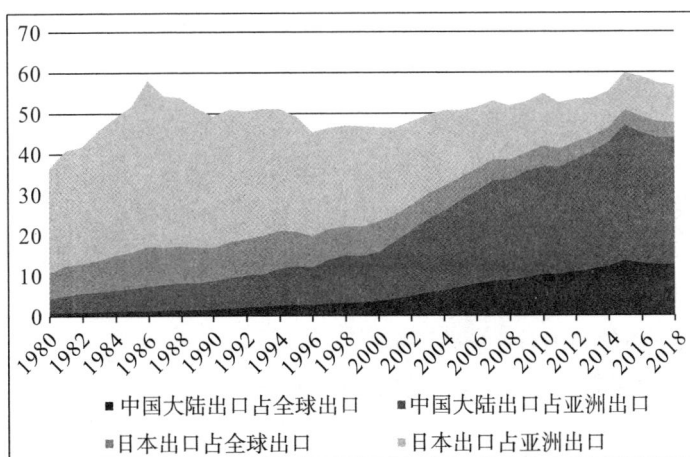

图 7—2　中国和日本的出口占全球和占亚洲比重（％）

资料来源：根据联合国贸易和发展会议数据库相关数据计算。

2. 中国积极吸引 FDI 和加强对外投资

伴随着以对外贸易的方式积极参与国际一体化，中国对外国直接投资参与中国经济改革持开放包容的态度。投资自由化和良好的商业环境，使得中国从改革开放前基本上不存在外商投资，到 1993 年成为发展中国家和新兴经济体中最大的 FDI 流入国。国际投资者对于中国作为国际资金流动的目的地和来源地的兴趣逐渐增强。2005 年联合国贸易和发展会议的数据显示，中国业已成为位居美国和英国之后的世界第三大外国直接投资吸收国。近些年，为了鼓励企业走出去参与国际竞争和提高外汇储备利用效率，中国对外直接投资也快速增加。中国在吸引外资和对外直接投资方面的规模都已经超过日本。2006 年，中国实际利用的外商直接投资为 630.21 亿美元[①]，同年对外直接投资达 211.6 亿美元；2014 年，利用外商投资 1195.62 亿美元，对外直接投资

①　中国合同利用外资金额要高得多。

1231.20 美元。日本向来对外资进入本土持抗拒态度，2006 年吸收的 FDI 是负数，即为净流出，而对外直接投资达到 501.64 亿美元；2014 年，该经济体吸收直接投资为 20.91 亿美元，对外投资 1136.97 亿美元。因此，目前不论是对外直接投资还是吸引外商直接投资，中国都超过了日本。中国和日本在对外贸易和吸收 FDI 方面的巨大反差背后是这两个经济体近些年宏观经济表现的巨大差别——中国经济增速远高于日本，并且经济总量也赶超了日本。更加开放的中国对亚洲的影响力日益增强。

在区域内资本跨境流动中，中国也扮演了重要角色。中国对区域内经济体扩大出口贸易的必然结果是，亚洲经济体间金融联系也增强了。Glick 和 Hutchison（2013）[①] 的实证研究发现，中国股票回报率与主要亚洲新兴经济体股票回报率的相关性在 2008 年全球金融危机前后都显著为正，而且在全球金融危机后这种联系得到了进一步强化。这表明，随着中国股票市场广度和深度增加，再加上资本项目对外开放度逐渐加大和人民币国际化进程加快，中国股票回报率对其他亚洲新兴经济体的影响增强了。通过金融资产的跨国运动，可以获得更高的资本收益，这是亚洲新兴经济体从中国经济崛起中分享到的第二个收益。区域内跨国资产运动最重要的载体是 FDI，这可能与中国在区域内特殊的分工地位有关——中国基于低劳动成本和规模经济等优势发展加工贸易，吸引了来自世界各地大量的外资企业特别是在地理上临近的亚洲企业。中国吸收的 FDI 主要形式为绿地投资，其中大约 70% 集中在制造业上，中国以加工贸易为特征的吸收 FDI 方式在引导亚洲贸易流动增长中起了重要作用（Zhang and Sun，

---

① Reuven Glick and Michael Hutchison，2013. China's Financial Linkages with Asia and the Global Financial Crisis. Journal of International Money and Finance，39（3）：186－206.

2008)[①]。表7-4表明中国香港、新加坡、泰国是中国大陆目前在亚洲重要的FDI来源地。跨地区债券是亚洲新兴经济体资本流动的另一种重要载体。中国香港仍然是中国大陆最大的跨地区债券持有者，几乎占了一半，其次是泰国和菲律宾，持有了中国大陆对外发行债券的9%左右。相比FDI和跨地区债券，亚洲新兴经济体持有中国大陆股票的比重相对比较分散，中国香港和印尼是主要股票持有者。随着中国大陆消费水平提升和中产阶级的壮大，流入中国大陆的国际资本逐步从以生产导向为主，转向同时以生产和市场为导向，越来越多的亚洲资本开始关注中国大陆的消费市场。

表7-4 中国大陆与其他亚洲新兴经济体间资金流动状况（%）

经济体	跨地区持有股票比重	跨地区持有债券比重	FDI流入比重
中国香港	27.7	40.5	42.8
韩国	5.7	4.2	2.2
印尼	27.3	5.1	3.2
马来西亚	1.7	2.0	1.1
菲律宾	1.4	8.7	0.2
新加坡	13.5	3.7	8.9
泰国	2.7	9.2	3.7

注：1. 跨地区持有股票比重指2014年某一新兴经济体持有的中国大陆股票占该新兴经济体持有全球股票总额的比重。

2. 跨地区持有债券比重指2014年某一新兴经济体持有的中国大陆发行债券占该新兴经济体持有全球债券总额的比重。

3. FDI流入比重指2013年某一新兴经济体持有的中国大陆FDI投资占该经济体接受的全球FDI投资比重。

资料来源：Asian Development Bank, 2015. Asian Economic Integration Report：141-150.

---

① Liqing Zhang and Zhixian Sun, 2008. Effect of China's Rise on East Asian Economic Integration. Economic Change and Restructuring, 41 (8)：315-330.

与此同时，来自中国大陆的资本流动也在稳步增长，中国大陆也是亚洲新兴经济体重要的 FDI 投资来源国。图 7－3 表明，截至 2015 年 6 月末，中国大陆持有全球股票资产共计 1778 亿美元，债券资产共计 1091 亿美元。持有中国香港、韩国等亚洲新兴经济体的股票和债券之和占中国大陆持有全球资产的比重分别为 24.0％和 16.4％。其中，中国大陆持有中国香港的资产比重最大，其次是韩国[①]。可以预期，随着人民币国际化和金融体制改革，一旦中国大陆放松对资本项目的严格管制，增加非 FDI 国际资本的双向流动，那么巨大的外汇储备将极大地支持中国大陆企业进行海外投资，这样亚洲经济体将进一步享受到来自中国大陆资本流出的好处。

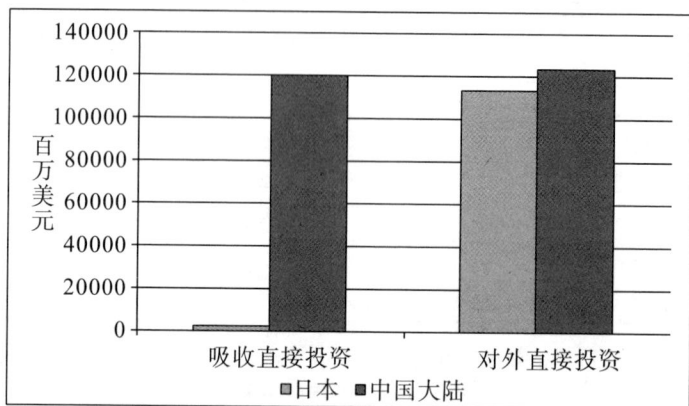

图 7－3　2014 年日本和中国大陆对外直接投资和吸引外商投资情况

资料来源：Wind 数据库。

---

① 国家外汇管理局官方网站。

7.2.3 人民币区域化和国际化进程加快

一个经济体的货币跨国界流通是其国际影响力的重要组成部分。随着中国在亚洲逐渐树立起经济大国的核心地位和与其他经济体金融联系加强，人民币必然要走向区域化和国际化。

首先，2008 年全球金融危机为人民币国际化进程提供了良好的机遇。亚洲当前的贸易模式是对区域外欧美等最终市场过度依赖的模式，导致亚洲区域内经济体稳定对美元的名义汇率成为一种自发需求，从而导致各个经济体外汇储备不断增加，最终形成了对"亚洲区域美元体制"的重要支撑。这意味着，美国通过充当亚洲新兴经济体最终产品市场的提供者而控制了亚洲新兴经济体的经济，导致亚洲新兴经济体成为 2008 年全球金融危机的重要受害者之一。在 2008 年全球金融危机中，美元霸权地位有所动摇，为推进人民币国际化带来了机遇。虽然在短期内，资金出于避险需求，加之美国政策上的需要，美元仍然将保持强势。甚至可以预见在相当长的时期内，以美元为主的国际货币体系无法发生根本转变，但是 2008 年全球金融危机再次引发了世界各国对当前国际货币体系中美元霸权地位的反思，并重申了对国际货币体系进行制度性变革的必要性。这为人民币国际化提供了难得的发展机遇。

其次，人民币自身也展示了作为区域核心货币的潜能，人民币信用在亚洲金融危机后大大提升。第一，中国持续的经济增长保证了人民币的币值稳定性。中国经济总量占世界的比重已经从 1978 年的 1.8% 上升到 2013 年的 12.3%，世界排名第二；贸易总额占世界的比重已经从 1978 年的 0.8% 上升到 2013 年的 12.0%，成为全球第二大贸易国。随着中国在世界经济和贸易体系中地位的不断提高，客观上要求人民币在国际货币体系中扮演日益重要的角色。第二，中国持有将近 2 万亿美元的外汇储备，巨额国际储备为人民币国际化提供了可靠的资本支持。第三，人民币币值和宏观经济政策稳定，国内通货膨胀率水平较低，金融机构质量良好，对外开放度高，国际地位得以大幅度提高。因此，在此情形下，加快人民币的国际化进程是顺应历史趋势的理性抉择。

最后，中国政府也在大力支持人民币国际化，积极参与区域货币合作。2008 年 11 月 G20 会议后，中国领导人在跨国人民币清算机制、央行间货币互换计划、对外投资等多个方面支持国际上使用人民币。2009 年，人民币国际化进程正式拉开帷幕。此后，人民币在国际贸易中的跨境使用方面取得了巨大进步，区域接受性日益增加。目前，在亚洲，蒙古、巴基斯坦、泰国和越南已经接受人民币支付；在央行间，中国同亚洲邻国签订了多项人民币双边互换协议。人民币已经成功跻身为全球第八大交易货币。中国人民银行《金融统计数据报告》的统计显示，2011 年以人民币进行的跨境贸易结算业务累计发生 2.08 万亿元；到了 2014 年，全年跨境贸易人民币结算业务累计发生 6.55 万亿元，3 年里翻了两番还多（图 7-4）。2015 年，人民币被 IMF 正式纳入特别提款权货币篮子中，这意味着中国在国际贸易和国际金融方面将对其他亚洲新兴经济体产生更加深远的影响。

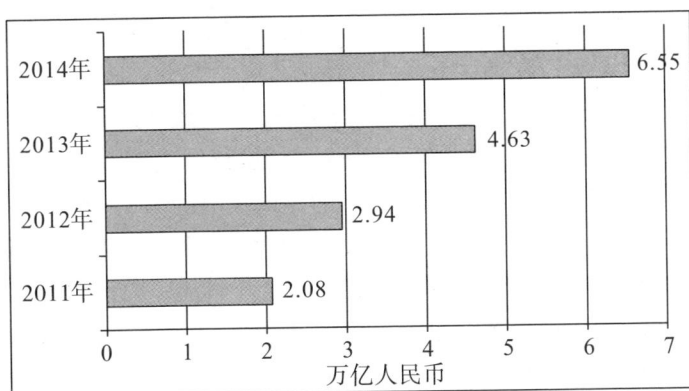

图 7-4　人民币跨境贸易结算情况

资料来源：根据 2011—2014 年中国人民银行《金融统计数据报告》整理。

7.2.4　中国在亚洲价值供应链上处于核心地位

实际上，中国长期超常经济增长表现和高度对外开放，应归功于中国加入了世界经济一体化垂直分工链以及在该链条上的重要地位。

传统地，亚洲贸易格局是以日本为中心的"雁行模式"下的旧"三角贸易"，即日本将资金和资本品输出到亚洲特别是东亚新兴经济体，将它们视为"迂回生产基地"。借助日本的资本和先进技术，亚洲新兴经济体生产劳动密集型消费品，然后将产品主销美国或者返销日本，用对美贸易顺差来弥补对日贸易逆差。20 世纪 80 年代后期，因为日元大幅升值，以日本为核心的旧"三角贸易"在 1990 年达到顶点。日本将亚洲新兴经济体纳入一体化的生产链中，虽然其经济增长给亚洲地区带来了一定的正溢出效应，但是这种正溢出效应是以日本的增长为第一要务的，并且对其他亚洲经济体的出口有一定的挤出效应。

265

"雁行模式"的形成基础和驱动力来源于亚洲经济体间的比较优势互补和产业梯度转移。随着亚洲新兴经济体的崛起，这种空间格局已经发生变化，传统"雁行模式"的分工排序进行了重新组织。中国在 20 世纪 90 年代加入"雁行模式"。统计数据表明到了 20 世纪末，中国直接进口的年增长率从 1980 年的 8％上升到 1998 年的 12％。同一时期，间接进口（即作为投入品的进口品）的年增长率从 7％上升到 11％[①]。当前，中国已经在新"雁行模式"中处于中心地位，甚至可以说中国的崛起已经改变了世界经济活动的分布格局：中国成为从邻国进口大量零部件并进行最终加工和组装的平台，其出口产品却以美国和欧洲作为目标市场。因而，以中国为主体的新"三角贸易"正在取代传统的"雁行模式"（图 7-5）。不仅如此，在新的国际分工合作中，中国实现了贸易部门的工业升级，从单纯地加工进口投入品升级到制造高科技中间品（Amighini，2005）[②]。

那么，新"三角贸易"是否意味着中国同其他亚洲新兴经济体之间竞争激化或者说对后者的出口构成威胁？美国伯克利大学教授 Roland-Holst（2002）[③] 的研究表明，与上述"威胁论"观点相反，中国对外出口扩张，不仅不会威胁其他亚洲新兴经济体的出口，反而将为它们提供巨大的经济增长机会。事实上，正如 Roland-Holst 教授所预见的，其他亚洲新兴经济体也越来越视中国为主要的出口市场。1985 年中国出口品占美国当年进口市场的比重不足 1％，2014 年则上升到占美国进口市场的

[①] Raphael Kaplinsky, 2005. Revisting the Revisited Terms of Trade：Will China Make a Difference? World Development，34（6）：981-995.

[②] Alessia Amighini, 2005. China in the International Fragmentation of Production：Evidence from the ICT Industry. The European Journal of Comparative Economics，2（2）：203-209.

[③] David Roland-Host，2002. An Overview of PRC's Emergence and East Asian Trade Patterns to 2020. ADB Institute Research Paper.

16.4％。同期，其他亚洲新兴经济体对美国出口从 10.6％ 下降到 7.1％①。而亚洲新兴经济体对中国出口占区域内出口的比重却日益上升。联合国贸易和发展会议的统计数据显示，当前亚洲新兴经济体对中国出口占它们区域内出口的比重接近 50％。造成这种情形的主要原因是，中国大陆 10 个参与垂直分工程度最深的出口品对来自中国台湾、东南亚新兴经济体的进口中间品依赖性日益增加（Dean 等，2008）②。因此，在亚洲内部，中国加入"雁行模式"并获得经济成功是双赢的结果。

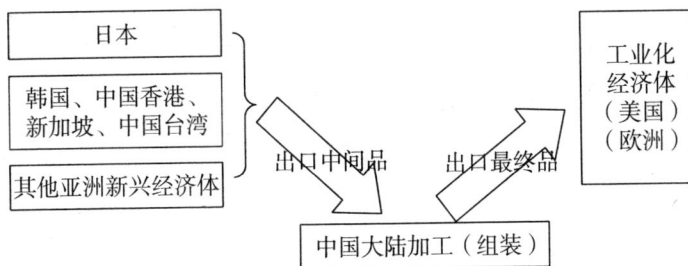

图 7—5　亚洲新"三角贸易"格局图

资料来源：唐海燕，张会清：《中国崛起与东亚生产网络重构》，《中国工业经济》，2008 第 12 期，第 68 页.

　　技术能力的提高和加工贸易的发展证明了中国在亚洲乃至亚太地区的经济重要性。有人预测，中国将会逐渐赶超其他"尾雁"，甚至可能超过"领头雁"日本，成为新的亚洲对外扩张的"领头雁"（赵伟，2009）③。

---

① 数据来源：根据 Wind 数据库计算。

② Judith Dean，Fung K. C. and Zhi Wang，2008. How Vertically Specialized is Chinese Trade? http://www. suomenpankki. fi/pdf/160644. pdf.

③ 赵伟：《东亚区域经济合作中的中国因素》，《当代亚太》，2009 年第 2 期，第 94～108 页.

7.3 全球金融危机后中国经济增长存在的问题及其原因分析

自 1978 年改革开放以来，中国 GDP 总量逐步跃居世界前列，人民的生活水平得以极大提高。然而，随着经济的发展，中国模式的缺陷逐渐显露，突出表现为在追求经济增长的数量上大幅度提升，但在经济增长质量方面的改善并不明显。现在中国经济增长模式的突出特征可以归纳为"增长极为显著、发展相对滞后"的不对称发展[①]，具体表现为以固定投资驱动、出口拉动、国内消费需求不足和高能源消耗。Lardy（2012）的测算结果表明，中国的经济发展大约在 2002 年或 2003 年已经开始日益变得高度不平衡[②]。2008 年全球金融危机进一步放大和强化了中国模式的约束因素，经济增速结束了过去 30 年来平均 10.0% 的年增长率，陷入中高速状态。党的十九大报告深刻洞察中国经济增长的这一转变，明确指出我国经济已由高速增长阶段转向高质量发展阶段。经济的新常态表明，传统的中国模式不再适应 2008 年全球金融危机后的新形势。中国著名学者吴敬琏指出，2008 年全球金融危机之所以沉重打击了中国的高速增长，是因为中国经济已经是全球经济体系的有机组成部分，而"过分依赖资源投入和出口需求支持的经济发展方式未能及时转变"[③]。

---

① 高帆：《"中国经济发展模式"何以成为可能》，《探索与争鸣》，2010 年第 1 期，第 62～64 页。

② Nicholas Lardy，2012. Sustaining China's Economic Growth after the Global Financial Crisis. Washington：Peterson Institute for International Economics.

③ 吴敬琏：《应对危机根本在转变发展方式》，《经济研究信息》，2009 年第 1 期，第 31～32 页。

7.3.1 经济增速由超高速增长转为中高速增长

"新常态"一词最早由美国太平洋投资管理公司（PIMCO）的两位投资家于 2009 年提出，用来描述发达国家在 2008 年全球金融危机后经济缓慢而痛苦的复苏过程。2014 年，中国决策层首次正式使用这一概念概括中国经济增长从超高速转向中高速阶段所面临的经济挑战。中国大陆自 1978 年经济改革开放以来，年均 10.0％左右的高速增长一直持续到 2011 年（1981 年、1989 年和 1990 年除外）。在此之前，日本 GDP 高增长时期持续了 25 年左右，中国香港持续近 24 年，韩国持续 20 年，新加坡持续 36 年，中国台湾持续近 40 年。在高增长时期，日本年均 GDP 增长率为 14.2％，中国香港、韩国、新加坡和中国台湾分别为 8.7％、8.3％、8.9％和 9.4％（见图 7-6）。可见，中国大陆的经济高增长时期无论在持续时间还是增长水平上，都是亚洲奇迹的重要组成部分。但是，正如日本从第一次石油危机后步入经济减速期和韩国、中国香港、新加坡及中国台湾在 20 世纪 90 年代中期至末期纷纷放缓经济增长，中国大陆从 2012 年起经济增速明显减缓。2012—2014 年 GDP 增长率分别为 7.7％、7.7％和 7.3％，告别了两位数的超高速增长。因此中国大陆发展模式发生变化的核心特征是，由高速经济增长转为所谓的"新常态"即中高速增长（黄志钢和刘霞辉，2015）[①]。

[①] 黄志钢，刘霞辉：《"新常态"下中国经济增长的路径选择》，《经济学动态》，2015 年第 9 期，第 51~62 页。

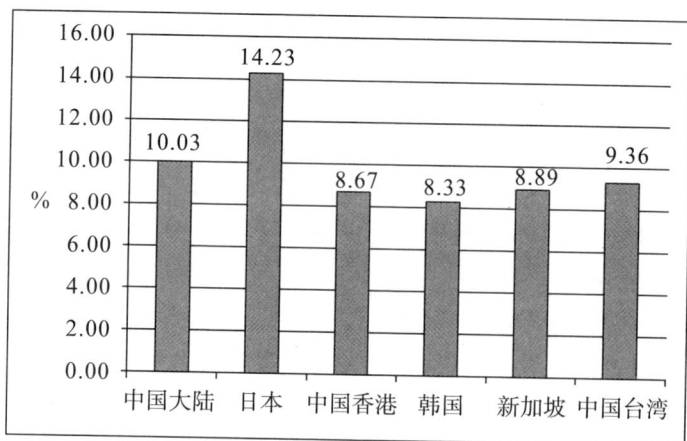

图7—6　中国大陆、日本及韩国、中国香港、新加坡、
中国台湾高增长时期的年均GDP增长率

注：除中国台湾的数据为不变价GDP增长率外，其他经济体的数据均为名义GDP增长率。

资料来源：中国大陆、日本、韩国、新加坡和中国香港的数据来自世界银行数据库，中国台湾的数据来自Wind数据库。

7.3.2　制造部门规模相对过大，行业增长率显著下滑

中国模式如同亚洲模式，以出口导向型增长为核心，因此容易造成与出口直接或间接相关的制造部门规模相对过大并且生产能力过剩。相反，其他部门由于投资不足而出现了瓶颈。随着2008年全球金融危机结束，中国步入经济发展的"新常态"，传统的制造产业部门产能过剩凸显，而这些传统产业曾是中国经济增长的主要引擎和支柱部门，贡献了中国经济增长的半壁江山。

1. 工业部门在三次产业中的贡献度下降

随着经济增速放缓，中国三次产业的增速发生了显著变化，资本回报率下降，对GDP的贡献度也发生了变化。根据国家统

计局公布的数据，长期以来第二产业即工业的增加值是中国GDP 增加值的主要贡献者，一直占 GDP 增加值的 45％及以上。但 2013 年中国第二产业增加值在最近 20 年里首次下降到 44％。第三产业即服务业的增加值在 2012 年首次超过第二产业的增加值 0.5 个百分点；2013 年进一步上升，为 47％（图 7－7）。

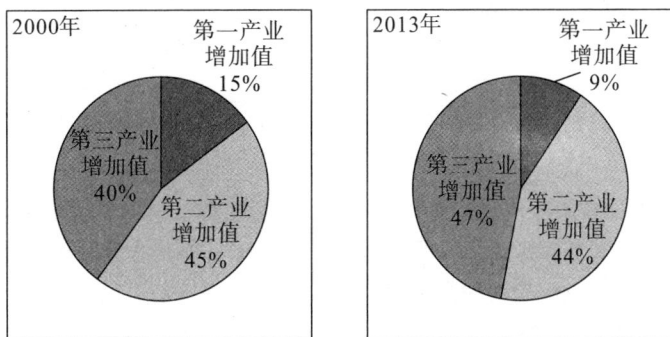

图 7－7　2000 年和 2013 年中国三次产业增加值

资料来源：国家统计局（http://data.stats.gov.cn）。

从三次产业对 GDP 的贡献率来看，图 7－8 表明中国第二产业的贡献率也逐年下降。2000 年，第二产业贡献率一半以上，为 60％；从 2012 年起对 GDP 的贡献率在 50％以下，2013 年为48％。与各个产业增加值的变化趋势类似，第三产业的贡献率稳步上升，在 2013 年对 GDP 的贡献率（48％）与第二产业贡献率（48％）一致，2014 年首次超过第二产业贡献率 1 个百分点。

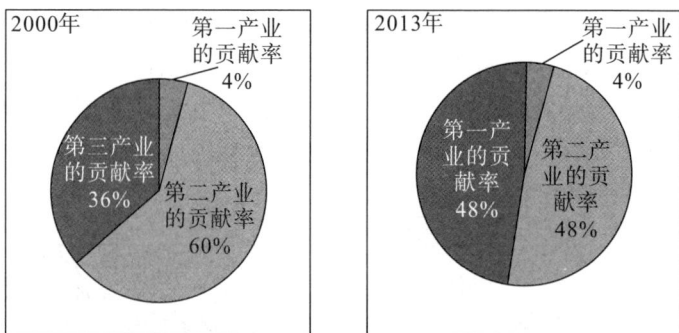

图 7-8　2000 年和 2013 年中国三次产业对 GDP 的贡献率
资料来源：国家统计局（http：//data.stats.gov.cn）。

　　三次产业的结构性变化表明，2008 年全球金融危机后，中国经济增长放缓主要来自第二产业即工业的增长率和贡献率下降。当然，第一产业即农业的增加值下降速度远大于工业，但是考虑到工业部门长期是国民经济总量的重要组成部分而农业部门日渐萎缩，因此工业部门增加值下降对经济增长的影响也远大于农业部门。

2. 传统行业严重停滞或萎缩

　　如果查看具体行业，可以发现中国的各产业内部失衡问题也非常严重。从传统上来看，第二产业中的重工业和第三产业中的房地产等行业是中国经济增长的引擎。需要强调的是，钢铁等重工业是中国出口导向型增长的关键出口行业；房地产虽然不是出口行业，但中国房地产的繁荣与中国出口导向型增长下的国际资本流入密切相关。统计数据显示，制造业部门的产品占中国总出口的 95％，并占与进口品相竞争的国内产品的 79％[1]。当面临全球需求缓慢复苏和全球增长潜力降低时，这些增长引擎对经济增长的贡献度逐渐下降甚至变为负增长。

---

　　[1]　Nicholas Lardy，2007. China：Rebalancing Economic Growth. In Fred Bergsten，Bates Gill，and Nicholas Kaidy，et al.，eds. The China Balancesheet in 2007 and Beyond. Washington：The Peterson Institute for International Economics.

事实上，从 2005 年开始，一些高利润制造业向上的高速增长趋势便开始显著放缓，甚至调头下行。OECD（2005）的报告指出，2005 年中国汽车行业的利润下降了 29％，电子行业的利润下降了 3.3％[①]。2008 年全球金融危机后，部分传统行业产能过剩的现象更加严重。在第二产业中，水泥、钢材、平板玻璃、电解铝等 8 个传统行业的产能过剩情况比较严重。按照中国钢铁协会相关专家给出的产能过剩标准之一即长期产销率下降来衡量，水泥、钢材和平板玻璃等重工业产品出现了严重的产能过剩。图 7-9 到图 7-11 分别为 2000 年第一季度至 2014 年第四季度上述三个产业的产销率累计增加值。可以看出，水泥的产销率自 2001 年第一季度出现高峰之后，之后便一路下降，基本维持在 97％~98％的水平。与水泥不同，钢材和平板玻璃的季度产销率波动非常大，但趋势线表明这两种产品总体上呈现严重的供大于求现象。并且钢材向下的趋势线斜率大于平板玻璃，说明钢材行业的产能过剩严重程度超过了平板玻璃。

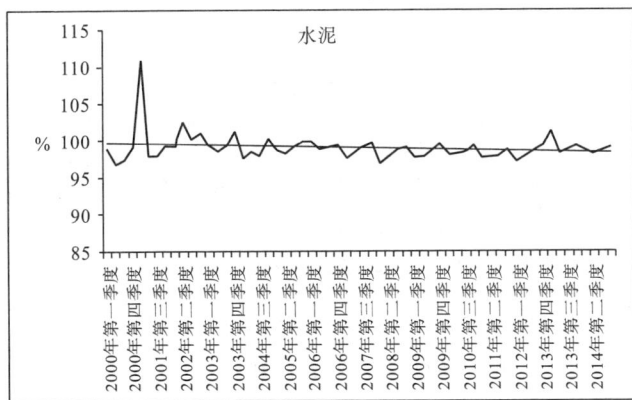

图 7-9 中国水泥产销率累计值走势
资料来源：国家统计局（http://data.stats.gov.cn）。

[①] OECD，2005．China，Economic Surveys．

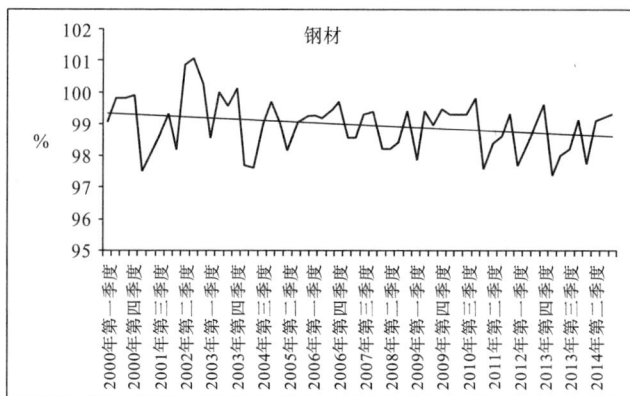

图 7—10　中国钢材产销率累计值走势

资料来源：国家统计局（http://data.stats.gov.cn）。

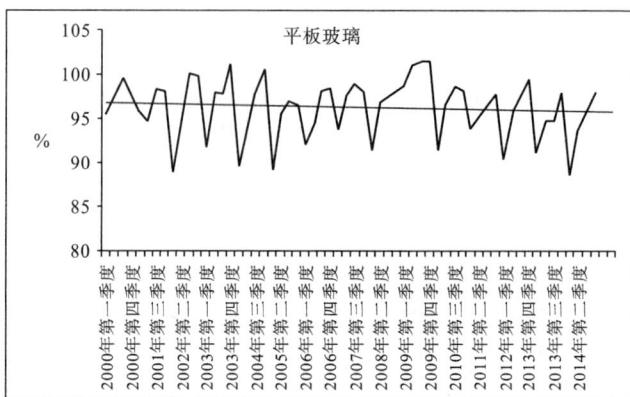

图 7—11　中国平板玻璃产销率累计值走势

资料来源：国家统计局（http://data.stats.gov.cn）。

作为水泥、钢材等传统行业的下游产业——房地产一直是中国经济增长的强劲动力，但是在 2008 全球金融危机后，房地产市场陷入低迷，拉低了全国经济增速。图 7—12 是 2000 年到 2014 年年底中国商品房月度销售面积和销售额的变化情况。可见，在 2008 年全球金融危机以前，中国月度房屋销售面积和销售额大体上呈平稳增长态势，偶尔出现小波动，但都是正增长。2008 年初这两项指标开始由正值转为负值，并持续了一年左右，在 2008 年 12 月触底，当月全国房屋销售面积增幅为 -19.7%，全国房屋销售额增幅为 -19.5%。之后，在国家一揽子刺激政策下，房地产市场触底反弹，但 2012 年开始两项指标又开始双双下跌，2014 年又第三次出现大幅度下跌趋势。

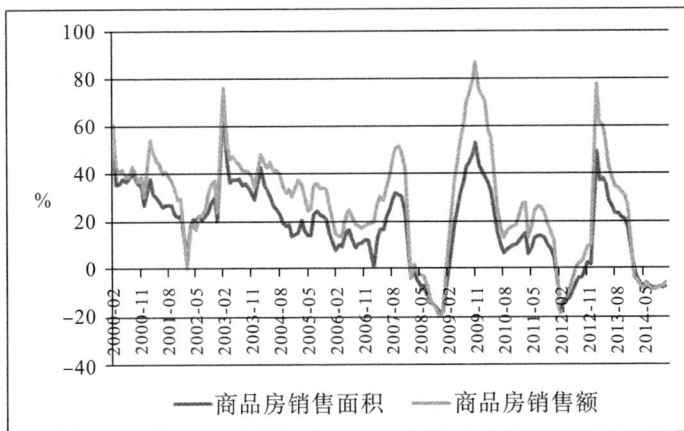

图 7-12　2000 年以来中国房地产市场情况

资料来源：Wind 数据库。

7.3.3　经济增长减缓的原因——经济发展不平衡

许多学者从不同角度分析了中国经济增速下降的原因。中国人民大学宏观经济分析与预测课题组（2015）[①] 将中国 GDP 回落的因素归结为：改革红利减少、工业化比重降低、净出口增速

---

　　① 中国人民大学宏观经济分析与预测课题组：《我国宏观经济步入新常态、新阶段》，《宏观经济管理》，2015 年第 1 期，第 11～15 页。

下降和人口红利逆转。徐雪和赵阳（2015）[①] 总结了多位专家的意见，得出的结论是经济增长阶段转换是中国经济增速下降的根本原因。甚至也有人将经济下滑与中国政府应对全球金融危机的刺激方案后果联系起来（Schiere，2010）[②]。

　　实际上，中国经济增速下滑无外乎是外因和内因在同一时间相互强化的结果，进入了"三期叠加"的特殊情况。外因表现为全球环境的根本性变化：2008 年全球金融危机和 2010 年欧元区危机导致的外部需求下降及全球贸易体系变动。外因放大了中国经济增长放缓的效应。内因是由于外因发生了变化触发了中国旧有经济发展模式的脆弱性——贸易依赖风险、金融体系波动风险、经济结构调整滞后风险等。但是大部分学者认为，随着经济走向温和增长，恰好为中国提供了发展模式转型和促进经济再平衡的良好机遇。陷入中等收入陷阱的经济体如德国、日本和韩国等的经济增长减速是在充分实现快速增长潜力之后，预示了一个经济体从快速增长阶段过渡到中等增长和高收入阶段（Liu，2015）[③]。经济增速放缓，一方面表明不同产业的增长率在"换挡"，另一方面表明中国现在面临着调整经济结构的挑战。在2008 年全球金融危机暴露中国发展模式的短板前，中国经济结构有两个偏向，这两个偏向在传统上被称为"三驾马车"的重要动力——偏向出口带动的经济增长和偏向投资拉动的经济增长。2008 年全球金融危机的爆发加速了中国经济结构不协调不平衡发展的矛盾激化。

---

　　① 徐雪，赵阳：《发挥市场决定性作用，实现新常态下经济增长与转型》，《经济社会体制比较》，2015 年第 9 期，第 187~193 页。

　　② Richard Schiere，2010. China's Development Challenges：Economic Vulnerability and Public Sector Reform. New York：Routledge.

　　③ Shijin Liu，2015. The Coming Fallout Following China's "Condensed Development Model" of Economic Growth and the Transformation of China's Mode of Economic Growth. China Finance and Economic Review，3（2015）：10−19.

1. 依赖出口带动增长的内外不平衡

从需求侧来看,中国经济严重依赖出口导向型增长。2008年全球金融危机爆发后,中国以外向型增长为战略核心的经济发展模式遭受了两大瓶颈制约:外需受限和内需不足。丁学良(2011)[①] 将中国模式当前面临的困难主要归咎于2008年全球金融危机导致全球贸易体系发生了重大变化,放大了中国经济结构内外不平衡问题。

21世纪初至2008年全球金融危机爆发的第一年,出口增长是中国经济增长的主要来源。但是随着全球金融危机深化,2009年5—10月,中国进出口贸易为负增长。虽然此后对外贸易转为正增长,但是2015年对外贸易又全面转为负增长,平均月对外贸易增长率为-8.13%[②]。2008年全球金融危机后,全球性经济衰退导致了60年来全球贸易最为急剧的下降,中国的出口贸易不可能一枝独秀地维持以前的高增速,相应地净出口对中国经济增长的巨大贡献结束了。亚洲开发银行的数据表明,2010年中国商品出口增速为31.3%,2011年为20.3%,但2012年和2013年陡然下降为7.8%和7.9%。然而,在2008年全球金融危机爆发前的2002—2007年,中国出口年平均增速为29%[③]。

中国出口贸易面临的困难不仅在于外部环境发生了变化,而且在于中国仍然位于世界制造业供应链的低端,出口的质量长期没有得到提高,并且两头在外的出口贸易模式容易受制于国际市场变动。一方面,2008年全球金融危机以来,中国加工出口行业所需要的大宗进口原材料和中间产品价格随着国际商品市场价格波动而剧烈波动。另一方面,中国大部分出口产品是以进口原

---

① 丁学良:《辩论"中国模式"》,社会科学文献出版社,2011年。

② 数据来源:根据 Wind 数据库相关数据计算。

③ 数据来源:亚洲开发银行数据库。

材料为基础的加工贸易品，附加值低，在国际市场上的竞争力不强。Gaulier 等（2007）[1] 对中国 1997—2003 年制造品出口价格指数进行了追踪，发现在统计的 22 类中国出口制造品中，仅焦煤、精炼石油产品和核燃料这一类产品的年均出口价格增长率为8.3％，超过了世界年均价格增长水平（7.0％）；其他 21 类出口品年均价格增长率均为负数，并且除了办公机器和计算机类产品外（年均价格增长率为−0.2％），其他剩余的产品年均价格增长远低于世界年均价格增长水平。出口商品价格下降，不仅源于出口部门间的恶性竞争，还源于制造企业的生产过剩。UBS（2007）的一项研究重新计算了中国轻工业、重工业等出口类别的真实增长率[2]。该机构声称，中国是出口导向型经济体可能是一个幻觉，因为出口对中国 GDP 真实增加值的贡献几乎没有随着时间增加而增加。图 7−13 是国家统计局统计的中国净出口对GDP 的贡献率。该图所反映的内容在一定程度上印证了 UBS 的计算结果。中国净出口对经济增长的贡献度并不稳定，并且在大多数年份的贡献率为负数。2008 年全球金融危机爆发后，净出口对经济增长的贡献严重下降；2009—2011 年对 GDP 的贡献度变为负数，分别为−44.80％、−12.90％和−7.90％；2014 年的贡献转为正数，但仅仅贡献了 GDP 增长的 1.70％。

　　[1]　Guillaume Gaulier，Francoise Lemoine and Deniz Unal−Kesenci，2007.China's Emergence and the Reorganisation of Trade Flows in Asia. China Economic Review，18（3）：209−243.

　　[2]　UBS，2007. Is China Export−led? UBS Investment Research，Asian Focus，27 September.

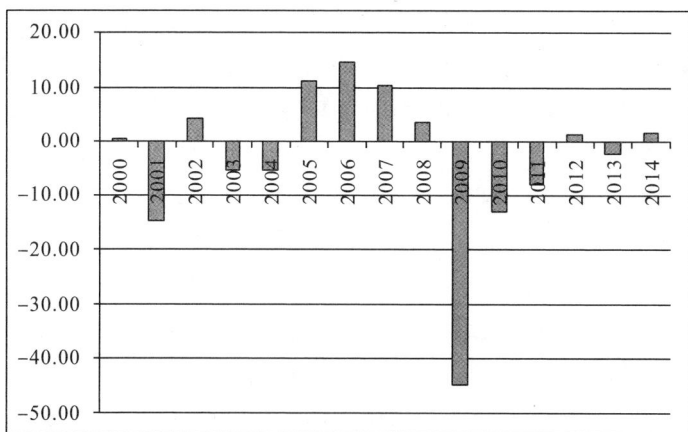

图 7—13 商品和服务净出口对中国 GDP 的贡献率（%）

资料来源：国家统计局，（http://data.stats.gov.cn）。

2008 年全球金融危机促使人们再次审视当前中国出口导向战略的可持续性问题。一些学者担心，在可预见的未来一段时期，由于严重依赖于外部市场，中国出口战略是不可持续的[①]。由于外需不是我们所能控制的，中国经济实现持续增长的关键点就在于全方位启动内需，逐步实现由出口和投资为主导的经济增长模式向内需拉动型经济增长模式的转变。

2. 偏向投资拉动的投资—消费不平衡

与中国外部不平衡相对应的是内部不平衡——从长期供给的角度看，中国的经济结构是投资拉动的增长。经济发展内外两种不平衡紧密联系、相互依赖，彼此相互强化[②]。中国的投资主要流向了制造业（30%）、基础设施（18%）和房地产部门

---

① 胡立法：《当下中国出口导向型战略的可持续性》，《世界经济研究》，2011年第 8 期，第 3~7 页。

② 郭树清：《中国经济的内部平衡与外部平衡问题》，《经济研究》，2007 年第 12 期，第 4~10 页。

（23％），因而大约 1/3 的投资最终与增强贸易部门的扩张能力相联系①。与亚洲其他几个经历高速增长的经济体相比，在经济高速增长时期，中国投资占 GDP 的比重是最高的，年平均比重达38.5％，远高于日本（30.7％）、韩国（30.0％）、新加坡（21.5％）的历史数据②。黄志钢和刘霞辉（2015）③的测算表明，1985—2007 年间，中国经济发展模式中三大要素——资本投入、劳动投入和全要素生产率的贡献度分别为 69.92％、5.73％和 24.35％。2008 年全球金融危机全面爆发以来，2008—2012 年间，这三大要素的贡献度分别为 71.05％、1.75％ 和27.20％。而中国高投资是由国民储蓄率不断走高所引起的。因此，当前中国经济本质上仍属于高储蓄-高投资的后发追赶经济增长模式，而不是由全要素生产率提高而带来的高速经济增长。同时可以观察到，中国人口红利正在消失，劳动拉动的作用显著下降，降幅大约为 4％。并且这种高投资往往以大规模举债来支持的，况且很多还是无效投资。换言之，"需求继续依赖于浪费性的、债务驱动的投资的增长"④，导致经济增长效率比较低。2008 年全球金融危机暴露了中国模式所隐含的低效率问题。

相比而言，中国经济发展不平衡抑制了家庭支出。近年来，中国国内消费占 GDP 比重相对较小并且呈下降趋势，对经济增长的拉动作用始终动力不足。以 2002 年为分水岭，2002 年之前，中国最终消费率保持在 60％左右。然而 2002 年之后，中国最终消费率则持续下降，到 2008 年该数据下降到近 20 年来最

---

① Kai Guo and Papa N'Diaye，2009. Is China's Export－oriented Growth Sustainable? http://papers. ssrn. com/sol3/papers. cfm?abstract _ id=1457595.

② 数据来源：根据 Wind 数据库相关数据计算。

③ 黄志钢，刘霞辉：《"新常态"下中国经济增长的路径选择》，《经济学动态》，2015 年第 9 期，第 51～62 页。

④ 马丁·沃尔夫，简易译：《中国经济结构转型尚未开始》，英国《金融时报》中文网，http://www. ftchinese. com/story/001065857＃s＝w,2016－01－21.

低，仅为 49.7％，后来尽管有所上升，但始终维持在 51％左右的水平上。表 7-5 是亚洲新兴经济体在 1996—2014 年大约每 5 年的平均最终消费率。可见，在 2005 年之前，中国大陆的最终消费率略高于马来西亚或者与后者持平，并且高于新加坡的最终消费率。但是最近 10 年来，中国大陆的消费率不仅纵向比较呈下降趋势，而且横向比较仅略高于新加坡且远远低于其他亚洲新兴经济体。相反，马来西亚的最终消费率逐年上升，最近 5 年仅仅低于韩国和印尼不到 3 个百分点。从消费主体来看，农村居民消费能力相对城镇居民和政府消费能力更弱，尽管最近 5 年左右农村居民最终消费率增长速度基本追赶上城镇居民最终消费率增长速度。居民消费（农村居民消费＋城镇居民消费）占 GDP 的比重逐年下降，从 2006 年开始下降到 40％以下，大多数时间在 37％左右。同期，政府消费占 GDP 的比重也一直稳定在 14％左右的水平。中国家庭消费趋势的变动表明，消费作为增长来源的相对重要性在过去 20 年大量地消失[①]。2008 年全球金融危机严重冲击了中国经济，在外部需求急剧下降的情况下，要素驱动和出口驱动型经济发展模式的缺陷日益暴露。

表 7-5　亚洲新兴经济体最终消费率（％）

年份	中国大陆	中国香港	印尼	韩国	马来西亚	菲律宾	新加坡	泰国
1996—2000 年	59.8	69.5	71.9	66.4	54.2	84.9	49.3	65.9
2001—2005 年	57.8	68.5	70.1	66.0	57.2	84.4	53.4	70.4
2006—2010 年	49.9	68.8	68.5	66.3	58.2	83.1	47.4	69.0

[①] Nicholas Lardy, 2007. China: Rebalancing Economic Growth. In Fred Bergsten, Bates Gill, and Nicholas Lardy, et al., eds. The China Balance Sheet in 2007 and Beyond. Washington: The Peterson Institute for International Economics.

续表7—5

年份	中国大陆	中国香港	印尼	韩国	马来西亚	菲律宾	新加坡	泰国
2011—2014 年	50.1	73.7	65.5	65.9	63.4	84.2	47.2	70.8

资料来源：世界银行数据库（http://data.worldbank.org/indicator/NE.CON.TETC.ZS）。

3. 结构不平衡导致环境对经济增长的约束日益激化

中国模式面临的约束不仅仅是经济增速减缓、经济结构亟待调整，还涉及经济发展不平衡、不协调约束下的经济增长可持续性问题。亚洲模式下实现经济增长普遍依靠投入大量的资源和廉价劳动力，通过大量引进外部资金走一条高投入、高能耗、高污染、低效益的"三高一低"工业化发展道路（贾玉荣，2010）[①]。人口众多，资源有限，环境承载力有限，对资源的低效利用和过度消耗等是中国在 2008 年全球金融危机爆发以来面临的重大约束。在过去几十年的发展中，中国一些地区为了追求经济增长率，盲目引入了一些高能耗、高污染项目。这种以巨额投资和能源消耗支撑的经济增长模式，已经对资源环境造成严重危害，甚至引发自然灾害，这被中国香港学者丁学良（2011）[②] 定义为中国模式的四大成本之一。

2008 年，中国以煤、石油等能源的消耗量占世界总消耗量的 30% 以上为代价，仅仅换取了当年占世界 GDP 总量 5% 左右的国内生产总值[③]。根据世界银行的发展水平划分标准，2018 年

---

① 贾玉荣：《东亚模式与中国模式的比较》，《西安文理学院学报（社会科学版）》，2010 年第 3 期，第 56~59 页。
② 丁学良：《辩论"中国模式"》，社会科学文献出版社，2011 年。
③ 丁平：《金融危机与我国经济发展方式——挑战、转型与抉择》，《湖北生活科学》，2009 年第 11 期，第 68~70 页。

中国人均收入为 9322 美元，俨然已经跻身于中等偏上收入国家行列。然而，从能耗上看，中国模式的能耗远高于其他中等收入国家。表 7-6 比较了 2010—2012 年中国、世界和中等收入国家的人均能耗量和人均电力消费量情况。可以发现，中国的人均能耗量从 2010 年开始高于全球人均能耗量水平，并且长期一直高于中等收入国家的人均能耗量。2010 年，中国人均电力消耗量尚略低于世界水平，然而到了 2011 年，中国人均电力消耗量则变成比世界水平高 267.10 千瓦时。中国人均电力消耗量一直高于中等收入国家水平。

表 7-6　中国、全球和中等收入国家能耗情况比较

年份	中国		世界		中等收入国家	
	人均能耗	人均电力消费	人均能耗	人均电力消费	人均能耗	人均电力消费
2010 年	1888.64	2943.61	1867.97	2967.84	1587.10	1163.39
2011 年	2043.64	3298.02	1880.80	3030.92	1710.90	1210.54
2012 年	2142.81	3475.01	1897.95	3064.50	1778.52	1247.57

注：人均能耗量的单位为千克油当量，人均电力消费量的单位为千瓦时/人。

资料来源：Wind 数据库。

根据世界银行公布的数据，自 20 世纪 90 年代以来，中国大陆二氧化碳排放量以年均 6.3% 的增速增加。其中，2003 年和 2004 年中国大陆二氧化碳排放量增加得尤为迅速，分别较上年增加了 22.5% 和 16.9%。相比较的话，中国大陆经济发展过程中释放的污染物也远高于世界平均水平。图 7-14 是世界银行监测的 2012 年中国大陆和其他亚洲经济体一氧化二氮排放量。可见，中国大陆是世界上此类有害气体的排放量最高的国家之一，

一氧化二氮排放量占世界一氧化二氮当年总排放量 18.6%[①]。这些污染物对生态环境造成的负面影响逐渐凸显：环境恶化，气候异常，土地和水资源被污染。因此，为了节约资源、保护环境、获得持续健康的经济发展，必须考虑依靠要素以及资源投入的旧经济发展模式中所包含的隐性成本。

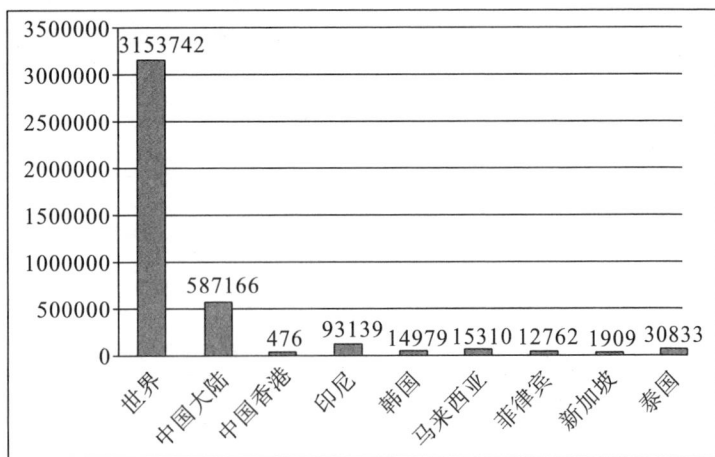

图 7—14 亚洲新兴经济体和世界一氧化二氮排放量

资料来源：根据世界银行官方网站数据统计库相关数据计算。

7.4 中国经济模式转型对其他亚洲新兴经济体的经济溢出效应

过去数十年，人们一直在讨论"太平洋世纪"（Pacific Century）的增长道路。日本在第二次世界大战后的 20 世纪 60 年代和 70 年代首先带领亚洲走上了这条道路。到了 2014 年，中

---

① 数据来源：根据世界银行官方网站统计数据库相关数据计算。

国人口占世界人口的 18.8%，占世界产出的 13.3%，已经对全球的市场变化产生了一定影响。随着人均国民收入增加和中产阶级的壮大，中国成为可能接替日本的经济体，发挥着"太平洋世纪"的核心作用。可以预测，随着中国影响范围的扩大和亚洲区域内经济联系强化，中国经济增长模式的变动必然会通过实体经济渠道和金融渠道向周边国家溢出。在 2008 年全球金融危机后，中国经济进入"新常态"，经济发展模式确实开始发生了一些转变，即将增长有意识向以国内大循环为主体、国内国际双循环相互促进的新格局转型。那么，中国模式转变对其他亚洲新兴经济体会产生什么样的影响呢？

7.4.1 中国经济发展模式转型对其他亚洲新兴经济体的贸易溢出

根据经济发展的需要，联合国统计署制定并颁布了国际贸易商品分类的广泛经济类别分类（BEC）标准。该方法遵循国民经济核算体系（SNA）框架，按照商品的主要最终用途或经济类别（资本品、中间品和消费品），对 SITC（第三版）基本项目编码重新组合排列。本书根据联合国贸易商品数据库 BEC 两位数编码和三位数编码商品与 SNA 基本货物分类对应关系（表 7-7），统计了除中国台湾外的其他 7 个亚洲新兴经济体在 2000—2014 年的不同生产阶段对中国大陆的出口情况。

表 7-7　联合国 BEC 商品分类与 SNA 货物类别的对应表

SNA 基本货物类别		BEC 商品分类
3 阶段	5 阶段	
初级品		111 初级食品和饮料（主要用于工业）
		21 其他未另归类的初级工业品
		31 初级燃料和润滑油
中间品	半加工品	121 经加工的食品和饮料（主要用于工业）
		22 其他未另归类的经加工的工业品
		32 经加工的燃料和润滑油
	零部件	42 机械设备与其他资本品的零配件
		53 运输设备的零配件
最终品	资本品	41 资本货物（运输设备除外）
		521 工业用运输设备
	消费品	112 初级食品和饮料（主要用于家庭消费）
		122 经加工的食品和饮料（主要用于家庭消费）
		51 载客运输设备
		522 非工业用运输设备
		6 未另归类的消费品

资料来源：Guillaume Gaulier, Francoise Lemoine and Deniz Unal-Kesenci, 2007. China's Emergence and the Reorganisation of Trade Flows in Asia. China Economic Review, 18（2007）：209-243.

根据前面的分类计算结果，本书接下来分别计算了亚洲金融危机后即 2000—2014 年每个亚洲新兴经济体四个生产阶段（初级品、中间品、资本品和消费品生产）的出口商品对该经济体增长的贡献率和占中国生产阶段进口的比重，以衡量对中国大陆中间品出口对该经济体的经济推动作用和中国经济的溢出作用。考虑到中间品出口对亚洲新兴经济体参与全球专业化分工具有重要作用，它从 20 世纪 90 年代就成为亚洲区域内贸易增长最快的类别，因此最终仅报告了中国大陆进口的各经济体中间品占中国大陆中间品总进口的比重，以及各经济体对中国大陆出口中间品对该经济体的经济贡献度。其中，中间品出口的经济贡献率公式为：经济体 i 中间品出口的经济贡献率＝经济体 i 中间品出口／经济体 i 当年的 GDP。

1. 中国香港

中国香港是中国大陆最重要的中间品提供者之一，在这 15 年间，它对中国大陆的中间品出口占中国大陆进口比重年均达 27.2％。总体上看，图 7-15 表明中国香港对大陆的中间品出口变动呈浅 U 形。21 世纪的前 3 年，该比重甚至在 31％以上。2003 年中国香港对中国大陆中间品出口稳步下降，2008 年全球金融危机期间触底，然而最低水平仍在 22％以上；2012 年开始，对中国大陆的中间品出口力度又逐步恢复。中间品出口对中国香港经济增长的贡献率波动大致与中间品出口占比波动呈同步运动趋势。2005 年以前，中国香港对中国大陆中间品出口的经济贡献度较高，在 5％以上。从 2005 年开始逐年下降，2009 年由于全球金融危机影响下跌至最低点，达-2.8％。尽管此后有所回升，但 2014 年又变为负的贡献率，即-1.2％。

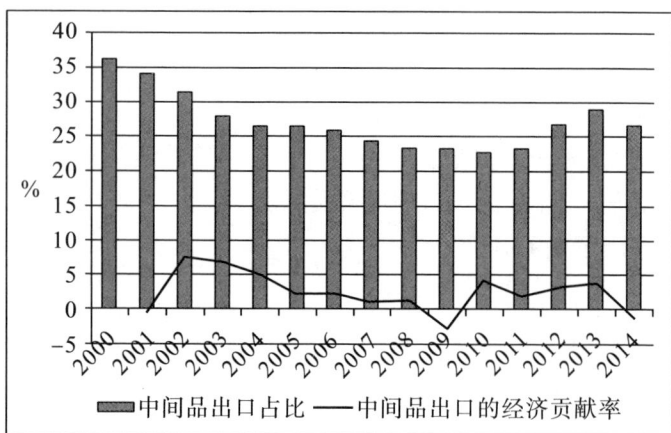

图7—15 中国香港中间品出口及对经济贡献率

数据来源：根据 UN COMTRADE 数据库和 Wind 数据库相关数据计算。

2. 印尼

印尼对中国中间品出口的占比非常小，15 年来稳定在 1% 左右，没有显著的上升也没有显著的下降（图 7—16）。但是，对华中间品出口对印尼经济增长的贡献度却大体上呈下降趋势，特别是 2002 年开始，这种下降趋势尤为明显，2009 年触及谷底。2010 年以后虽然有所回升，但与 2008 年全球金融危机爆发前相比仍有较大幅度的下跌。2013 年对华中间品出口的贡献率已经跌破 0 水平的底线。

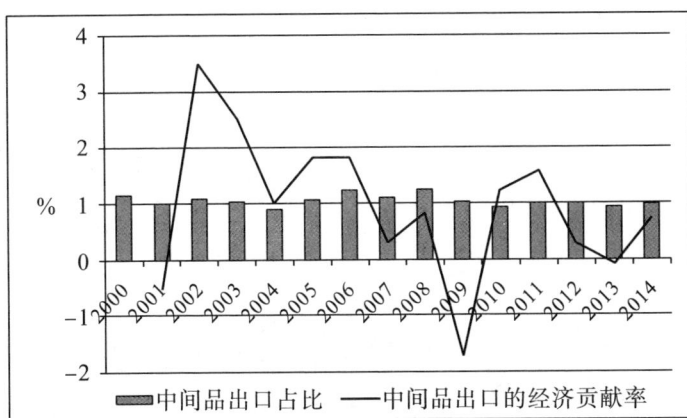

图 7-16　印尼中间品出口及对经济贡献率

数据来源：根据 UN COMTRADE 数据库和 Wind 数据库相关数据计算。

3. 韩国

韩国对中国中间品出口情况和中间品出口对韩国的经济增长贡献率如图 7-17 所示。韩国与中国香港一样，长期以来是中国重要的中间品提供者之一，在 2000—2014 年这 15 年中，对中国的中间品出口金额非常大并且占中国总中间品进口的比重非常平稳，年平均达到 11.4%。即使在 2008 年全球金融危机期间，即 2007—2009 年，中国进口韩国中间品的比重分别高达 11.9%、12.0% 和 11.4%。但是对华中间品出口对韩国的经济贡献率从 2006 年开始显著下降，2009 年变为负数即 -2.82%。2008 年全球金融危机后，对华中间品出口的经济贡献率有所上升，但非常不稳定，波动性比较大，2012 年和 2014 年的贡献率仅在 0.50% 左右。韩国对中国的中间品出口比重非常稳定但对自身经济贡献度下降的原因可能有两个。第一，中国从韩国进口的商品结构发生了变化。本书的统计结果表明，从 2008 年起，中国从韩国进口的资本品占中国进口的总资本品比重迅速增加，并且该数值超过了进口韩国的中间品。第二，2008年全球金融危机打击了中国的进口能力，并相应导致中国的经济增长模式发生了转变——从进口中间品加工、再复出口，转变为进口资本品、升级经济结构。因此，中国经济增长模式转变在一定程度上对韩国的经济增长有一定溢出作用。

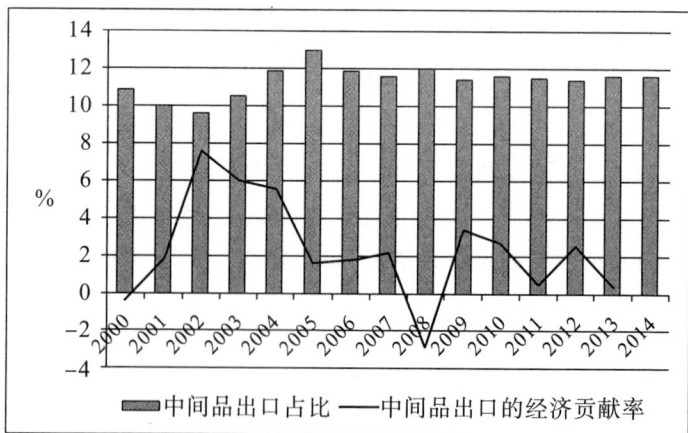

图7-17　韩国中间品出口及对经济贡献率

数据来源：根据 UN COMTRADE 数据库和 Wind 数据库相关数据计算。

4. 马来西亚

马来西亚对中国中间品出口占中国进口中间品的比重相对比较稳定，常年维持在2.0%左右，但是2008年全球金融危机以来，自2009年，对中国中间品出口比重较本次金融危机爆发前有所增加，平均大约增长了不到1个百分点（见图7-18）。但是，对中国中间品出口对马来西亚经济的贡献率波动性比较大。2008年全球金融危机显著影响了马来西亚对中国中间品出口，是年对中国中间品出口的经济贡献率下降为-1.1%。经历了2009年的短暂反弹后，对中国中间品出口的经济贡献率大幅下跌，直到 2014 年再次拖累了经济增长，变为负的贡献率。

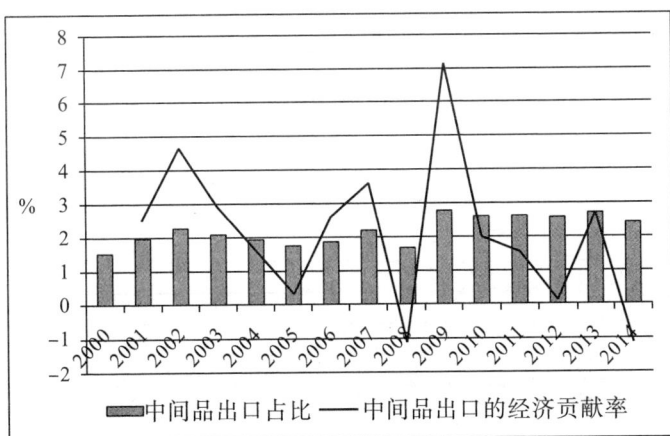

图 7-18　马来西亚中间品出口及对经济贡献率

数据来源：根据 UN COMTRADE 数据库和 Wind 数据库相关数据计算。

5. 菲律宾

图 7-19 是菲律宾中间品出口情况和对其经济增长的贡献率。从图中可以看出，2000—2014 年，菲律宾对中国中间品出口占中国同类商品进口的比重非常低，平均每年仅占中国总中间品进口的 0.51%。以 2009 年为界，前期菲律宾对中国中间品出口比重逐年增长，2005 年和 2006 年达到高峰期，均占中国总中间品进口的 0.80%，但是 2007 年开始下降，2009 年显著下降，近年来稳定在 0.3% 左右。与中间品出口占比的发展趋势类似，其对中国中间品出口的经济贡献率总体呈逐年下降趋势，且波动性比较大。2001 年对中国中间品出口的经济贡献率最高，达23%。2004 年的经济贡献率突然下降，2005 年重新恢复。但在2006—2011 年间，对中国中间品出口的贡献率显著下降，特别是 2008 年全球金融危机期间，贡献率变为负数。虽然 2012 年，

中间品出口的贡献率重新恢复到较高的水平（7.2%），但此后又出现了下降趋势，2014 年的贡献率甚至为−1.1%。这两个指标的波动趋势都表明，2008 年全球金融危机爆发之后，中国的经济转型和经济减速确实对菲律宾的经济增长有明显的溢出作用。

图 7−19　菲律宾中间品出口及对经济贡献率

数据来源：根据 UN COMTRADE 数据库和 Wind 数据库相关数据计算。

6. 新加坡

新加坡与大多数亚洲新兴经济体不一样，它对中国中间品出口占中国总进口的比重从数值本身来看比较稳定，但是在这 15 年间呈逐年微小幅度上升趋势，不过在 2009 年对中国出现了不到 0.3 个百分点的下降。图 7−20 表明，对中国中间品出口对新加坡经济的贡献率波动是所有研究对象中最大的，2002 年和 2003 年对中国中间品出口对经济的贡献率分别高达 6.8% 和 11.7%，但是 2007 年陡然下降到 1.1%，2008 年达到顶峰为 29.8%，第二年突然直跌到−5.1%。自此，中间品出口的经济贡献率一直维持在较低水平。

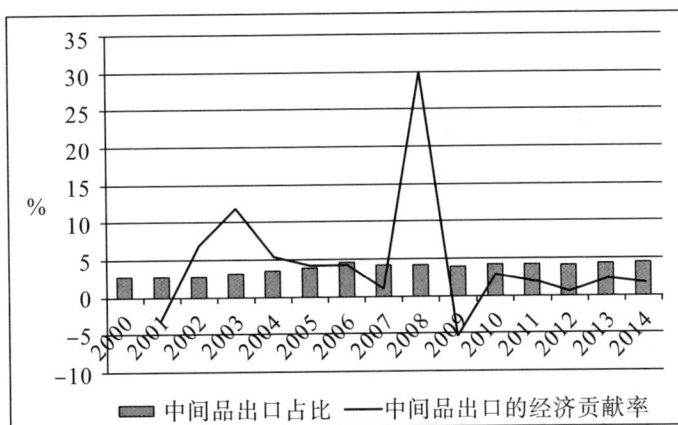

图 7-20　新加坡中间品出口及对经济贡献率

数据来源：根据 UN COMTRADE 数据库和 Wind 数据库相关数据
计算。

7. 泰国

泰国这两个指标的走势与马来西亚非常类似。首先，从对中国中间品出口占中国中间品总进口的比重看，泰国比马来西亚更加稳定。但是同样地，自 2008 年全球金融危机后，对中国中间品出口占比有所提高，但上升幅度较小，平均高出 0.2 个百分点（图 7-21）。其次，对中国中间品出口对该经济体的经济贡献率波动性比较大，最大的峰值出现在 2011 年。2008 金融危机期间和 2014 年，对中国中间品出口的经济贡献率急剧下降并且变为负贡献，2014 年的经济贡献率甚至低于 2008 年。

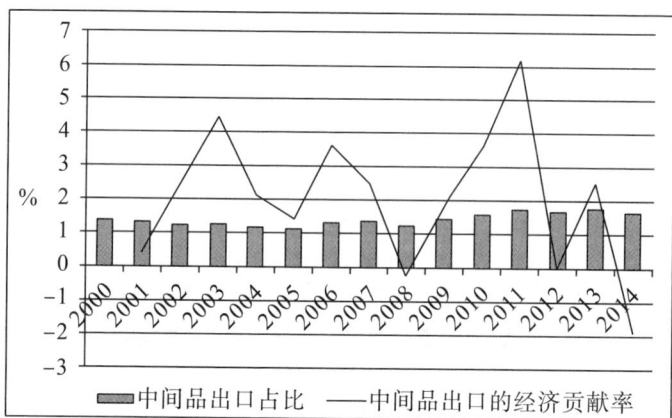

图 7—21　泰国中间品出口及对经济贡献率

数据来源：根据 UN COMTRADE 数据库和 Wind 数据库相关数据计算。

综上，可以得出以下结论：

（1）亚洲新兴经济体与中国在国际分工方面的合作对双方的经济增长都非常重要。中国自 20 世纪 90 年代开始从其他亚洲新兴经济体进口中间品，进行组装加工，然后再出口。且其进口的中间品日益多元化（Gaulier 等，2007）[①]。

（2）大部分亚洲新兴经济体对中国大陆中间品出口的比重在长期内比较稳定。马来西亚、新加坡和泰国有轻微上升趋势，中国香港、印尼和菲律宾有轻微下降趋势。但是这些上升和下降趋势不是特别明显。

（3）所有亚洲新兴经济体对中国中间品出口的经济贡献率波动性非常大。在非危机时期，一般贡献率较高；在 2008 年全球

[①]　Guillaume Gaulier，Francoise Lemoine and Deniz Unal－Kesenci，2007. China's Emergence and the Reorganisation of Trade Flows in Asia. China Economic Review，18（3）：209－243.

金融危机期间，所有经济体中间品出口的贡献率均下跌为负数，拖累了经济增长；在全球金融危机之后，贡献率有所上升。但是最近几年，除了新加坡和印尼外，其他亚洲新兴经济体对中国中间品出口的贡献率重新转为负数，或者接近零的水平。

以上三个总体趋势实际上反映了中国经济增长趋势变动和经济增长模式变动对主要亚洲新兴经济体有较大影响。

7.4.2 中国经济发展模式转型对其他亚洲新兴经济体的金融溢出

中国经济发展模式转型对其他亚洲新兴经济体的实体经济部分溢出是显而易见的，特别是亚洲新兴经济体主动纳入全球生产链分工后，通过国际分工和贸易渠道，将各经济体紧密联系在一起。除了实体经济溢出外，实际上中国经济发展模式转型通过国际金融联系间接地对其他亚洲新兴经济体产生了金融溢出。由于亚洲金融市场更多跟随全球金融市场波动而波动，因此中国对其他亚洲新兴经济体的示范作用往往被忽略了。

1. 对外直接投资渠道的溢出

表 7-8 为 2008 年全球金融危机后期即 2009 年与 2014 年中国大陆对其他亚洲新兴经济体直接投资的情况。中国大陆对所有主要亚洲新兴经济体的对外投资规模在 6 年里显著增加，并且投资的增速也在加快。中国大陆规模最大的直接投资对象是中国香港。2009 年，中国大陆对中国香港的直接投资为 3179.08 亿美元，其中绝大部分采取股票投资的方式，股票投资达 3152.33 亿美元。到了 2014 年，中国大陆对中国香港的直接投资增加至 3589.58 亿美元，其中，股票投资进一步增加了 372.36 亿美元，债券投资增加了 38.13 亿美元。从直接投资增速来看，中国大陆对泰国的直接投资增长最快，6 年里从 5.51 亿美元增加到 32.55

亿美元，几乎翻了 5 倍。其次对韩国的直接投资增速也非常迅速，6 年里增加了 178.3%。从横向上看，国家统计局官方网站的数据显示，截至 2015 年 6 月，中国大陆对亚洲新兴经济体的股票投资占其对外股票投资总额的 24.0%，对这些经济体的债券投资占其对外债券投资的 16.4%。显然，中国大陆经济发展模式转型和配合"一带一路"的对外开放新战略，使得中国大陆在 2008 年全球金融危机后对外直接投资在体量和增幅上都有了巨大的增加。

表 7—8　2009 年和 2014 年中国大陆对亚洲主要新兴经济体经济的直接投资

（亿美元）

经济体	2009 年			2014 年		
	总投资	股票投资	债券投资	总投资	股票投资	债券投资
中国香港	3179.08	3152.33	26.76	3589.58	3524.69	64.89
印尼	34.50	34.49	10.00	66.06	62.47	3.59
韩国	9.78	9.78	0.00	27.47	27.99	−5.20
马来西亚	2.00	/	/	6.1	/	/
菲律宾	0.06	0.05	0.01	0.09	0.02	0.07
新加坡	187.52	/	/	312.23	/	/
泰国	5.51	5.05	0.47	32.55	18.96	13.59
中国台湾				3	/	/

资料来源：1. 除中国台湾外，其他经济体的数据来自 IMF 数据库。

2. 中国台湾的数据来自中国外汇管理局，且数据的截止期为 2015 年 6 月。

2. 股票市场波动性的溢出

如果从中国大陆股市与其他亚洲新兴经济体股市波动相关性来看，中国经济发展模式转型对亚洲新兴经济体的溢出作用没有贸易联系那么强。表 7-9 为中国大陆同其他 6 个亚洲新兴经济体股市波动相关性在 2008 年全球金融危机前后的变化①。此处股市波动用某一经济体的（当年股票指数－上一年股票指数）/上一年股票指数计算得来。为了剔除通货膨胀等因素的影响，在计算股市波动性过程中各经济体的股票指数以 2010 年为基期。并且为了避免非正常期间即 2008 全球金融危机期间出现的异常相关性，表 7-9 比较了 2000—2007 年和 2010—2014 年中国大陆股市与其他亚洲新兴经济体的股市波动相关性。事实上，在 2008 年全球金融危机期间，亚洲新兴经济体股票市场的协同运动加强了。

表 7-9　中国大陆股市与其他亚洲新兴经济体股市波动的相关系数

年份	中国香港	韩国	马来西亚	菲律宾	新加坡	泰国
2000—2007 年	0.66	0.16	0.62	0.55	0.62	−0.24
2010—2014 年	0.78	0.54	0.49	0.19	0.56	0.21
2000—2014 年	0.67	0.27	0.59	0.45	0.56	−0.11

资料来源：根据 IMF 数据库相关数据计算。

由表 7-9 可以看出，中国大陆与中国香港、韩国以及泰国的股市波动相关性在 2008 年全球金融危机后增强了，其中，中韩、中泰股市的相关性在危机后大幅度增加，中韩股市相关性由 2008 年全球金融危机前的 0.16 增加至 0.54，中泰由全球金融危机爆发前的负数转变为正数。当然，中国大陆和中国香港股市在 2008 年全球金融危机爆发前已经紧密联系在一起，在本场金融危机后这种相关性比其他经济体间要紧密得多。而中国大陆与马来西亚、菲律宾和新加坡间的股市相关性下降了。其中，中菲股

①　中国台湾和印尼的不变价股票指数无法获得。

市相关性下降得最厉害，从 2008 年全球危机前的 0.55 下降到危机后的 0.19，几乎下降了 190％。与实体经济溢出的作用相比，中国经济发展模式转型的金融溢出效应相对有限——金融溢出作用在某些经济体中增强了，但在某些经济体中减弱了。

8 国际金融危机冲击背景下改革亚洲经济发展模式的对策

前面各章节的分析表明，亚洲新兴经济体采取的以外向型为主导的经济增长模式在面临国际金融冲击时，既显示出其潜在的脆弱性一面，又显示出其弹性一面。全面否定亚洲新兴经济体当前的经济增长模式与无条件支持原生模式都是不可取的。亚洲经济发展模式在过去取得成功并不意味着它在未来是绝对可靠的，但是即使在国际金融危机冲击下暴露数种弊端也不意味着这种模式完全不可取。任何经济发展模式都有其优点和局限，只能是相对稳定而非静止不变，因而都应该随着条件的变化而不断发展和演变。正确的态度是在保留亚洲新兴经济体现有经济发展模式精华的基础上，进行改革和改进。在今天全球经济和金融动荡不已的环境下，正如2001年诺贝尔奖获得者斯蒂格利茨所指出的那样："改革仍然必不可少……全球金融系统的任何缺陷，都会让我们在繁荣和稳定两个方面付出惨重的代价。"[1] IMF（2008）[2]也特别强调，亚洲新兴经济体与其他经济体近些年来更为广泛的贸易和金融一体化，使得当前国际金融危机和全球经济增长放缓对亚洲新兴经济体的影响显然比以前更强。根据亚洲新兴经济体

---

[1] 转引自谢世清：《东亚金融危机的根源与启示》，中国金融出版社，2009年，第236页。

[2] IMF, 2008. World Economic and Financial Surveys, Regional Economic Outlook: Asia and Pacific, April.

经济增长模式的特征和国际经济环境的变化，本书在对原始的亚洲经济发展模式进行改进的基础上，提出了建立对国际金融危机冲击更具弹性的新经济发展模式。具体地，即构建内需－外需相平衡的亚洲新兴经济体经济发展模式，并围绕这个构想提出了单个民族经济层面实现内外部经济良性循环的措施，以及与其他经济体合作的区域经济发展对策。

8.1　内需－外需相平衡的新经济发展模式构想

从亚洲新兴经济体自身来看，彻底放弃以出口导向型增长为主导的经济发展模式在理论上和现实中都是不科学的。前面的实证结果表明，亚洲新兴经济体从 20 世纪 80 年代到 90 年代初开始沿用的"高密度投资、出口导向"发展路径仍在一定程度上适合该地区。即使是强烈反对出口导向型增长的学者 Palley（2011）[1] 也不得不承认，没有一个国家在以出口主导经济增长和实现工业化后放弃了出口导向型增长。另外，亚洲经济发展模式天生的脆弱性并没有减弱。亚洲新兴经济体过度依赖出口且主要出口地理方向集中在发达经济体，这使其易于遭受外部因素变动的冲击。2008 年全球金融危机再次见证了亚洲经济增长面对外部冲击的脆弱性。可见，国际环境发生巨大变化——全球经济结构性调整以及全球贸易增速下滑，意味着亚洲新兴经济体增长驱动因素发生了变化。因此，如果要想亚洲经济发展模式长期继续发挥作用，必须对这一模式加以修正，从单纯的外需推动型经济发展模式转向内需－外需相平衡的发展模式，在"结构性改

---

[1]　Thomas Palley, 2011. The End of Export－led Growth: Implications for Emerging Markets and the Global Economy. http://library. fes. de/pdf－files/bueros/china/11402. pdf.

革"中促进贸易和对外开放。

8.1.1　亚洲新兴经济体完全转向内需的不可行性分析

不论从经济增长、出口和内需之间理论上的相互作用关系看，还是从亚洲新兴经济体的实际来看，亚洲新兴经济体的经济增长完全转向内需是不可行的。

1. 经济增长—出口—内需的正反馈效应

理论上，外需和内需对经济增长都存在推动作用，反过来经济增长又有利于外需和内需的进一步强化，因此这三者之间在存在良性循环。

出口导向型（export－led model）假说强调供给侧的扩张，关注出口与经济增长的关系。它认为出口增加促进了经济增长，经济增长将进一步推动出口增加。从直观上看，出口增加一方面可以换回更多的外汇来购买本国所不能生产的投入品和最终产品及本国无法自主开发的先进技术，这些行为推动了该国内部需求的上升，最终增加总产出。另一方面，积极参与国际分工会促进出口产品生产的专业化，提高出口部门的生产率，导致资源重新配置，即从相对无效的非贸易部门转向更高生产率的出口部门。这不仅增加了出口，而且生产率提高和技术进步反过来再次引起了经济增长。许多文献的检验结果也证实了出口与经济增长间的相互促进关系。由此可见，实际上出口—内需—经济增长的循环是成立的。

与出口导向型假说长期相竞争的另外一个学说即内需导向型（domestic demand－led model）假说则关注内需与经济增长的关系。该理论认为依赖外部需求推动的国民经济增长是非常脆弱的，因为一旦外部经济失衡，便会通过贸易、资本流动、汇率等各种渠道传递到对外开放经济体中。因此，内需导向型假说与出口导向型假说相反，强调鼓励内需，以此来推动经济增长。特别是在现阶段，全球经济受 2008 年金融危机影响，需求不振，因此更多西方经济学者在意识形态的作用下，一边倒地支持亚洲新兴经济体采取内需导向型增长模式而批评出口导向型增长模式。

但是，也有极少数学者反对所谓的出口导向型增长和内需导向型增长之间的绝对割裂，其中一些代表就是 He 等（2007）[①]。他们认为关于经济发展模式由依赖外需转向内需的争论是没有意义的。从根本上讲，"是技术而不是需求创造了增长"[②]。相反，内需导向型模式很可能失败。过于强调私人部门内需扩张的增长格局从长期看是有问题的。如果一个经济体的内需持续地比 GDP 增长得更快，则面临着贸易赤字不可持续情况。但是，他们不反对从周期性角度来看强化内需的必要性，认为出口扩张和内需扩张并不矛盾。他们强调一个经济体可以同时发展和改善出口部门和非出口部门，长期内两者可以在先进技术帮助下相互补充和相互强化。这种观点是一种比较客观的观点，也印证了本书的实证结果，即目前亚洲新兴经济体采取的偏向出口导向的经济发展模式并非一无是处。Felipe 和 Lim（2005）[③]认为不是亚洲国家采取的出口导向型战略助长了亚洲金融危机；相反，外部债务融资导致国内需求崩溃且净出口的增长加速了该场危机。

---

① Dong He，Lilian Cheung and Jian Chang，2007. Sense and Nonsense about Asia's Export Dependency and the Decoupling Thesis. Hong Kong Monetary Authority Quarterly Bulletin，June：19－33.

② Dong He and Wenlang Zhang，2010. How Dependent is the Chinese Economy on Exports and in What Sense has Its Growth been Export－led？Journal of Asian Economics，21（1）：87－104.

③ Jesus Felipe and Joseph Lim，2005. Export or Domestic－led Growth in Asia？Asian Development Review，22（2）：35－75.

Tsen（2007）[①] 从实证的角度，证实了经济增长、出口和内需是相互有正反馈作用的，而不是相互对立的。

2. 亚洲新兴经济体的国内市场容量有限

从现实上看，出口贸易是新兴经济体从全球经济一体化中获得盈利的杠杆，因为许多亚洲经济体缺乏一个动态的大型国内消费市场。大部分亚洲新兴经济在工业化过程的初级阶段完成了进口替代战略后，市场规模过于狭小的问题已经开始制约它们进一步发展。早前世界银行（World Bank，1993）[②] 就已经指出亚洲新兴经济体经济发展过程中的一大障碍，即亚洲新兴经济体大部分属于中小型经济体，国内需求十分有限，相应地，国内市场容量也有限，无法容纳生产力快速增长。世界银行增长与发展委员会（Commission on Growth and Development，2008）[③] 在 2008 年全球金融危机期间再次强调，寻求完全转向内需的经济发展模式对于东南亚中小型经济体而言是难以维持长期的经济增长的。发展出口贸易则是解决东南亚中小型经济体增长限制的一个途径。因此，开拓国际市场和寻找外部需求对于亚洲中小型新兴经济体维持可持续发展非常重要。

亚洲新兴经济体内部市场规模到底有多大？目前没有直接衡量内部市场规模的指标，但可以找到间接衡量指标。

一方面，可以通过一国人口总数推算，一国人口数量有限，则内部需求有限，相应地国内市场比较狭小。表 8-1 为亚洲新

---

① Wong Hock Tsen，2007. Exports，Domestic Demand and Economic Growth：Some Empirical Evidence of the Middle East Countries. Journal of Economic Cooperation，28（2）：57-82.

② World Bank，1993. The East Asian Miracle：Economic Growth and Public Policy. World Bank Policy Research Report.

③ Commission on Growth and Development，2008. The Growth Report Strategies for Sustained Growth and Inclusive Development.

兴经济体 1993 年和 2013 年总人口及全球总人口情况。中国大陆是众所周知的世界第一人口大国，但 2013 年与 1993 年相比，人口增速已然放缓，1993 年中国大陆年人口增长率为 1.15％，到了 2013 年该比率下降到 0.49％。因此，尽管总人口绝对数仍然为全球第一，但中国大陆总人口占全球总人口比重大约下滑了 2 个百分点。在亚洲，除了中国大陆和印度外，印尼人口在亚洲新兴经济体中排第三位，它也是 2014 年世界第四大人口国，人口总量在 10 年里增加了 6185 万，但是其人口增长率也呈逐年轻微下滑趋势。其他亚洲新兴经济体人口总数比较小，大多数经济体的总人口仅占全球总人口比重 1％左右，而微型经济体——新加坡和中国香港总人口占全球总人口的比重极小。并且这些经济体的人口绝对数在 20 年来虽然有所增加，但人口增加速度如同中国大陆和印尼，都呈不同程度逐年下降趋势。因此，从人口数量上看，中国大陆拥有一个容量可观的内部市场，印尼的内部市场容量相对比较大，其他中小型亚洲新兴经济体的国内市场非常有限。不过，中国大陆的情况也不容乐观，随着人口增长率大幅度下降，人口红利将逐渐消失。一旦中国大陆人口老龄化正式到来，中国大陆的内需也会逐渐下降，这将显著影响经济增长。

表 8-1　亚洲主要新兴经济体的人口增长情况

经济体	1993 年			2013 年		
	总数（万人）	占全球人口比率	人口增长率	总数（万人）	占全球人口比率	人口增长率
中国大陆	11784	21.24％	1.15％	135738	19.05％	0.49％
中国香港	0.44	0.00008％	／	0.63	0.00009％	0.82％
印尼	18802	3.39％	1.66％	24987	3.51％	1.21％
韩国	4419	0.80％	1.02％	5022	0.70％	0.43％
马来西亚	1970	0.36％	2.55％	2872	0.42％	1.62％

经济体	1993 年			2013 年		
	总数 （万人）	占全球 人口比率	人口 增长率	总数 （万人）	占全球 人口比率	人口 增长率
菲律宾	6652	1.20%	2.31%	9839	1.38%	1.73%
新加坡	331	0.06%	2.53%	540	0.08%	1.62%
泰国	5807	1.05%	0.71%	6701	0.94%	0.34%
中国台湾	2090	0.38%	1.11%	2334	0.33%	0.32%

数据来源：Wind 数据库。

注：1. 各新兴经济体总人口占全球总人口比重为自行计算；

2. 中国香港和中国台湾的人口增长率根据相关数据自行计算，并且中国香港 1993 年人口年中数据缺失，用 1991 年的数据代替。

另一方面，可以根据一国收入水平来判断国内市场规模大小。1961 年，瑞典经济学家 Linder 在其代表性需求理论中提出，一国人均收入水平可以视为该国需求水平的代理变量。根据该理论，类似地，一国人均收入水平也可以用来衡量一国内部市场规模大小，人均收入越高，内部需求越旺盛，国内市场规模越大。表 8-2 给出了亚洲新兴经济体 1990 年和 2013 年按美元现价计算的人均收入水平与全球人均收入水平、亚洲收入水平的比较。从表中可以看出，纵向比较而言，所有主要亚洲新兴经济体 2013 年的人均收入较 1990 年有了相当大的提高，表明亚洲新兴经济体内部市场容量确实比 20 多年前有了明显的扩容。但是从横向来看，无论在 1990 年还是 2013 年，只有中国香港、新加坡、中国台湾和韩国这 4 个亚洲新兴经济体人均收入不仅超过亚洲平均水平也超过全球平均水平。马来西亚的人均收入在 1990 年为 2370 美元，超过亚洲平均水平但低于全球平均水平；到了 2013 年其人均收入达到 10000 美元以上，已超过前者且与后者接近。中国大陆、印尼、菲律宾和泰国人均收入水平则相对较低，1990 年这 4 个经济体的人均收入（特别是中国大陆）都远低于当时的亚洲人均收入水平。2013 年，中国大陆的人均收入增加到了 6560 美元，超过了亚洲平均水平但仍未达到 10000 美元的全球平均水平。泰国的人均收入略低于亚洲平均水平，而印尼和菲律宾的人均收入则远低于亚洲平均水平。因而从总体上看，尽管中国香港、新加坡和中国台湾的人均收入非常高，但这 3 个经济体属于微型经济体，人口数量非常有限，都是典型的外向型经济类型。其他亚洲新兴经济体人口相对较多（更别提中国大陆的人口世界第一），但是人均收入水平相对较低，因此内部需求和内部市场规模也受到限制，必需从外部获得经济发展的推动力。

表 8-2 亚洲新兴经济体、亚洲和全球人均收入变化

（美元/人）

经济体	1990 年	2013 年
中国大陆	330	6560
中国香港	12660	38420
印尼	620	3580
韩国	6480	25920
马来西亚	2370	10430
菲律宾	720	3270
新加坡	12040	54040
泰国	1490	5340
中国台湾	11461	22513
亚洲	**2217**	**5845**
全球	**4589**	**10683**

数据来源：World Bank 数据库。

8.1.2 以三大良性循环为基础的内需－外需相平衡增长 模式

理论和现实都说明，在经济全球化时代并且大部分是中小型经济体的背景下，亚洲新兴经济体不可能彻底放弃以出口为主导的外向型经济发展模式。但是前面章节的实证分析也表明，过度依赖出口推动发展的经济模式已经遭受到两次重大国际金融危机的严重冲击。特别是考虑到当前全球流动性收紧和黯然失色的外部需求，改革亚洲经济发展模式是必然的要求。因此，走向更高级阶段的出口导向型战略和充分发掘国内市场的内需推动战略有机结合，寻找到内部与外部需求的协调发展①是亚洲新兴经济体应对国际金融危机、维持长期增长的根本途径。根据内外协调发展的思想，本书修改了传统亚洲发展模式，设计了如图8－1所示的亚洲新兴经济体经济发展新模式。

这个设想模型由两个支柱和两个基础构成的三大良性循环组成，总目标为经济增长，因为"经济增长是经济发展的基础"②。亚洲新兴经济体过去经济发展严重不平衡，过度依赖外部需求，导致了经济在其发展过程中存在巨大脆弱性。但在经济全球化和一体化的今天，完全转向内需也是不可行的。实际上，内需和外需是支持经济增长的同等重要的支柱。最关键的是亚洲新兴经济体寻求内外需求相平衡的经济发展模式建立在两个重要基础之上，即公平和可持续发展的宏观环境、金融体系改革之上。

---

① 此经济发展模式中的外需观点与赵江林和张中元（2012）的观点类似，即将一国的出口作为该国的外需。

② 李非，胡少东：《台湾经济发展规律探析——以经济增长、产业结构演示及对外贸易视角》，《厦门大学学报（哲学社会科学版）》，2009年第4期，第65～71页。

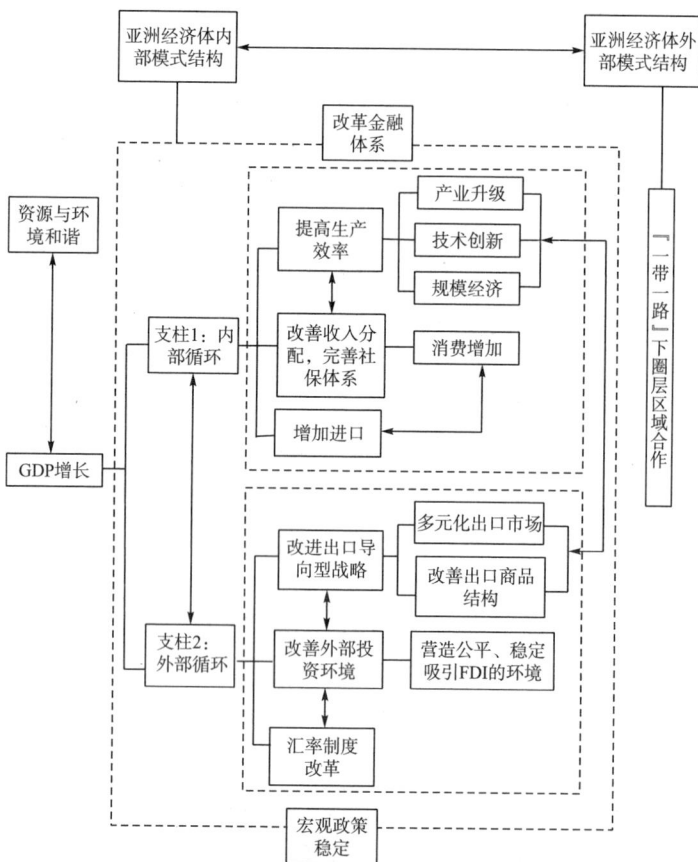

图 8-1 亚洲新兴经济体经济发展新模式的设想

1. 经济发展新模型的支柱及良性循环

经济增长的支柱 1：内部经济良性循环。经济增长是要素投入与产出和需求相互匹配、相互促进的过程（黄志钢和刘霞辉，2015）[1]。从过去重投资轻消费，转向大型投资和大型消费并重、

---

[1] 黄志钢，刘霞辉：《"新常态"下中国经济增长的路径选择》，《经济学动态》，2015 年第 9 期，第 51~62 页。

相互推动的更加平衡增长，或者说二者的适度匹配。新产业结构升级推动对新产业的投资增加、生产率提高并形成规模经济。注意，新模式强调，亚洲新兴经济体当前阶段的主要特征仍是处于工业化初期或中期阶段，因此必须将储蓄、投资和生产等促进供给侧改革措施作为经济增长的必要条件。亚洲不可能像一些学者认为的那样，转向发达国家主要以消费驱动增长的模式。其原因如下：第一，消费驱动增长模式与亚洲新兴经济体的资源约束不相容，是一种无效的再平衡[1]；纯粹强调消费，只会导致越来越多的资源浪费[2]。第二，要素投入驱动增长不等同于产能过剩，消费驱动增长的前提是要素投入推动产业升级和技术创新（林毅夫，2015）[3]。从长期看，只有在劳动率的增长引起消费增长时，经济发展才以一种累积的方式递进（Storm and Naastepad，2005）[4]。实际上，原始的亚洲模式就建立在生产率增长的基础之上。

经济增长的支柱 2：外部经济良性循环。在开放经济条件下，一国经济发展既取决于内部因素也取决于外部因素。外部因素的作用日益扩大，往往制约甚至决定着国内政策（Fidrmuc and

① 吉密欧，何黎译：《中国需要转变投资重点》，英国《金融时报》中文网，http://www.ftchinese.com/story/001054577，2014-01-26。

② The China Database Team. New Normal vs Old Normal. CEIC China Data Talk. http://www.ceicdata.com/Public/Public00/DataTalk/jun_2015/China/datatalk.html，2015-06-16。

③ 林毅夫：《新常态下中国经济的转型和升级》，《新金融》，2015年第6期，第4～8页。

④ Servaas Storm and C. W. M. Naastepad，2005. Strategic Factors in Economic Development：East Asian Industrialization 1950－2003. Development & Change，36（6）：1059-1094。

Korhonen，2010)[1]。因此，外部经济良性循环也是开放经济体经济发展的重要环节。通过改进出口导向型战略、改善外部投资环境和汇率制度改革等措施形成外部经济良性循环。更为具体地，改变过去粗放型、低加工产品不计成本地出口，并且努力形成一个外部友好的投资环境和有利于经济内外平衡的汇率制度。

最后，形成这两个支柱之间即内部和外部经济相互作用的良性循环体系。内部需求引致的增长在到达一定水平时，将逐渐变为出口引致的增长；反过来，出口引致的增长进一步促进内部需求引致的增长。因为生产率的提高有利于提高出口的整体竞争水平和增加出口，减少了在低附加值产品上的恶性竞争，并且对内部门生产率提高也增加了对 FDI 流入的吸引力。对外部门的生产率改善和出口收入增加，通过乘数作用，也有助于进一步促进对内部门的产业升级，促进经济增长。

2. 经济发展新模式的基础

中国学者邵志勤（2005)[2]曾经一针见血地指出，亚洲新兴经济体推动经济增长的战略中有一个共同缺陷，即忽略了国内市场环境的建设，扭曲的市场制约了经济增长政策的发挥。新经济增长模式的成功要求创造适当的宏观经济和金融环境，这些构成了新模式的基础。

（1）经济增长的基础之一：公平、稳定和可持续的宏观经济环境。

首先，宏观经济稳定是国际金融危机冲击的吸收器之一。亚洲新兴经济体必须改变某些宏观经济政策的不透明性、不稳定性

---

① Jarko Fidrmuc and Likka Korhonen，2010. The Impact of the Global Financial Crisis on Business Cycles in Asian Emerging Economies. Journal of Asian Economics，21 (3)：293−303.

② 邵志勤：《东亚经济的内生增长因素与外在影响》，《当代亚太》，2005 年第 11 期，第 47~53 页。

和失衡性。其次，经济发展新模式必须建立在可持续增长的基础上。过去，以出口导向型和投资为主导的经济增长模式，破坏了经济发展和环境之间的协调性。由于亚洲世界工厂的地位，许多发达经济体将高污染、高能耗的产业转移到亚洲，造成亚洲以破坏环境、加速资源消耗为代价换取经济增长。1994—2007 年，亚洲消费的成品钢以每年 7.2% 的速度增长，一次能源消费以每年 4.7% 的速度增长，来自燃料燃烧的二氧化碳排放量以每年 5.2% 的速度增长（AASA，2011）[①]。同时，当前的经济发展模式过于强调出口和投资，忽略私人消费。然而通过提升私人部门的消费能力并保持社会凝聚力也是实现经济可持续发展的重要内容。

公平、稳定和可持续的宏观经济环境，有利于对内部门和对外部门、国际资本流动之间的循环形成理性预期，改善内外部投资环境和竞争环境，鼓励企业部门投资支出和家庭部门消费支出，为政府政策调整提供更多空间。

（2）经济增长的基础之二：改革金融体系。

为了推动内需和外需相平衡的发展，亚洲新兴经济体必须进行全面的金融体系改革。第一，建立稳健和高效的金融体系，保持稳定的资本流动性，为企业和家庭提供良好、畅通的融资渠道。这需要从"金融抑制"转向麦金农和肖所谓的"金融深化"，进行金融自由化改革，让市场而不是政府主导金融体系的发展。令人欣慰的是，亚洲新兴经济体近些年在金融深化方面已经取得了长足进步，为转向经济发展新模式打下了一定基础。第二，金融自由化是把双刃剑，尤其是在亚洲新兴经济体金融监管体系还不甚完善甚至比较落后的情况下，完全放任的金融自由化改革会带来

① The Association of Academies of Sciences in Asia，2011. Asia's Economic Development and Rethinking on Its Development Model. Springer：Berlin Heidelberg.

金融体系的不稳定，更遑论为实际经济服务了。因此，建立稳健和高效的金融体系，必须要求政府部门完善金融监管体系，同时加强对金融市场纪律的调节，以更好地应对来自内部和外部的冲击。

8.2　形成内部和外部经济的良性循环措施

为了实现经济发展新模式，首先要实现内部经济和外部经济两个良性循环。尽管每个亚洲新兴经济体的政策组合可能不同，但是在供给和需求的关键领域上，这些措施基本是通用的。

8.2.1　推动自主性的内部经济良性循环

首先，积极进行产业结构调整、技术和管理创新，提高劳动生产率，创建支持生产能力的收入和需求来扩大经济增长的空间。经济增长的源头是持续创新和工业升级，而非生产要素投资。Audretsch 和 Thurik（2000）[1] 认为，西方国家经过信息革命后，新一轮经济发展从传统的管理驱动经济转型为创新驱动经济，从要素驱动型增长转向技术进步驱动型增长，创新已经成为西方国家经济增长的源泉。相比之下，亚洲新兴经济体过去的经济发展模式以模仿创新和出口导向为主，造成大多产业为粗放型、资源型产业，生产效率相对低下，参与国际分工的行业主要集中在国际价值链的底端。以中国为例，邹宏元和何泽荣（2006）[2]、傅瑜

---

① David Audretsch and Roy Thurik，2000. Capitalism and Democracy in the 21st Century：From the Managed to the Entrepreneurial Economy. Journal of Evolutionary Economics，10（1-2）：17-34.

② 邹宏元，何泽荣：《中国转型期国际收支研究》，中国金融出版社，2006 年。

等（2006）① 的研究表明，出口对中国经济增长的贡献度并没有显著高于非出口部门，而造成中国经济对外失衡的根本原因是生产资源利用效率较低。对于亚洲新兴经济体而言，要在当前外部市场需求疲软且发达国家对贸易盈余国挑起贸易摩擦压力的情况下避免落入"中等收入陷阱"，则必须从刺激经济的短期政策转向基于更高劳动生产效率、高质量人力资源、技术更新和创新等中长期政策。并且，在产业结构调整和升级时，作为开放经济体，不能将本国（或地区）经济独立于世界经济之外，而应将内部产业结构重组与当前全球性产业结构调整结合起来考虑。

其次，为了保证可持续和适度经济增速，要根据经济发展水平来提高工资水平，调节收入分配，完善和扩张社会保障体系，改善教育的质量，增加就业岗位，鼓励私人消费。总之，能否成功地激发国内需求，是亚洲经济发展模式可持续的重要前提。亚洲新兴经济体人口众多，培养出一个消费稳定的庞大中产阶层是将贸易部门的过剩生产能力导向国内市场、增加内需的一条重要途径。过去，亚洲经济增长模式的特征被定义为"高投资－高储蓄"，因此造成了国内私人需求严重不足，而某些行业却投资过度和产能过剩。美国国家情报委员会 2012 年报告预测，到 2030 年世界上大约有 2/3 的中产阶级将生活在亚洲。要实现这个预测，在经济增长新模式中必须重视私人消费的增长，改变私人收入的金字塔形状，壮大亚洲新兴经济体中占人口绝大多数的中产阶层；同时，建立完善的医疗、失业和教育等保障体系，降低预防性储蓄率，为私人消费消除后顾之忧。生产率的快速提高可以在不减少边际利润的情况下增加单位工资，如果升级的产业伴随着就业上升和收入分配改善，将导致总工资的快速上升和相应的

---

① 傅瑜，徐艳，何泽荣：《论全球经济失衡》，《经济学家》，2006 年第 6 期，第 103~109 页。

消费大幅度增加。因此，消费和投资同时上升有利于内部总需求快速增长。

最后，增加进口也是扩大内需，减少巨额贸易盈余，推动经济平衡发展的一条重要途径。第一，增加国外的生产性资产进口和购买国内外高科技产品，可以推动经济结构升级。第二，增加消费产品进口，改善人民生活，增加私人消费。壮大的新兴阶层对进口消费品有巨大的需求，因此消费增加和进口增加同样相互促进。第三，进口增加可以抵消亚洲新兴经济体对发达经济体的巨大贸易盈余，这是减轻来自赤字国压力的一个举措。

8.2.2　刺激外需的外部经济良性循环

在外部需求方面，通过改善出口导向型战略、改革汇率制度等措施形成外部经济良性循环。

首先，升级在国际分工价值增加链中的地位，提升出口商品结构，把高质量外部竞争能力作为外部经济发展的目标，改变以增加出口贸易推动经济发展的经济增长方式，转向高附加值、技术密集型、低污染和低能耗产品出口。因此，在改善出口导向型增长战略时，要秉持 Palley（2002）[①]曾经提出的一个观点，即对外贸易必须为国内增长服务，但国内经济不必为获得出口数量优势而做出牺牲。提升出口商品结构的结果就是提升在全球分工价值链中的地位。早在 20 世纪 80 年代，亚洲新兴经济体与日本就形成了"雁行模式"。在该模式下，处于不同发展阶段的国家在领头国家的带领下，按照比较优势进行分工，在垂直一体化链条上获益。但是，各新兴经济体经济实力已然发生了改变，加上

---

① Thoms Palley, 2002. A New Development Paradigm: Domestic Demand－led Growth. http://www. thomaspalley. com/docs/articles/economic _ development/new _ development _ paradigm. pdf.

2008 年全球金融危机后国际环境发生了变化，为各经济体在国际分工序列中往前迈步提供了机遇。

其次，调整中长期对外贸易格局，以多元化出口市场来调整出口导向型增长策略。联合国开发计划署（UNDP，2011）[①] 的一份研究报告表明，经济增长对出口高度依赖并不是最主要问题，关键问题是一国出口商品组合集中程度。实证检验结果表明，更高的出口集中度与更高的出口收入和经济增长率波动强烈相关。因此，对于亚洲新兴经济体而言，不仅要巩固在美国和欧洲的出口市场，还要大力开发世界其他地区的出口市场，如亚洲区域内市场、拉美和非洲市场等。以出口渠道多元化，降低外部冲击间的相关性和国际金融危机的溢出效应。

在促进外部需求中，汇率制度改革是重要的一环。过去被卷入国际金融危机的亚洲新兴经济体有一个共同特征——汇率形成机制缺乏弹性。特别是那些本币非正式钉住美元的经济体，在每一次国际金融危机中成为外部冲击的首要进攻目标。增加本币汇率灵活性，一方面可以通过灵活调整货币政策来吸收外部冲击，使得真实有效汇率在决定经济增长、改善外部竞争力方面凸显作用；另一方面也有助于亚洲新兴经济体金融体系改革。

8.3　充分发挥政府职能，营造良好的经济发展环境

亚洲经济在过去 30 多年实现的高速增长中，政府功不可没。

---

① UNDP，2011. Towards Human Resilience：Sustaining MDG Progress in an Age of Economic Uncertainty. http：//www. undp. org/content/undp/en/home/librarypage/poverty－reduction/inclusive_development/towards_human_resiliencesustainingmdgprogressinanageofeconomicun. html.

各种增长模型特别是内生增长模型都预言政府的政策可能对一个经济体的增长有着永久性影响。出口导向型增长和加入"雁行模式"这种区域性自主协同发展，是政府有意而为之。尽管亚洲金融危机后，人们对政府在市场经济中的作用有较大争议，但没有人承认亚洲腾飞可以离开亚洲政府的积极主导。同样，在 2008 年全球金融危机中，亚洲新兴经济体能率先走出世界经济衰退的阴霾，也同亚洲政府果断实施救市政策有关。当前，全球呼吁亚洲新兴经济体进行增长模式转变，调整经济结构，维持未来长期的可持续增长，这些目标的实现仍需要政府的政策和措施作为保障。林毅夫（2012）[①] 在其新结构经济学理论中，多次强调经济发展是产业升级和相应基础设施改善的动态结构性变迁过程，需要"有为的政府"解决结构变迁过程中市场的负外部性问题。因而，政府干预经济的主要目的是给经济发展创造良好的环境，而不是取代市场的职能，必须"发挥政府和市场双优势效应"[②]。Perkins（2006）[③] 早在 2006 年就指出，对于亚洲新兴经济体而言，未来的挑战主要是政府如何为了经济增长而"维持一个稳定的环境"。在当前全球经济增长放缓情况下，政策环境已经成为进行经济发展模式改革、实施内需－外需相平衡经济发展模式的关键因素。

8.3.1　确立适当产业政策并为企业提供风险担保

亚洲金融危机后，人们开始思考在经济增长中政府扮演的恰当

---

① 林毅夫著，苏剑译：《新结构经济学》，北京大学出版社，2012 年。

② 李天德等：《世界经济波动理论（第四卷）》，科学出版社，2012 年，第 133 页。

③ Dweight Perkins，2006. Stagnation and Growth in China over the Millennium：A Comment on Angus Maddison's "China in the World Economy，1300－2030." International Journal of Business，2006 (11)：255－264.

角色。政府不能取代市场，必须从以前的政府主导转向政府选择性干预（刘连银和谢岚，2000）[①]。但是，政府选择性干预的干预对象是什么？根据追赶的经验，在完善经济发展模式中，产业的升级与政府的策略密切相关。在当前背景下，产业政策尤其重要。

2008 年全球金融危机打断了亚洲经济飞速发展的状态，使得该地区经济发展呈现中低经济增长的新常态，在这样的情况下，为了避免步拉美国家后尘而陷入"中等收入陷阱"和维持经济可持续增长，亚洲新兴经济体政府的产业政策选择应该从全球价值链的低端产业转向高端产业。Ozawa（2011）[②]回顾了自英国工业革命以来追赶国家的新兴产业阶梯形发展的历史，得出的结论是在产业升级换代中，企业既不愿冒险也没有能力在新兴产业中投资，除非政府给予资金、政策等方面的支持。林毅夫等（2018）[③]强调了政府产业政策的重要性在亚洲新兴经济体产业升级过程中，同样需要政府制定完善的产业政策，引导市场经济发展过程中的负外部性转化为正外部性。由于"领导市场"比"跟随市场"的风险远大得多，因此政府应该在产业政策方面承担"领导市场"的任务，促进市场机制改革，培育良好的市场环境和最小化或减轻市场活动的不利内外部效应，让国民通过"分享增长"政策来获得经济增长的好处。

8.3.2　支持技术创新和改革要素市场

亚洲开发银行（ADB，2007）[④]等国际机构和国内外许多学者

---

① 刘连银，谢岚：《东亚发展中国家和地区经济发展模式刍议》，《中南民族学院学报（人文社科科学版）》，2000 年第 1 期，28~32 页。

② Terutomo Ozawa, 2011. The (Japan－Born) "Flying－Geese" Theory of Economic Development Revisited. Global Policy, 2 (3)：272－285.

③ 林毅夫等：《产业政策总结、反思与展望》，北京大学出版社，2018 年。

④ ADB, 2007. Key Indicators Report 2007.

对改革亚洲经济发展模式所提出的药方之一就是培育创新领域。然而，培育新兴产业和产业往全球价值链上方移动，离不开相应的支持政策——技术创新和金融改革。数据表明，亚洲新兴经济体在赶超阶段 GDP 增长的主要贡献因素是不断改善的全要素生产率——技术进步，虽然物质资本的积累在这段时期内也做出了重要贡献（Lee and Hong，2012)[①]。图 8-2 为 1981—2007 年亚洲新兴经济体全要素生产率的平均水平。可见，全要素生产率的改善是中国香港、韩国、新加坡和中国台湾经济增长的主要贡献因素。除了菲律宾的全要素生产率水平相对较低外，全要素生产率的增加对其他亚洲新兴经济体 GDP 增长贡献度非常高。中国大陆的全要素生产率呈现最高增速，在 1981—2007 年平均增加了 4.1%。新加坡的全要素生产率增速次之，平均达到近 2.0%。因此，全要素生产率解释了亚洲新兴经济体一部分 GDP 的增长。全要素生产率提高，其背后的动因就是技术进步和创新。

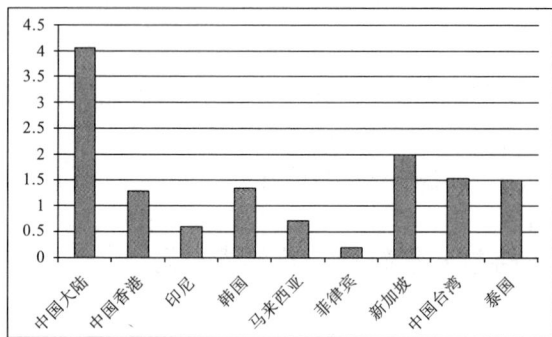

图 8-2 1981—2007 年亚洲新兴经济体平均全要素生产率

资料来源：Lee Jong-Wha and Kiseok Hong，2012. Economic Growth in Asia：Determinants and Prospects. Japan and the World Economy，24 (2012)：101-113.

---

① Jong - Wha Lee and Kiseok Hong，2012. Economic Growth in Asia：Determinants and Prospects. Japan and the World Economy，24 (2)：101-113.

关于亚洲新兴经济体经济发展模式的转变，大部分讨论都围绕着产业升级（创新）和产业结构调整展开。但是这往往忽略了与产业升级（创新）、产业结构调整密切相关的宏观环境配套改革。改革要素市场，增强要素市场的定价能力，推动劳动力的合理流动和劳动力市场的灵活性；建立完善的金融市场和金融监管体系；改变长期以来的高储蓄－高投资现象，将国民财富分配更多地向劳动力的工资倾斜；维持相对稳定的价格水平……这些配套市场的改革举措，将推动产业更好地升级，维持可持续发展。

8.3.3 完善金融风险监管机制

改革亚洲经济发展模式，必须加以配套的金融改革和金融创新，特别是完善对金融市场的风险监管。历次国际金融危机对亚洲经济发展模式的严重冲击，都暴露了亚洲新兴经济体在金融监管机制方面的缺陷。

第一，缺乏对国际资本流动和国际收支的监管。外国资本流入特别是 FDI 是亚洲新兴经济体经济增长的重要外部资金来源。自 20 世纪 90 年代初期开始，亚洲新兴经济体的经济高速增长便与来自欧美和日本的巨额资本流入密不可分。但是这样的增长模式的脆弱性也很明显。亚洲新兴经济体缺乏对国际资本流入的控制能力，没有很好的关于国际资本流入突然逆转防范措施。联合国贸易和发展会议（2009）[1] 在 2008 年全球金融危机爆发后警告，未来 FDI 变动和获得 FDI 的条件已经在全球变得普遍不稳定。

---

① UNCTAD，2009. Assessing the Impact of the Current Financial and Economic Crisis on Global FDI Flow.

第二，资本市场（包括外汇市场）监管制度不完善，容易遭受国际游资冲击。两次主要国际金融危机爆发表明，大部分亚洲新兴经济体的资本市场建设仍处于初级阶段，对资本市场的监管尚未形成一整套长效机制，金融监管政策往往出现"头疼医头、脚疼医脚"的特征。

既然不能彻底放弃当前的经济发展模式，那么国际金融危机的冲击是不可避免的，亚洲新兴经济体能够做的就是建立有效的事前风险预警制度和事后风险监管机制。IMF 和亚洲开发银行（2014）[①] 呼吁亚洲新兴经济体使用宏观审慎的金融政策来支持宏观经济增长，以捍卫亚洲地区的金融稳定。

8.4 基于"高质量对外开放，合作共赢"理论，进一步加强区域合作

亚洲金融危机后，亚洲曾经掀起区域合作高潮，并且取得了一些成就。2008 年全球金融危机以来，区域合作再次被提上日程。这一次面临的情况是世界经济环境发生了根本变化，传统的亚洲经济发展模式面临着严重挑战。但这既是一场挑战，也是一次机遇——革新、合作的机遇。正是在这一背景下，中国政府适时提出了"一带一路"倡议，党的二十大又提出"高质量对外开放，合作共赢"，为亚洲区域合作指明了方向。2013 年 9 月和 10 月，中国国家主席习近平在出访中亚和东南亚国家期间，先后提出共建"丝绸之路经济带"和"21 世纪海上丝绸之路"（合称"一带一路"）的构想。2015 年 3 月 28 日，国家发展改革委、外交部、商务部联合发布了纲领性文件《推动共建丝绸之路经济带

---

① Asian Development Bank，2014. Asian Economic Integration Monitor，Nov.

和 21 世纪海上丝绸之路的愿景与行动》，标志着"一带一路"倡议进入实施阶段。根据该策略的具体构想，"丝绸之路经济带"的一个走向就是从中国到东南亚、南亚和印度洋，主要亚洲新兴经济体恰好被包含在其中。利用"一带一路"带来的机遇，亚洲新兴经济体应坚持"两条腿走路"：在不放弃发达国家制成品出口市场、参与全球经济大循环的同时，在"一带一路"倡议下撬动区域资源流动，形成亚洲区域性的经济小循环圈，促进区域内贸易往来和加强区域内经济合作。这既减轻了对发达国家的过度依赖，又强化了区域内经济互补性和推动亚洲新兴经济体产业结构升级。

8.4.1 "一带一路"背景下区域合作的可行性

全球经济一体化的今天，没有经济体可以在世界经济突变或逆转中独善其身。刘连银和谢岚（2000）[1] 早在十多年前就断言，亚洲金融危机的最内在根源与亚洲发展模式是否过时无关。本书的实证结论也表明，2008 年全球金融危机的根源也不在于亚洲经济发展模式。相反，国际金融危机加强了各国经济的同步性。Fidrmuc 和 Korhonen（2010）[2] 指出，由于分工差异，亚洲金融危机显著增加了中国同世界经济周期的同步性，而印度在亚洲金融危机期间与核心 OECD 国家和其他国家的经济周期相关性显著下降。但是，这两个最大的亚洲新兴经济体在 2008 年全球金融危机后无一例外都增强了与世界经济周期波动同步性。既然没有经济

---

[1] 刘连银，谢岚：《东亚发展中国家和地区经济发展模式刍议》，《中南民族学院学报（人文社科科学版）》，2000 年第 1 期，第 28~32 页。

[2] Jarko Fidrmuc and Likka Korhonen，2010. The Impact of the Global Financial Crisis on Business Cycles in Asian Emerging Economies. Journal of Asian Economics，21（3）：293－303.

体能够在全球化大环境下与世隔绝，那么化解国际金融危机冲击的主要方法就是建立良好的国际合作关系，多样化的全球经济需要所有地区的齐心协力。当前，亚洲实施"一带一路"倡议，扩大和深化区域合作的有利因素不断增加：要素流动性加强，比较优势具有互补性，区域合作进展比较顺利。

1. 亚洲新兴经济体内部要素流动加强

亚洲经济发展过程中尽管对外依赖性较强，但是亚洲区域内部的一体化特征也越来越强烈，这是"一带一路"背景下亚洲区域合作的条件之一。亚洲区域内一体化的特征主要表现为劳动力、资本、商品等因素流动性增强。

在 20 世纪 90 年代，亚洲区域内部已经显示出较强的相互依赖特征。Stiglitz 和 Joseph（2001）[①] 发现，在当时主要亚洲新兴经济体间的贸易重要性已经增加了，并且区域内贸易比对世界其他经济体的贸易要增长得更快。更为具体地，Shujiro（2001）[②] 利用投入－产出表，比较了 1985 年和 1990 年亚洲新兴经济体进口投入品占生产投入品的比重变化。他所统计的新兴工业化经济体（NIEs）、东盟（ASEAN）和中国的产出都越来越倚重从区域进口原材料和中间品。除日本外，其他东亚和东南亚经济体从区域内进口的投入品比重从 1985 年的 2.9％上升到 3.9％，其中，东盟对亚洲新兴经济体的内部资源依赖非常突出。但是直到亚洲金融危机爆发前，亚洲经济体之间的联系相对比较松散，缺乏坚实基础。

亚洲金融危机为亚洲经济体区域经贸合作提供了一个良好的

[①] Joseph Stigilitz and Shahid Yusuf，ed，2001. Rethinking the East Asia Miracle. New York：Oxford University Press.

[②] Urata Shujiro，2001. Emergence of an FDI－trade Nexus and Economic Growth in East Asia. In Joseph Stigilitz and Shahid Yusuf，ed. ，Rethinking the East Asia Miracle，New York：Oxford University Press.

契机。当前，2008 年全球金融危机后的全球性衰退为更加深化和更为紧密的区域一体化再次提供了机会。目前，亚洲新兴经济体间的经济关系正在扩大和加深，资源互通进一步加强，亚洲新兴经济体业已形成人员流动、商品流动和资本流动等构成的多元化网络。图 8-3 为亚洲开发银行统计的 2014 年物质要素（贸易、股票和债券、生产相关性等）和人力要素（以区域内旅游为代理变量）在亚洲区域内的流动情况，以此分别衡量了亚洲新兴经济体整体和次区域的一体化进程。该图表明，亚洲整体区域一体化程度在近些年有了长足的进步。其中，旅游带来的人员流动以及 FDI 和贸易带来的物质要素流动，明显促进了区域一体化。亚洲整体旅游人次平均占比为 75.7%。其中，东亚和东南亚旗鼓相当，都为 70.1%。FDI 占比而言，亚洲总体上总 FDI 流动占比达 50.6%；东亚内部 FDI 流动性超过亚洲整体水平，达 54.7%；东南亚相对较弱，内部 FDI 流动仅占比 16.2%。对外贸易则是最近二十多年来真正推动亚洲区域一体化的重要力量。近几年，亚洲内部贸易占比 54.5%。其中，东南亚内部贸易来往相当频繁，占比达 68.3%。但是不论从总体上看，还是从次区域看，亚洲地区资本市场一体化程度明显低于贸易一体化程度和人员流动一体化程度。图 8-3 中不同区域所占的面积表明，亚洲整体一体化程度比次区域高，而在各个次区域中东亚地区的一体化程度较高。

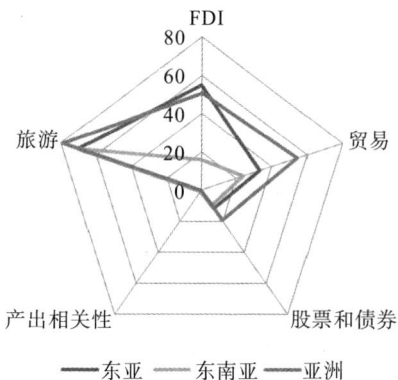

图 8−3　**亚洲新兴经济体一体化程度**

注：FDI：区域内 FDI 的平均份额，为 2012 年数据。贸易：区域内贸易的平均份额，为 2014 年数据。资本市场：区域内债务和股票投资的平均份额，为 2013 年数据。产出相关性：基于每三年一滚动的去趋势 GDP 序列（2005 年为基年），并取自然对数差分的双边年度增长率相关性的简单平均，为 2008—2013 年数据。旅游：区域内游客流动平均份额，为 2012 年数据。

资料来源：Asian Development Bank，2014. Asian Economic Integration Monitor（Nov）：4.

2. 亚洲内部比较优势发生了动态变化，但仍显示出较强的互补性

亚洲新兴经济体于 20 世纪 80 年代纷纷加入日本提倡的"雁行模式"，大力推行出口导向型经济增长，利用各自的比较优势，加入全球价值链垂直分工体系。虽然亚洲经济增长对外部依赖性比较强，但亚洲内部特别是东亚内部的合作程度逐年增加。郑京淑（2006）[①] 计算了反映各国间经济相互依赖程度的贸易结合点，发现主要亚洲新兴经济体间经济依赖程度高于对外部的依赖

---

① 郑京淑：《东亚的区域内贸易发展及其动力机制研究》，《南开经济研究》，2006 年第 4 期，第 107~112 页。

程度，特别是 IT 相关产业成了亚洲新兴经济体之间经贸关系的原动力。Boltho 和 Weber（2009）的回归结果也表明，中国和东南亚、南亚国家在 1980 和 2005 年显性比较优势都呈现出很大的相关性[①]。目前，随着亚洲新兴经济体工业化进程加速和不同经济体间产业梯度差距降低，原始的"雁行模式"所依赖的分工依据已经发生变化，但是亚洲内部仍存在动态比较优势，这是当前各经济体相互分工合作的基础。

　　目前，亚洲新兴经济体的比较优势动态变化如表 8-3 所示。该表显示了东盟 10 国和中国在 1998 年和 2008 年按照 SITC 分类的出口商品比较优势系数（RCA 系数）。总体而言，东盟在食品和活禽、粗材料、动物油和植物油、化学品及有关产品、机械和运输设备、其他商品等产品上一直维持着比较优势，特别是在动物油和植物油行业中，其显性优势非常突出。而中国在制成品和杂项制品上一直保持着相当突出的显性优势，即使杂项制品近年来的比较优势低于 10 年前，但与东盟相比仍具有很大优势。中国的机械和运输设备比较优势虽然在 1998 年远低于东盟，但是到了 2008 年已经迅速赶上并且相对东盟略有优势。比较优势的动态变化，证实了中国在工业制成品方面（如机电产品、运输设备），东盟在食品、原材料、化工产品方面各具优势。可见，二者之间的贸易关系是互补的而非竞争的，可以按照动态比较优势进行合作。事实上，10 年前，中国与东盟相互不是重要贸易伙伴，在 2000 年，4.4％的东盟出口产品运往中国，8.3％的中国产品出口到东盟。但是现在中国与东盟间的区域内贸易迅速增加，2012 年东盟对中国的出口升至 13.1％，中国输出到东盟的

---

　　① Andrea Boltho and Maria Weber, 2009. Did China Follow the East Asian Development Model? The European Journal of Comparative Economics，6（2）：267－286.

产品也上升到 10.3%[①]。

表 8-3　中国和东盟 10 国比较优势变动

SITC		东盟 10 国		中国	
		1998 年	2008 年	1998 年	2008 年
0	食品和活禽	1.014	1.196	0.605	0.328
1	饮料和烟草制品	0.218	0.328	0.335	0.129
2	原材料	1.049	1.237	0.448	0.214
3	矿物燃料、润滑剂和相关材料	1.194	0.886	0.279	0.085
4	动物和植物油	4.881	6.933	0.139	0.067
5	化学品及有关产品	0.412	0.715	0.354	0.471
6	制成品	0.551	0.629	0.857	1.249
7	机械和运输设备	1.27	1.314	0.722	1.385
8	杂项制品	0.991	1.166	3.444	2.859
9	其他商品	0.69	0.277	0.197	0.097

资料来源：余淼杰：《贸易模式，比较优势和生产率：中印东盟比较分析》，《北京大学中国经济研究中心讨论稿（No. C2011007）》，2011 年。

　　就产业间分工来看，中国和东盟也有很大合作空间。欧定余和陈维涛（2010）[②] 利用产业内贸易指数 G-L 指标计算了中国和东盟之间的产业内贸易联系程度。在 1997—2007 年间，中国和东盟的 G-L 指数从 0.49 上升到 0.62 之上，其中，2000 年和 2003 年均高达 0.70，与最高值单位 1 相距不远。这说明中国和东盟之间的分工从产业间更多地转向了产业内分工——在全球价值链分工的地位发生了动态变化，从垂直分工转向水平分工。水

---

　　① 数据来源：根据 IMF Directions of Trade Statistics 数据库相关数据计算。

　　② 欧定余，陈维涛：《东亚"雁行"分工模式局限性分析》，《经济问题》，2010 年第 8 期，第 59~62 页。

平分工带来了更细、更专业化的分工，也带来了更多的合作空间。

3. 2008 年全球金融危机后亚洲区域合作强化

亚洲各经济体在经济发展程度、自然资源禀赋、宗教信仰和意识形态等因素方面存在巨大差异，区域合作并不像欧洲列国那样一帆风顺。但是，每一次国际金融危机都促成了亚洲区域合作向前迈进一大步。特别是 1997—1998 年亚洲金融危机推动了亚洲区域合作取得实质性进展，而最近这场全球金融危机再次成为增强区域合作的催化剂。

首先，亚洲在区域贸易方面合作加强了。亚洲开发银行一体化中心的统计数据显示，亚洲金融危机后亚洲内部的自由贸易协议数量快速增加，特别是从 2003 年开始，平均每年大约增加 13 项①。从绝对数来看，亚洲自由贸易协议从 2000 年的 51 项增加到 2010 年 6 月的 227 项。表 8-4 展示了截至 2010 年 6 月，亚洲主要新兴经济体及东盟＋3 在提议、谈判中或者结束谈判的自由贸易协定具体情况。各种次区域自由贸易区业已建成或者正在紧锣密鼓地进行谈判：东盟自由贸易区已经取得丰硕成果并形成了东盟＋其他亚洲经济体的多种自由贸易协议形式，中韩自由贸易区突破各种障碍最终成立。这些自由贸易区或自由贸易协议的达成，为扩大区域内需求和建立更为广泛的区域内消费市场奠定了制度基础。

表 8-4　亚洲经济体间的自由贸易协议情况（截至 2010 年 6 月）

经济体	提议	正在谈判中	结束谈判（签字/生效）	总数
文莱	4	1	8	13
柬埔寨	2	1	6	9

---

① 根据亚洲开发银行统计数据计算。

续表8-4

经济体	提议	正在谈判中	结束谈判（签字/生效）	总数
印尼	6	2	8	16
老挝	2	1	8	11
马来西亚	3	6	10	19
缅甸	2	2	6	10
菲律宾	4	1	7	12
新加坡	5	8	21	34
泰国	6	7	11	24
越南	2	2	7	11
东盟	36	31	92	159
中国	8	6	10	24
日本	4	5	11	20
韩国	8	9	7	24
东盟+3	56	51	120	227

资料来源：Jang Hong Bum，2011. Financial Integration and Cooperation in East Asia：Assessment of Recent Developments and Their Implications. www. Imes. boj. or. jp.

其次，为了更好地在多个亚洲经济体之间协调货币政策、稳定汇率和防止国际资本净流入在该地区大起大落，区域金融和货币合作也取得了很大的进展。清迈倡议逐渐从双边货币互换协议演变为多边协议，2003 年参加清迈倡议的 18 个亚洲新兴经济体就推动亚洲债券市场合作共同发表了宣言。同年，亚太经合组织财政部长会议也宣布要致力于建立一个有效发展的区域债券市场，提出"促进亚洲债券市场发展倡议"（ABMI）。2002 年，东亚及太平洋中央银行行长会议提出了建立亚洲债券基金（Asian Bond Fund，ABF）设想，该基金同国际清算银行合作，分别于 2003 年和 2005 年推出了以主权债和准主权债为主的 ABF1 和企业债为主的 ABF2 计划。2012 年 5 月，东盟成立了东盟基础设施基金（ASEAN Infrastructure Fund）。虽然此后亚洲金融合作进展缓慢，但为今后的区域金融合作打下了一定基础。

最后，2008 年全球金融危机后，亚洲重要的新兴经济体在区域合作中发挥着越来越重要的作用。亚洲最大的新兴经济体中国正成为亚洲区域内合作倡议的一个关键驱动因素，通过"一带一路"倡议等多边互惠主义，主动推动亚洲区域合作。中国和亚洲另一个大型新兴经济体——印度间的合作同时也在不断增强，这赋予了亚洲区域进一步合作的动力[①]。

8.4.2 围绕"一带一路"构建圈层区域合作

自亚洲金融危机后，亚洲经济体特别是东亚经济体之间开始重视区域合作，深化彼此间经济联系。2008 年全球金融危机后，全球性经济衰退对于亚洲朝向更深、更紧密的贸易、投资、生产和消费方面联系提供了另一次推动力。在"一带一路"倡议的带动下，亚洲可以建立不同圈层的区域合作，形成多样化的网状区域合作结构，以应对亚洲内部贸易格局和区域间贸易格局的结构性变化。

首先，可以深化现有的次区域经济和贸易合作，推动新的双边和多边次区域合作机制。正如 Hamdani（2009）[②] 指出的那样，新兴经济体通过加速彼此之间的贸易和其他方面合作，提供了新的需求来源。亚洲目前成立了东盟，有了东盟＋3 制度、中国－东盟自由贸易协议……但是，如果亚洲经济增长在 2008 年

---

① Gregory Chin，2014. Asian Regionalism after the Global Financial Crisis. In Giovanni Capannelli and Masahiro Kawai，ed.，The Political Economy of Asian Regionalism，Springer Japan.

② Khalil Hamdani，2009. Can Developing Countries be a New Engine of Growth? The India Economy Review，(1)：204－208.

全球金融危机后转移到亚洲区域内部，那么在当前的区域合作成果上，亚洲区域内合作机制应该从以前的形式主义转向更加实际的操作层面：完善现有的次区域合作机制，尽快形成统一贸易制度安排，真正通过货币政策、财政政策以及产业政策的次区域协调，来促进双边和多边经济合作与融合。

其次，将现有的次区域合作通过"丝绸之路经济带"和"海上丝绸之路"链条相互链接，扩大到其他亚洲国家和亚洲外的欧洲、泛太平洋地区国家，形成形式上比贸易自由区更为松散、非正式的多边叠加区域内和区域间合作。具体地，上述次区域合作机制可以同中亚、西亚等相对落后地区进行投资、技术和管理方面合作互为补充，同东北亚、东欧地区进行资源开发合作，借助"丝绸之路"与欧洲发达国家建立更为便捷的经贸合作。这样可以催生更多具有比较优势的一体化生产链条和更大的消费市场，同时促进投资增长和消费增长，保证经济可持续发展。这是内需－外需相平衡增长模型在区域合作上的运用，也将传统的亚洲新兴经济体对发达国家的单向依赖变为二者间的双向依赖。

8.4.3　亚投行牵头激发区域内需求和投资潜力

在外需不振且亚洲新兴经济体又不能完全转向以消费推动经济增长的情况下，发掘区域内部投资需求潜力是一条重要举措。实际上，亚洲新兴经济体拥有巨大的潜在国内需求前景。这种潜在的需求不仅仅是对典型的耐用消费品的需求，而且是对基础设施（交通、电力和通信）、教育和医疗服务的需求（He 等，2009)[1]。但是，一些亚洲新兴经济体由于尚处于城市化初步阶

---

[1]　Dong He, Lilian Cheung and Jian Chang, 2009. Sense and Nonsense about Asia's Export Dependency and the Decoupling Thesis. Hong Kong Monetary Authority Quarterly Bulletin, (6)：19－33.

段或加速阶段或者由于财力限制,国民生存条件较差,物理基础
设施建设相对陈旧、落后,基础设施建设跟不上经济发展和人口
增加的要求。世界银行的统计数据表明,与美国相比,2010 年
中国大陆的机场每公里货运量为美国的 27.9%,韩国为美国的
21.0%,中国香港为美国的 17.3%,而其他大部分经济体的机
场每公里货运量不足同期美国的 10%。从公路里程来看,2010
年中国大陆公路总里程大约为 400 万公里,而美国大约为 655 万
公里。除了中国香港和新加坡两个城市经济体以外,其他亚洲经
济体的公路总里程不及美国公路总里程的 7%。就铁路里程而
言,2010 年中国大陆铁路总里程达 6.6 万公里,但其他亚洲新
兴经济体铁路总里程最高不足 4500 公里[①]。同样,在社会安全
保障网络建设方面的基础投资——教育、医疗和安全饮用水方面
也显示出了巨大的合作基础和投资机会。亚洲约 15 亿人口缺乏
基本的医疗条件。图 8-4 是亚洲新兴经济体每 1000 人拥有的病
床数。可见,韩国的物理医疗条件最好,每 1000 人拥有的病床
位为 10.3 个。其他亚洲新兴经济体的医疗设施则严重不足,印
尼最为糟糕,每千人拥有的病床仅为 0.6 个。因此,亚洲新兴经
济体可以在韩国和亚洲地区唯一的发达国家日本的带领下,加强
教育和医疗等行业的基础设施投资合作。

---

① 数据来源:世界银行数据库 (http://data.worldbank.org/indicator).

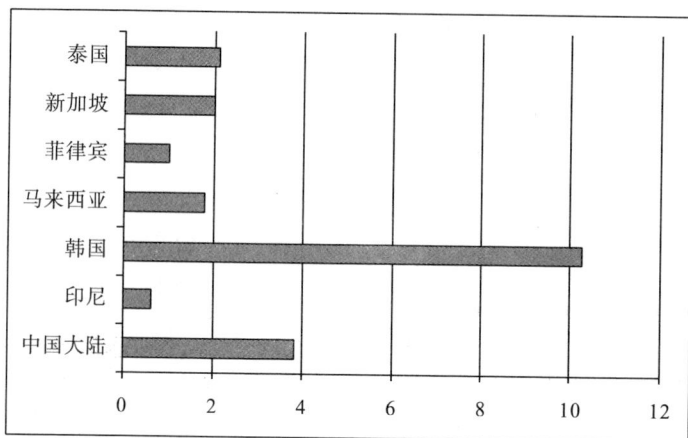

图 8－4　亚洲新兴经济体每 1000 人拥有的病床位数

资料来源：世界银行数据库（http://data. worldbank. org/indicator）。

根据亚洲开发银行（2017）[①] 的最新测算，为了维持当前增长态势、减少贫困，亚洲发展中国家在未来 15 年（2016—2030年）间需要 22.6 万亿美元的基础设施投资。如果考虑到应对气候变化问题，这个投资缺口将增加到 26.2 万亿美元。亚洲和太平洋地区的具体基础设施需求潜力如表 8－5 所示。可以看出，亚洲新兴经济体的基础设施需求缺口巨大，基础设施投资将占预期 GDP 的 5.1％。其中，主要亚洲新兴经济体所在区域——东亚和东南亚地区的基础设施需求最高，大约占了亚洲未来基础设施投资需求的 73.3％。此外，亚洲一些新兴经济体有着高储蓄倾向且外汇储备丰富，但是这些资金利用效率不高且在区域内分配不均。2010 年，亚洲的总储蓄估计达 6 万亿美元，相当于该地区 GDP 的 45％；2011 年，其累积的外汇储备总计超过 5 万亿美元，相当于该地区 GDP 的 39％。

---

① Asian Deveopment Bank，2017. Meeting Asia's Infrastructure Needs. Sepcial Report.

表 8-5 2016—2030 年亚洲基础设施预期投资需求

（2015 年 10 亿美元）

地区	总投资需求	年均投资需求	投资需求占预期GDP 比重（％）
中亚	492	33	6.8
东亚	13781	919	4.5
南亚	5477	365	7.6
东南亚	2759	184	5.0
环太平洋地区	42	2.8	8.2
亚洲和太平洋	**22551**	**1503**	**5.1**

资料来源：Asian Development Bank，2017. Meeting Asia's Infrastructure Needs. Sepcial Report：40.

2014 年 10 月 24 日，在中国的牵头下亚洲成立了亚洲基础设施投资银行（简称亚投行）。亚投行是亚洲地区第二个政府间的多边合作机制，其合作重点是充分调动和配置区域内资源以支持基础设施建设；其宗旨是加强亚洲内部互联互通，推进亚洲区域一体化。亚投行成立对于亚洲而言存在多边利好。首先，基础设施建设方面的区域合作/倡议为亚洲内部需求增长提供了新的增长点，有助于减缓外部需求下降对该地区增长的冲击，刺激亚洲更高的长期增长，也为亚洲区域内货物贸易、劳动力流动和跨国投资提供了更大的便利。其次，亚投行的实质是一项基础设施投资基金，可以弥补亚洲地区基础设施需求缺口，深化区域资本市场和有效动员区域内资金流动，并分散融资需求风险，提高资金配置效率。最后，亚洲区域合作和经济一体化真正实现，也需要基础设施互联互通，最终实现"无缝链接的亚洲"。以公路为例，目前亚洲各经济体间的公路几乎没有连接上，因而显著增加了亚洲内部贸易的运输成本，降低了区域内生产效率。在所有亚洲新兴经济体中，中国大陆基础设施发展迅速。亚洲开发银行的统计数据表明，中国大陆是所有亚洲新兴经济体中最重视基础投资的经济体，2010—2014 年每年平均对基础设施投资大约为7000 亿美元，是其他有数据的 19 个亚洲发展中经济体总和的 3倍（ADB，2017）。因此，中国大陆在基础设施投资方面，资金相对雄厚，技术和设备、施工经验相对先进，又是亚投行的倡导者，预期与其他新兴经济体在基础设施投资方面有着巨大的合作潜力。

总之，在"一带一路"倡议和亚洲区域其他合作战略的指导下，加速推进亚洲区域经济的一体化进程，可以激发区域内的经济增长活力，推动区域经济增长，从而有助于亚洲新兴经济体改革和完善经济发展模式。

参考文献

[1] 曹向华. 金融危机传染渠道及我国应对危机的对策探讨 [J]. 经济纵横，2009（8）：17－20.

[2] 陈孝兵，方国平. 出口导向发展战略的绩效分析 [J]. 当代经济研究，2000（12）：14－21.

[3] 德怀特·珀金斯. 东亚发展基础和战略 [M]. 颜超凡，译. 北京：中信出版社，2015.

[4] 丁学良. 辩论"中国模式" [M]. 北京：社会科学文献出版社，2011.

[5] 郭树清. 中国经济的内部平衡与外部平衡问题 [J]. 经济研究，2007（12）：4－10.

[6] 黄志钢，刘霞辉. "新常态"下中国经济增长的路径选择 [J]. 经济学动态，2015（9）：51－62.

[7] 贾清显，王岳龙. 金融危机背景下再论金融发展与经济增长 [J]. 世界经济研究，2010（6）：15－21.

[8] 贾玉荣. 东亚模式与中国模式的比较 [J]. 西安文理学院学报（社会科学版），2010（3）：56－59.

[9] 邝梅. 美国金融危机：新政治经济学分析 [M]. 北京：中国社会科学出版社，2011.

[10] 拉古拉迈·拉詹. 断层线：全球经济潜在的危机 [M]. 刘念，蒋宗强，孙倩，等，译. 北京：中信出版社，2011.

[11] 赖平耀. 东亚模式与中国 [J]. 国际经济评论，2001（1）：

19－22.

[12] 李天德，等. 世界经济波动理论［M］. 北京：科学出版社，2012.

[13] 李晓. 东亚奇迹与强政府——东亚模式的制度分析［M］. 北京：经济科学出版社，1996.

[14] 李小牧，李春锦，傅卓斌. 金融危机的国际传导：90 年代的理论与实践［M］. 北京：中国金融出版社，2001.

[15] 林毅夫，任若恩. 东亚经济增长模式相关争论的再探讨［J］. 经济研究，2007（8）：4－12.

[16] 林毅夫. 新结构经济学［M］. 苏剑，译. 北京：北京大学出版社，2012.

[17] 林毅夫. 繁荣的求索——发展中经济如何崛起［M］. 张建华，译. 北京：北京大学出版社，2012.

[18] 刘磊. 论"中国模式"的内涵、成本与修正［J］. 经济问题探索，2012（8）：1－6.

[19] 刘连银，谢岚. 东亚发展中国家和地区经济发展模式刍议［J］. 中南民族学院学报（人文社科科学版），2000（1）：28－32.

[20] 倪建伟，何冬妮. 新兴经济体发展模式转变的基本趋势与战略选择［J］. 亚太经济，2010（1）：145－148.

[21] 欧定余，陈维涛. 东亚"雁行"分工模式局限性分析［J］. 经济问题，2010（8）：59－62.

[22] 彭晓宇，安德烈·卡尔涅耶夫. 东亚模式与中国模式［J］. 国外理论动态，2013（5）：104－107.

[23] 全毅，张旭华. 社会公平与经济增长：东亚和拉美地区的比较分析［J］. 经济评论，2008（4）：111－118.

[24] 全毅. 论东亚发展模式的内涵与基本特征［J］. 亚太经济，2008（5）：13－18.

［25］邵志勤. 东亚经济的内生增长因素与外在影响［J］. 当代
    亚太，2005（11）：47－53.

［26］沈红芳. 东亚经济发展模式比较研究［M］. 厦门：厦门大
    学出版社，2002.

［27］沈联涛. 十年轮回：从亚洲到全球的金融危机［M］. 杨宇
    光，刘敬国，译. 上海：上海远东出版社，2013.

［28］孙伟忠. 价格贸易条件波动对经济增长的实证研究［J］.
    北华大学学报（社会科学版），2008（5）：42－45.

［29］田春生，郝宇彪. 国际金融危机——理论与现实的警示
    ［M］. 北京：中国人民大学出版社，2010.

［30］托马斯·I帕利，程仁桃. 中国发展模式的外部矛盾——
    出口导向型增长与全球经济萎缩的危险［J］. 国外理论动
    态，2006（5）：46－52.

［31］西口清胜. 现代东亚经济论：奇迹、危机、地区合作
    ［M］. 刘小民，译. 厦门：厦门大学出版社，2011.

［32］谢世清. 东亚金融危机的根源与启示［M］. 北京：中国金
    融出版社，2009.

［33］许和连，赖明勇. 出口导向经济增长（ELG）的经验研
    究：综述与评论［J］. 世界经济，2002（2）：43－49.

［34］赵春明. 东亚经济发展模式的历史命运与发展前景［J］.
    世界经济与政治，2000（12）：61－66.

［35］赵江林，张中元. 后危机时代东亚出口导向型增长模式会
    发生异动吗？［J］. 亚太经济，2012（4）：10－15.

［36］赵伟. 东亚区域经济合作中的中国因素［J］. 当代亚太，
    2009（2）：94－108.

［37］张明. 全球危机下的中国变局［M］. 北京：中国金融出版
    社，2013.

［38］郑京淑. 东亚的区域内贸易发展及其动力机制研究［J］.

南开经济研究，2006（4）：107－112.

［39］中国人民大学宏观经济分析与预测课题组. 我国宏观经济步入新常态、新阶段［J］. 宏观经济管理，2015（1）：11－15.

［40］邹宏元，何泽荣. 中国转型期国际收支研究［M］. 北京：中国金融出版社，2006.

［41］Seung－Wook Baek. Does China Follow "the East Asian Development Model"?［J］. Journal of Contemporary Asia, 2005,35(4):485－498.

［42］Bela Balassa. Exports and Economic Growth: Further Evidence［J］. Journal of Development Economics, 1978, 5 (2):181－189.

［43］Sophie Brana, Delphine Lahet. Determinants of Capital Inflows into Asia: The Relevance of Contagion Effects as Push Factors［J］. Emerging Markets Review, 2010, 11(3): 273－284.

［44］Lowell Dittmer. The Asian Financial Crisis and the Asian Developmental State: Ten Years After［J］. Asian Survey, 2007,47(6):829－833.

［45］Michael Dooley, Michael Hutchison. Transmission of the US Subprime Crisis to Emerging Markets: Evidence on the Decoupling － recoupling Hypothesis ［J］. Journal of International Money and Finance, 2009, 28(8):1331－1349.

［46］Christian Dreer, Dierk Herzer. A Further Examination of the Export－led Growth Hypothesis［J］. Empirical Economics, 2013,45(1):39－60.

［47］Levy Yeyati Eduardo, and Williams Tomas. Emerging Economies in the 2000s: Real Decoupling and Financial

Recoupling [J]. Journal of International Money and Finance, 2012, 31(8) : 2102—2126.

[48] Barry Eichengreen, Andrew Rose, Charles Wyplosz. Contagious Currency Crisis [J]. Scandinavian Economic Review, 1996, 98(4) : 463—484.

[49] Gershon Feder. On Exports and Economic Growth [J]. Journal of Development Economics, 1982, 12 (1 — 2) : 59—73.

[50] Jesus Felipe, Joseph Lim. Export or Domestic—led Growth in Asia? [J]. Asian Development Review, 2005, 22 (2) : 35—75.

[51] Jarko Fidrmuc, Iikka Korhonen. The Impact of the Global Financial Crisis on Business Cycles in Asian Emerging Economies[J]. Journal of Asian Economics, 2010, 21 (3) : 293—303.

[52] Guillaume Gaulier, Francoise Lemoine, Deniz Unal — Kesenci. China's Emergence and the Reorganisation of Trade Flows in Asia[J]. China Economic Review, 2007, 18 (3) : 209—243.

[53] Yael Hadass, Jeffrey Williamson. Terms of Trade Shocks and Economic Performance, 1870 — 1940: Prebisch and Singer Revisited [J]. Economic Development Cultural Change, 2003, 51(3) : 629—656.

[54] Dong He, Lilian Cheung, Jian Chang. Sense and Nonsense about Asia's Export Dependency and the Decoupling Thesis [J]. Hong Kong Monetary Authority Quarterly Bulletin, 2007(6) : 19—33.

[55] Dong He, Wenlang Zhang. How Dependent is the Chinese

Economy on Exports and in What Sense has Its Growth been Export—led?[J]. Journal of Asian Economics, 2010, 21(1):87—104.

[56] Qazi Hye, Muhannad Adnan. Exports, Imports and Economic Growth in China:an ARDL Analysis[J]. Journal of Chinese Economy and Foreign Trade Study, 2012, 5(1): 42—55.

[57] Qazi Muhannad Adnan Hye, Shahida Wizarat, and Wee—Yeap Lau. Trade—led Growth Hypothesis: An Empirical Analysis of South Asian Countries [J]. Economic Modelling, 2013, 35(9):654—660.

[58] Syed Jawaid Tehseen, Abdul Waheed. Effects of Terms of Trade and Its Volatility on Economic Growth[J]. Transit Study Review, 2011, 18(2):217—229.

[59] Gonzalo Hernandez Jimenez, Arslan Razmi. Can Asia Sustain an Export—led Growth Strategy in the Aftermath of the Global Crisis? Exploring a Neglected Aspect[J]. Journal of Asian Economics, 29(11):45—61.

[60] Graciela Kaminsky, Carmen Reinhart. On Crisis, Contagion, and Confusion [J]. Journal of International Economics, 2000, 51(1):145—168.

[61] Soyoung Kim, Jong—Wha Lee, and Cyn—Young Park. Emerging Asia:Decoupling or Recoupling[J]. The World Economy, 2011, 34(1):23—53.

[62] Paul Krugman. The Myth of Asia's Miracle [J]. Foreign Affairs, 1994, 73(6):62—78.

[63] Paul Kuznets. East Asian Model of Economic Development: Japan, Taiwan, and South Korea [J]. Economic

Development and Cultural Change, 1988, 36(3):11—43.

[64] Jene Kwon, Jung Mo Kang. The East Asian Model of Economic Development [J]. Asian — Pacific Economic Literature, 2011, 25(2):116—131.

[65] Sylvain Leduc, Mark Spiegel. Is Asia Decoupling from the United States(Again)?[J]. Pacific Economic Review, 2013, 18(3):345—369.

[66] Jong—Wha Lee, Kiseok Hong. Economic Growth in Asia: Determinants and Prospects [J]. Japan and the World Economy, 2012, 24(2):101—113.

[67] George Magnus. Asia: Is the Miracle over [J]? Economic Insights, 2012, 9(2):1—27.

[68] Mansour Zarra — Nezhad, Fatimah Hosinpour. Review of Growth Models in Less Developed Countries [J]. The International Journal of Applied Economics and Finance, 2011, 5(1):1—17.

[69] Enrique Mendoza. Terms of Trade Uncertainty and Economic Growth[J]. Journal of Development Economics, 1997, 54(2):323—356.

[70] Terutomo Ozawa. The (Japan — Born) "Flying — Geese" Theory of Economic Development Revisited [J]. Global Policy, 2011, 2(3):272—285.

[71] Steven Radelet, Jeffery Sachs. Asia's Re—emergence [J]. Foreign Affairs, 1997, 76(6):44—59.

[72] Rajah Rasiah, Kee Cheok Cheong, Richard Doner. Southeast Asia and the Asian and the Global Financial Crises [J]. Journal of Contemporary Asia, 2014, 44(4):572—580.

[73] Siam—Heng Heng. The 2008 Financial Crisis and the Flying

Geese Model[J]. East Asia, 2010, 27(4):381—394.

[74]Steven Radelet, Sachs Jeffrey, Lee Jong—Wha. Determinants and Prospects of Economic Growth in Asia [J]. International Economic Journal, 2001, 15(3):1—29.

[75]Joseph Stigilitz, Shahid Yusuf, eds. Rethinking the East Asia Miracle[M]. New York:Oxford University Press, 2001.

[76] The Association of Academies of Sciences in Asia. Asia's Economic Development and Rethinking on Its Development Model[M]. Springer:Berlin Heidelberg, 2011.

[77] Yongqin Wang. Understanding Economic Development and Institutional Change: East Asian Development Model Reconsidered with Implication for China [J]. Journal of Chinese Political Science, 2011, 16(1):47—67.

[78]Enzo Weber. Common and Uncommon Sources of Growth in Asia Pacific[J]. Journal of the Japanese and International Economies, 2009, 23(1):20—36.